U0489913

毅冰◎著

外贸高手客户成交技巧

②

揭秘买手思维

中国海关出版社有限公司
·北京·

图书在版编目（CIP）数据

外贸高手客户成交技巧 . 2，揭秘买手思维 / 毅冰著 . —北京：中国海关出版社有限公司，2018.1

ISBN 978-7-5175-0232-6

Ⅰ.①外… Ⅱ.①毅… Ⅲ.①对外贸易—市场营销学 Ⅳ.① F740.4

中国版本图书馆 CIP 数据核字（2017）第 266174 号

外贸高手客户成交技巧 2：揭秘买手思维

WAIMAO GAOSHOU KEHU CHENGJIAOJIQIAO 2: JIEMI MAISHOU SIWEI

作　　者：毅　冰	
策划编辑：马　超	
责任编辑：叶　芳	
责任监制：王岫岩　赵　宇	
出版发行：中国海关出版社有限公司	
社　　址：北京市朝阳区东四环南路甲 1 号	邮政编码：100023
网　　址：www.hgcbs.com.cn，www.customskb.com/book	
编 辑 部：01065194242-7554（电话）	01065194234（传真）
发 行 部：01065194221/4238/4246/4227（电话）	01065194233（传真）
社办书店：01065195616/5127（电话 / 传真）	01065194262/63（邮购电话）
印　　刷：北京鑫益晖印刷有限公司	经　　销：新华书店
开　　本：710mm×1000mm　1/16	
印　　张：18	字　　数：254 千字
版　　次：2018 年 1 月第 1 版	
印　　次：2023 年 6 月第 10 次印刷	
书　　号：ISBN 978-7-5175-0232-6	
定　　价：55.00 元	

海关版图书，版权所有，侵权必究
海关版图书，印装错误可随时退换

虽信美而非吾土

前言 | PREFACE

2010年4月的某一天,我第一次尝试在福步论坛写长帖,有幸一鸣惊人,得到众多外贸朋友的认可,这实在是我莫大的荣幸。我最初并没有什么目的,只是"游戏之作",只是对过往的经验做简单的总结、梳理,居然能够得到大家的追捧,这是我根本无法想象也不敢去想的。

若纯粹从商业角度而言,我那时趁热打铁,将这些文字集结成书,有强大的人气依托和出版社的悉心运作,自能名利双收。可当时的我毫不犹豫地拒绝了。非不愿也,实不然也。因为我内心深处有种隐隐的不安,觉得如此草率地出书,无法做好对主线和整体思路的把控,也对纯粹的文字驾驭缺乏信心。这是对读者的不负责,更是对自己的一种背叛,会在未来成为我生命中无法承受之重。

或许那时我骨子里依旧带有太多的文人情怀,太多的书生意气。不愿去迁就,不愿去妥协,宁愿用更多的时间来整理思绪,总结过往的经验,结合自身的经历,糅杂各种特点和优势,尽最大努力把书写好。于是一年半后,才有了《外贸高手客户成交技巧》一书的问世。

在那以后,整整五年,我又相继出版了《十天搞定外贸函电》《毅冰私房英语书——七天秀出外贸口语》。非常感谢读者朋友们的捧场,我这二本书被牢牢钉在了国内外贸类书籍销量的前三甲,荣幸之至!可我自己觉得,严格意义上来讲,后两本书还是侧重于英文方面的应用,并非真正意义上的外贸技巧

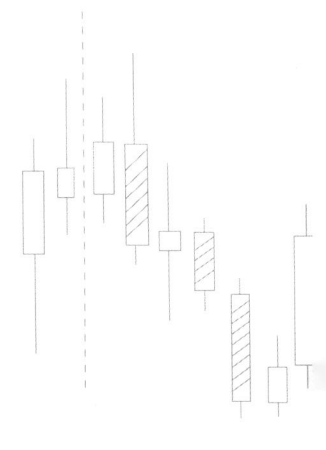

类读物。这几年我一直在构思，如何让下一本书能够上一个层次，哪怕《外贸高手客户成交技巧》珠玉在前，也必须有所创新，而不是狗尾续貂。

我一直觉得，一个人前进路上最大的阻碍不是别人，而是自己。若觉得"百尺竿头难进一步"，那一定是没有看到身边那些"千尺竿头"，所以才会去沉湎于过去那些荣耀，而不思进取。内心存着任何时候都可以抛弃过去，都可以归为一张白纸，都可以"只不过是从头再来"的想法，才会有足够的动力和勇气往前走，不管身处何时、何地。

或许我正是这样的一个人，对自己、对未来有着太多的理想和期许，哪怕是镜花水月，哪怕是一场游戏一场梦，都想去搏一下，都想去尝试一下，纵然无法得到认可、无法达到预期，也终究努力过，奋斗过，对得起自己，也对得起所有的读者和支持我的人。于是沉寂了多年后，我毅然决然潜心创作《外贸高手客户成交技巧2》(我们习惯称其为《高2》)，只为完成自己的一个理想，也希望给所有的读者不一样的感受、不一样的毅冰。这五年多来大家都在进步，我亦如是。很多经验、经历，很多说不清道不明的东西，很多工作中、人生中的感悟，我终希望落在笔下。如果能再次刷新我当年在外贸圈创下的图书销售纪录，那会是多么美妙！

有时候静下心来，想想在职场上跌跌撞撞、亦步亦趋的十多年，我发现在心中永远有那么一个纯净角落，如花瓣飘落于肩头般的柔软和梦幻。带着"虽信美而非吾土"的感慨，以及自己最好的作品永远是下一本的梦想，岂非另一种浪漫？

写到这里，我想起过去这些年的种种。那些经历，那些过往，那些纠结，那些喜悦，那些张扬，那些淡然，那些人，那些事，都在我的记忆深处镌刻，从不曾离开，从不曾消逝。

此时正是华灯初上时分，窗外，海天连接处，汽笛声响，灯火已黄昏。

毅冰

2017年初于澳大利亚墨尔本

目录 | Contents

01. 买手迷恋怎样的供应商 1

第一节　最让 buyer 反感的八类业务员 3
让客户抓狂的询价 A depressed conversation 5
高效完整的报价 High efficiency offer with full details 8
难以容忍的拖延 Delay, delay and delay 13
让人崩溃的催促 Overwhelming push 19
一次令人沮丧的沟通 A gloomy contact 22
报价后的海外环节 Overseas procedure after offer confirmed 25
一个接一个的谎言 Lie a lie and a lie 27

第二节　买手究竟在想什么 29
Amy 的在线网购 Amy's online shopping 30
延期交货的借口 Excuses for delaying the goods 33

第三节　买手需要什么样的供应商 35
电饭煲的促销定价 Tag price of rice cooker promotion 35
出售房产 Selling a flat 37
供应商的选择 Vendors selection 38

第四节　怎样的还盘能抓住对方眼球 43
超过买手的预期 Beyond buyer's expectation 46

一个平常的询盘 A common inquiry ·· 48

一个平常的回复 A common reply ·· 49

一个略好些的回复 A better reply ·· 50

一个专业的回复 A professional reply ··· 51

第五节　"专而精"还是"大而全" ·· 55

做还是不做？ To do or not to do？ ·· 56

准备参展样品 Preparing samples for trade show ································· 57

第六节　除了价格，我们还有什么 ·· 63

从一杯咖啡看价格构成要素 Price grounds from a cup

of coffee ··· 64

02. 小公司做大外贸亦是"门当户对" ·· 69

第一节　小企业也可以有大胃口 ·· 71

中国供应商如何夺回那些失去的利润 Competing & winning

margin back ·· 72

第二节　美国零售商为什么要找中间商 ··· 73

第三节　找准自身的定位 ··· 82

第四节　草根团队 VS 精英团队 ·· 85

第五节　工作流程，你优化了吗？ ··· 89

无标准作业流程的打样 Sampling problems—without

professional process ·· 92

参展邀请客户的标准作业流程 Outstanding inviting process ················· 94

第六节　变通，突破思维的局限 ·· 97
工厂有工厂的苦 Issues for manufacturers ······························· 98
贸易公司有贸易公司的难 Issues for trading companies ················ 99
大买家的验厂没通过怎么办 Fail in factory audit of heavy
　　customer ··· 100
价格谈判——脱口而出的业务员 Price negotiation—common
　　sales rep ·· 103
价格谈判——换位思考的业务员 Price negotiation—good
　　sales rep ·· 105

第七节　不可能完成的任务也会有转机 ···································· 107
开模定制产品的艰苦谈判 Hard negotiation for OEM project
　　with tooling ·· 108
编不下去的故事 A ridiculous story ·· 113
坏事也可以变成好事 Bad thing might be good thing ················· 115

03. 大买家和专业客户思维揭秘 ··· 119

第一节　高门槛的诱惑 ·· 121
门不当户不对，生意照旧 Continue business in a different
　　walk of life ·· 123
没有后备计划惨遭一记闷棍 Issues without plan B ····················· 126
专业打底，绝处逢生 Rescued from desperation ························· 133

第二节　渠道为王 ·· 137
第三节　外贸报价的诚信与风控 ·· 141
第四节　了解产业链流程，提升你的专业度 ··························· 150

第五节　千变万化的附加值 ·················· 157
　　苹果手机 iPhone 的附加值 Added value of iPhone ·············· 158
　　一个事实，一条定律 One truth & one rule ··············· 160
　　催促和跟进傻傻分不清 Push VS Follow-up ··············· 162
　　跟进邮件：样品切入 Follow-up email with sampling topic ········ 164
　　跟进邮件：热卖产品切入 Follow-up email with top-rated
　　　items ··· 165
　　产品品质切入 Follow-up email with quality issue ············ 165
　　情怀切入 Follow-up email with thoughts & feelings ·········· 166
　　"无赖"切入 Follow-up email with piquant method ·········· 167

04. 外贸业务员专业化的多项修炼 ············ 169

第一节　向港台贸易企业学什么 ·············· 171
第二节　"技"与"道"的思考 ················ 176
第三节　思路决定出路 ····················· 183
　　亚洲四小龙的贸易转型 Four asian tigers trading transition ····· 186

第四节　正视症结，解决问题 ················ 191
　　我当年的工作经历 My working experience ·············· 195

第五节　此"专业"非彼"专业" ·············· 200
第六节　价格没有想象中重要 ················ 203
　　酒店的价值与价格 Value & price of hotels ················ 207

第七节　执行力与战略定位 ················· 211
　　我的执行力 My power of execution ·················· 212

包装方式的优缺点 Advantages & disadvantages of
　　packaging ·· 216

丝巾的定位 Positioning of silk scarves···································· 217

第八节　逐渐建立你自己的"套路"·································· 220

超级业务员的笑话 A joke of super sale rep······················· 221

05. 公司里难以学到的惊天内幕··· 225

第一节　"前辈"的告诫未必正确·· 227

询盘真假能否甄别 Could you rectify the real inquiry? ·········· 228

意向客户不会计较样品费 Real customers don't care
　　about sample charge ··· 229

先问价格还是先谈细节 Inquiry & details, which comes first? ······ 232

第二节　不要动别人的奶酪·· 235

越级的问题 Issues for bypass ··· 236

共享供应商的问题 Vendors sharing issues ························· 238

第三节　"找对人"仅仅是开始·· 242

同时联系买手和采购总监 Contacting buyer &director at
　　the same time ··· 243

巧妙的沟通方式 Tactful contact ·· 246

第四节　如何避免"无心之失"·· 248

20 美元引起的麻烦 A bad story with only 20 US dollars ············ 249

一个难得的机会 A good opportunity ································· 251

第五节　各取所需是谈判的关键 ················· 253
新产品的开发难题 Problems for launching new items ············ 254
打造小众精品路线 Build a series of boutique items ············ 256

第六节　开发不易，守业更难 ····················· 258
可能失去客户的几件小事 Minor issues to lose customers ············ 259
佣金开路的蠢主意 Stupid bribery ideas ············ 262
逆向思维：涨价！ Reverse thinking: price raises! ············ 264

索　引 ··· 268

01.

买手迷恋怎样的供应商

⇧

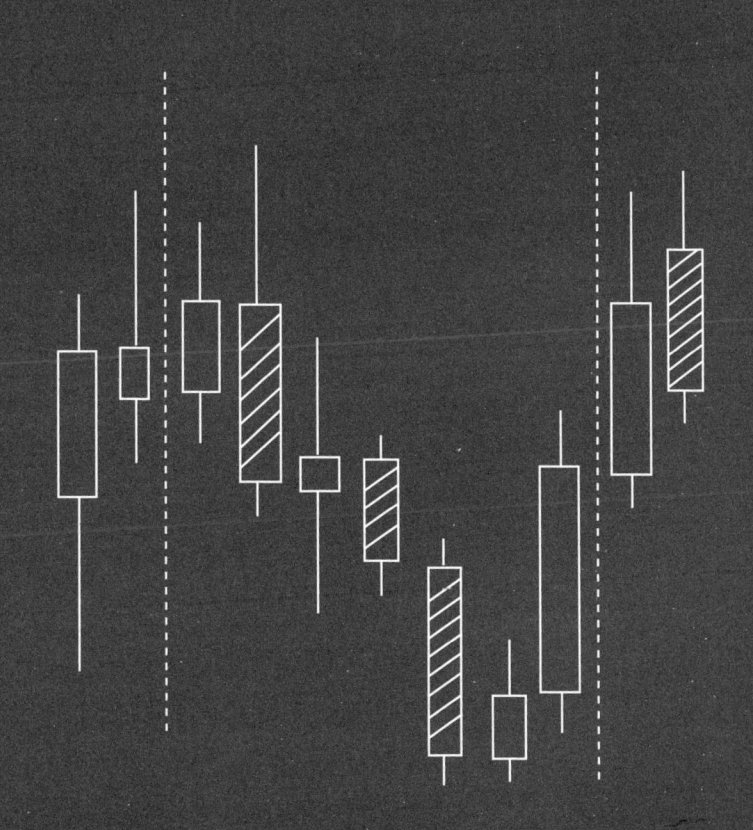

想要业绩长红,掌握客户的喜好是关键。如何抓住客户的心,让客户心甘情愿跟你合作,是业务员们必须思考的。

"买手究竟在想什么?"
"他们喜欢怎样的供应商?"
"为什么我们的价格很有优势,却拿不下订单?"
"为什么报价以后客户就没了音信?"
"为什么开发信总是石沉大海?"
"为什么每次都卡在价格上无法成交?"
"除了降价,我们还有什么谈判手法?"
……

这一章,或许会对你有所启示。

第一节　最让 buyer 反感的八类业务员

在讨论如何赢得客户喜好之前，我先做一个反向的分析。客户喜欢的供应商必然有各种各样的优点，但是客户讨厌的供应商，往往就是那么些缺点。为什么我这节的标题写的是"业务员"，而不是"供应商"？理由很简单。因为客户直接接触的往往就是业务员这个对外的"窗口"，业务员就代表了这个公司的形象，也反映了客户对这个供应商的第一印象。

如果业务员非常专业，客户就会觉得这个供应商的员工很懂行；如果业务员回复客户电邮速度很快，客户就会认为这个供应商效率很高；如果业务员举一反三，能给客户一些有效的建议，客户更会认为这个供应商是值得考虑的合作对象。

反之，如果业务员脾气很差、很容易不耐烦，客户会觉得这个供应商服务很烂；如果业务员一问三不知，客户自然觉得这个供应商不靠谱，可能是"皮包公司"；如果业务员乱报价格，随意涨价或降价，即使订单已经在客户手里，他也会再掂量掂量。

一切的一切，其实都在于人。我们都知道，一家店要经营成功，生意兴隆，除了产品好外，服务也必须跟上。在当前的市场竞争环境下，很少有供应商有完全独特、占据绝对技术优势、竞争对手无法复制的产品。换言之，大部分产品，海外客户都很容易在中国找到供应商，可以货比三家以选择最适合自己的。所以我们一定要做好细节，不要因为一些小事，或者不经意的失误，而失去宝贵的机会，那就得不偿失了。

> 哈佛大学营销学教授杰拉尔德·萨尔特曼（Gerald Zaltman）有一个著名的"95%理论"。他认为：人类95%的想法、情绪，以及学习都是在无意识下发生的。

这说明了一个很重要的观点，可以将其应用到我们的外贸工作中。具体而言：95%的客户选择你，其实未必是因为你价格最好、产品最好、性价比最高，是他经过综合衡量后的选择。他们可能只是一时冲动，只是主观上觉得你不错。我们要抓住客户，就不应该去找客观的理由，而应该尽一切可能让别人喜欢你，觉得你很棒，觉得跟你合作很开心，觉得跟你合作能赚到自己想要的。

我们不能要求所有的客户都喜欢我们，这不现实，没有人能让所有人都喜欢。但是我们可以尽量把事情做好，把细节做好，让客户不那么讨厌我们。

这里，我列举了八类最不受欢迎的工作方式。业务员们可以对号入座，哪条或者哪几条是自己经常犯的、需要改正的。

一、"挤牙膏"型

在我总结的八种不受欢迎的类型里，这种是最不受买家喜欢的。说得更直白些，如果有别的选择的话，没有人会有时间和兴趣去不断"挤牙膏"，因为实在太辛苦、太受折磨了。换句话说，如果你想让客户心甘情愿用"挤牙膏"的方式跟你沟通，除非你的产品独一无二，或者你的价格独一无二，让客户没有别的选择。

客户最讨厌的，往往就是以下这种情况。

案例 1-1　A depressed conversation（让客户抓狂的询价）

客户：请问你们做电动牙刷吗？麻烦看一下我电邮附件里的图片，这一款有没有？我们希望采购这款牙刷，在德国销售。如果有的话，麻烦帮我报一下 FOB（装运港船上交货）价格，同时请在报价单里注明详细的尺寸、产品描述、涉及的材料、包装资料、外箱尺寸、起订量等，并提供图片。谢谢！

业务员：感谢您的询价，我们有这款电动牙刷，FOB 单价 35 元人民币。图片请看附件。

客户：麻烦提供一下报价单和外箱资料，以及相关的产品信息，并提供 FOB 美元价格。

业务员：好的。

（客户经过多次邮件和电话催促后，终于催来了报价单。不过可惜的是，里面信息依然不全，除了产品图片，两三句简单的描述，一个 5.38 美元的 FOB 单价外，还是没有别的信息……）

客户：请问一个 20 尺小柜和 40 尺平柜能装多少？我这边要计算一下海运费。

业务员：20 尺柜可以装 89,568 个，40 尺柜可以装 179,136 个。

客户：明白，那外箱尺寸具体是多少？多少个装一个外箱？

业务员：48 个装一个外箱。尺寸我要让同事算一下，晚一点发给你。

客户：麻烦一并提供一下外箱的毛重和净重。

业务员：没问题。

客户：报价单里你写的材料是 plastic（塑料），请问是哪种塑料？PP（聚丙烯）还是 ABS（丙烯腈）？

业务员：是 ABS。

客户：牙刷头和牙刷手柄都是 ABS 材料吗？

业务员：不是的，手柄是 ABS，但是牙刷头是 POM（聚甲醛）。

客户：手柄和开关的橡胶部分呢？是 PVC（聚氯乙烯）吗？德国市场很严格，我们不接受 PVC。

业务员：不是 PVC，是 TPR（热塑性橡胶）。

客户：那牙刷的刷毛是什么材质？

业务员：我们用的是杜邦尼龙。

客户：这款电动牙刷你们出口过德国吗？

业务员：应该有的。

客户：能告诉我销售给哪些客户吗？是进口商？还是零售商？

业务员：不好意思，这是我们的公司机密。

客户：那你们做过哪些测试呢？

业务员：我们进行过 CE（欧盟 CE 指令）和 FDA（美国食品药品监督管理局）相关测试。

客户：FDA 是出口美国市场需要的，而 CE 是欧盟认证。我想知道的是，你们有没有做过其他物理或者化学方面的测试？

业务员：这个我要问一下。

客户：有没有做过 LFGB（德国新食品和饮食用品相关检测）？还有 PAHs（多环芳烃）、Phthalates（邻苯二甲酸盐）、Cd（圆二色谱）检测？

业务员：我要问一下老板。

客户：有没有清晰一点的产品大图？你报价单里的图片太小了，看不清楚。

业务员：我去拍一下，回头发邮件给你。

客户：那请问你们的起订量是多少？

> 业务员：5,000 个。
>
> 客户：我们能否先下试单，比如 3,000 个？
>
> 业务员：不行，这样的话，我们单价要涨 20%。
>
> ……

机械"互动"不可取

很多朋友都经历过这样一问一答式的"互动"。我把"互动"这个词打上引号其实是一种讽刺。因为这根本就不是互动，而是客户一直追问，业务员只是回答。这里面，客户推一下，业务员动一下，业务员没有任何主动的行为，没有提出任何建议或方案，没有展现出任何优势，只是机械地回答客户的疑问。

这或许是大多数业务员的通病，不知道该怎么应付客户，不知道该说些什么。一旦客户没有回复，就只懂得催促进展如何、什么时候下单、有没有最新消息。从来不去思考为什么会没有下文？是不是自己的工作方式有问题？是不是报的价格有问题？是不是还有什么别的原因？

上面的案例其实是一个特例，因为很少有客户会如此有耐心，一次次地提问，一次次等待业务员的回复。大家或许觉得这没什么，那是因为很多环节没法在案例中体现。如果把每一个疑问和每一个回答，都拆解成一封一封的邮件，人家就会明白，为什么客户会消失，会不回复，会没有下文。实际上，客户往往不想这样"挤牙膏"，而这种"互动"方式会使业务员错过最佳沟通时机，也许就在这漫长的过程中，客户的采购计划已经变了……

如何体现你的专业性

那么，怎样的回答才可以让客户满意呢？我们可以回归客户最初的询价。

案例1-2 High efficiency offer with full details（高效完整的报价）

客户：请问你们做电动牙刷吗？麻烦看一下我电邮附件里的图片，这一款有没有？我们希望采购这款牙刷，在德国销售。如果有的话，麻烦帮我报一下FOB价格，同时请在报价单里注明详细的尺寸、产品描述、涉及的材料、包装资料、外箱尺寸、起订量等，并提供图片。谢谢！

如果用英文表述，客户的邮件可能是这样的：

Dear Michael,

Glad to hear that you're a manufacturer of electric toothbrush in China. Now we are looking for the item as attached photo for Germany.

Do you have the exactly same item? If possible, please send me offer sheet with FOB price. Please also help to provide us with the product size, specification, material, carton measurement, MOQ, photos, etc.

We look forward to hearing from you soon.

Thanks and best regards,

Nina

假设这位德国客户Nina写了这样一封询价的邮件给业务员Michael，这时候Michael要做什么？必然是第一时间给Nina准确详细地回复。因为Nina要报价单，也要相关信息，所以Michael必须根据Nina的要求有针对性地回复，这是基础。如果要更进一步增进对方的好感，那仅仅这样还不够，还需要体现自己的优势和特点。如果Michael能做到以下的水准，相信一定会给 Nina 一个非常好的第一印象，也一定能打败大批同行。

Dear Nina,

Thanks for your kind inquiry! We have the same model as your photo.

Here is our draft offer below. And please check the attachment for offer sheet and product photos in detail.

Product name: Electric toothbrush

Category: Dental care

Item No.: FET-275x

Material: ABS body, TPR handle and switch, POM replaceable head, Dupont Nylon bristles, lithium battery, and other accessories

Product size: 3cm x 26cm

Cleaning action: sonic- 31,000 cycles/min

Power source: Rechargeable lithium battery

Battery life: Up to 30 min per charge

Charge time: 12 hours

Charge indicator: Yes

Guarantee: 1 year

Packaging: 1 pc/color box

Pcs/carton: 48 pcs/carton

Carton size: 38cm x 28cm x 14cm

Pcs per 20'/40'/40' HC: 89,568pcs/20'; 179,136pcs/40';

211,104pcs/40'HC

Gross weight/ Net weight: 22.5kg/21.5kg

MOQ: 5,000pcs

Testing report: LFGB, PAHs, Phthalates 6P, Cd, etc. by SGS

FOB price: USD 5.38/pc

We have exported this item to Germany for several years. Please don't worry for the quality. I will send you our testing reports for your reference in a separate email.

Please feel free to contact us if you have any further question.

Thanks & best regards,

Michael

  这是 Michael 回复的第一封邮件，虽然看起来很长，但是全部言之有物。他首先对客户询价表示了感谢，告诉 Nina，我们有与你要求的一模一样的产品。然后把报价和相关信息写在邮件正文里，同时也根据客户要求，准备好了详细的报价单以及产品图片，并将它们插入了附件。这样做一方面是为了让客户在收到众多供应商报价邮件时，在没有点开附件的情况下，就能看到己方给出的专业报价和产品的详细信息。先给客户一个好印象，再吸引她去点开附件的报价单和产品图片。

  邮件随后强调了这款产品已经出口德国多年，请对方不必担心品质问题，也表示会另外写一封邮件将测试报告发给她。这既强调了己方在德国市场经验丰富，同时也让对方知道，我方手里有测试报告。用证据和事实来说明自己的产品品质是没有问题的。

  然后，Michael 又跟进了第二封邮件：

Dear Nina,

Here enclosed the testing reports for your review.

Thanks,

Michael

第二封邮件，就是为了回应第一封邮件里留的尾巴——"测试报告"的问题。可能大家会有疑问，为什么不把测试报告一并在第一封邮件里给对方？其实这不仅是为了不让一封邮件内容太多，附件太大；也是为了让客户觉得自己专业，一封邮件只说一个主题。另外在表述上条理清楚，层次分明，也更容易赢得对方好感。

发送测试报告的时候，只需要在附件里插入文件就行，正文内容不用写太多，一两句话说清楚就可以，也没有必要再大打广告。

然而，这两封邮件，只是做到了"效率""完整"这两个方面，吸引了客户的眼球，能让 Michael 在同行中脱颖而出吗？其实未必。因为能做到这两点的，还有很多竞争对手。那 Michael 要让 Nina 满意，就必须突出优势，再往前多走几步。

他可以马上跟进第三封邮件：

Hi Nina,

It's me again!

Regarding the electric toothbrush, I have 2 suggestions for packaging.

1) Color box as I quoted.

2) Double blister with display box. (It seems better to display it in the retail stores for consumers and only cost 10 cents more for each piece.)

Please check the attached photos for color box & double blister with display box for comparision.
Best regards,

Michael

当然，这封邮件发送后，可以继续写第四封：

Dear Nina,
FYI. Attached is our factory audit report by INTERTEK.
Thanks and best regards,

Michael

这封邮件继续补充了内容，发送了验厂报告给客户参考，向客户阐述了己方的优势和专业，也表示工厂是经过检验的，管理和生产都没有问题，消防、环保评估、人权、反恐等也可以达到欧美的要求。

你如果觉得这还不够，当然还可以跟进第五、第六、第七封邮件。比如第五封可以专门发送一些现有的产品图片，其他德国客户购买的产品；第六封可以写一下自己对于德国市场的看法，并旁敲侧击地探查客户的产品定位和渠道；第七封可以写己方新开发的、准备投往德国市场或者其他中欧市场的产品，请她参考，并反馈意见。

这就是我在 2010 年研究出的 mail group（邮件群）跟进法，在我当年发布在福步论坛的帖子里有提及，也在我的第一本书《外贸高手客户成交技巧》里进行过简单的分析。这么做的目的就是要让你更加专业化，让你在报价的第一时间，就给客户一个大大的 surprise（惊喜），在起跑线上就领先于同行。

看了上述这两个案例，希望读者朋友们思考一下：假设你是 Nina，你会对哪种业务员更满意？在不认识的前提下，谁会赢得你良好的第一印象？谁会让你愿意继续沟通下去？我想答案是显而易见的，客户一定不喜欢"挤牙膏"型的业务员！

二、"拖延症"型

拖延症这个词，英文中有一个专门的单词 procrastination，就是指做事拖拖拉拉，总是在没理由的情况下拖延工作进程。

比如收到客户的询价邮件，有的业务员明明可以马上回复，手中也有现成的资料和价格，但就是不回复，一定要拖到快下班，才慢条斯理地去整理报价单。一旦时间不够，或者临时有其他事情冒出来，他可能就会拖到明天、后天，甚至更晚。

如果客户催促，他可能会优先处理一下；如果客户不催，他可能还会一直拖延下去。

案例 1-3　Delay, delay and delay（难以容忍的拖延）

这是我当年的亲身经历。

那时候我刚进入外企，给一家美国公司打工。第一天上班，上司就交给了我一项任务——进行电脑公文包的询价，让我尽快完成。

我在网上找了两个新供应商，分别写邮件过去询价，提供了产品的详细图片、要求、预期数量、付款方式等；然后又分别致电，告诉对方，我是某某公司的谁谁谁，需要采购一款公文包，具体要求已经发送电邮，请查收。

两家的反应都很快，马上就给了回复。回复里有简单的报价，但资料都不全。跟"挤牙膏"型业务员不同的是，这两位业务员都很积极，只要我发邮件过去，就一定当天回复，但往往总是告诉我："我们正在核算，会尽快给你答复""我已经转给经理了，一有消息就通知你""我会尽快给你消息的""我估计下周一可以给你准确的报价"……

哪怕我一次次催促，他们依然是上述答复。即便我换一点新花样去问，答案还是在空中飘着。最让我记忆犹新的是，我每天都用邮件加电话轰炸他们，居然还是等了整整一个月，才拿到报价单。

其实我的上司早就不耐烦了，订单已经下给了公司的老供应商。等我终于拿到详细报价单和相关信息，提交上去的时候，他冷冷地扔给我一句："我希望以后不要再发生这样的事情。"

那是我最难堪的一天。因为我的上司不会过问我的工作方式，他要的是结果。不管我是不是每天催，不管我催促得是否及时、到位，他都没兴趣知道。他只看到，我没有完成任务，拖延了这么久，什么商机都没了。很多项目，很多订单，都是有时效性的，而且时效性在很多时候，甚至比价格本身更重要！

我们换位思考一下，假设你是采购商的买手，你会不会选择这样的供应商？我相信，如果在有选择的情况下，你一定不会选。因为不管对方因为什么原因拖延，这个拖延都会给你造成极大的麻烦和困扰，它就是一颗不定时炸弹，随时可能爆炸。

拖延其实是一种病态的工作方式，是因为没有做好工作规划，没有工作方法，想到什么做什么，没想到就暂时不做。客户催了，就动一下；客户不催，就放着以后再说。

"轻重缓急"分类法

这里我需要强调一点，每一名业务员都必须在每天的工作中，分清轻重缓急，然后一步步去处理日常工作。有些业务员有做笔记的习惯，先把今天要做的事情列出来，然后做完一件，勾掉一件，如果想到新的事情，就再添加进去。

这种工作方式其实不错，虽然看起来烦琐一些，但是在刚开始工作的时候，能帮助我们理清思路，不至于忘记这个，丢了那个，又或者一不小心忽略了重要的事情。

与此同时，我建议在这类整理的情况下，再把 daily-working issues（每天要做的事情）做一个系统性的分类。先看下面这张图：

图 1-1　Importance & Urgency（重要和紧急）【毅冰制图】

上图中的 I 表示 Importance（重要）、U 表示 Urgency（紧急）。我们可以把日常工作分为四类，第一类是 I & U——"很重要，也很紧急"；第二类是 I——"很重要，但不紧急"；第三类是 U——"不重要，但很紧急"；第四类既没有 I 也没有 U——"既不重要，也不紧急"。

我们首先要做的，自然是 I & U，最重要也最紧急的；最后要做的，自然是不重要也不紧急的。那剩下的两块——I 和 U，究竟是先做 I（很重要但不紧急），还是先做 U（不重要但很紧急）？我建议，根据具体情况分析。假设是核心客户、老客户的问题，那不管是 I 还是 U，都要优先处理。剩下的部分，我建议先处理"紧急但不重要的"，然后处理"重要但不紧急的"。因为紧急，往往时效性更加突出。

所以要避免拖延症，我们首先要做的，就是让自己每天的工作有条理，做好统筹规划，不至于因为一个意外事件的发生，或者一个不速之客的拜访，就手忙脚乱。有条理，工作才会有效率。

三、"妄想症"型

这个类型的业务员我们在日常工作中经常碰到，有"怀疑一切"的态度和勇气，比如以下的几种情况：

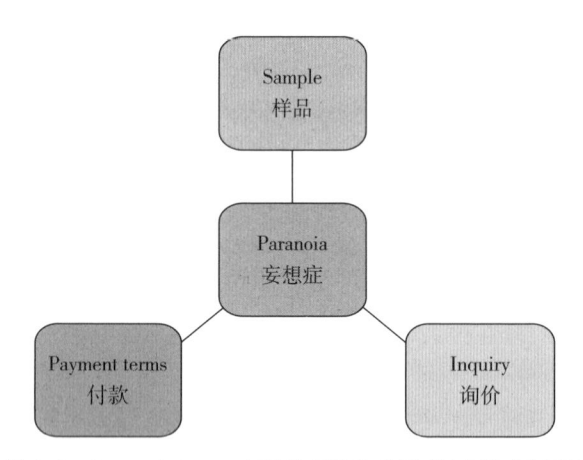

图 1-2　Paranoia Issues（妄想症的表现形式）【毅冰制图】

样品谈判环节：很多客户非常热心，愿意提供到付账号。但很多业务员就是"不信"，担心样品寄出了，客户会不会拒付？拒付以后样品又会寄回来，公司是不是需要承担双倍快递费……

谈付款环节：业务员坚持使用 T/T（电汇），要求客户必须交定金，还必须在发货前付清所有款项。原因就是担心客户违约，担心客户见提单复印件不付款，担心客户跟货代、船公司等勾结而无单提货，担心客户拒付信用证，担心客户骗货不给钱……

客户询价环节：业务员会根据客户国籍、公司、邮件内容等信息猜测。比如这个询盘数量那么大一定是假的，那个询盘一看就像套价格的；这个询盘信息不全很可疑，那个询盘是印度的肯定做不下；这个询盘品质要求太严根本做不到，那个询盘中一堆工程图肯定没人愿意报价……

在商场上，不能轻信别人，要控制风险，要注意细节。但是无休止的怀疑，因为怀疑而怀疑，无端怀疑一切，主观臆断一切，就属于妄想范畴了。

我想说的是，并非所有客户都是骗子，并非所有客户都会为了骗一个样品而大费周章，并非所有客户都会做非法生意。这个世界上的大部分商人，还是正直的、诚信的。信誉比什么都重要，比什么都宝贵。无端去怀疑，恶意去揣测，伤害了客户不说，还让自己失去很多宝贵的生意机会，路会越走越窄。

比如寄样品，如果客户能提供到付账号，那就大大方方使用对方账号安排快递样品；如果对方没有账号，而样品费用和快递费又非常高昂，不妨做 PI（形式发票）过去请对方付款。可能偶尔会碰到一些不诚信的客户，给了账号，但是由于海外销售情况有变，样品寄出后，对方不想要了，就拒付。这种情况不是完全没有，但一定是非常少的。我们不能因为极少数的个案，而否定世界上大多数客户的诚信。

比如付款方式，一味坚持发货前付清款项，往往会让客户疑虑和担忧，也会影响对方的公司流程。这样做，己方完全没有风险，风险被 100% 转嫁到客户一方，试问对方怎能毫无保留地信任你？这样一定会失去很多机会，失去很多潜在客户。何不考虑在付款方式上灵活一点，根据不同客户的要求，根据实际情况来达成共识？至于付款方式的风险控制，当然必要，可以考虑通过中信保来规避和转移风险。

比如询价，根本无须去怀疑一切。每个客户的风格不同，工作习惯也不同，仅仅依靠一封询价邮件就推测询盘真伪，就推测订单数量和价格是否能让客户满意，这就有点杞人忧天了。为什么不努力去争取每个机会，努力去应对每个询盘呢？与其花时间去猜疑，不如踏实工作，认真处理每一件事。

所以千万不要做一个"妄想症"型业务员。特别建议外贸新人们，不要因为接受了一些"前辈"们所谓的"经验"，而忽视了最基本的生意原则——"诚信""认真""踏实"。不如放开心胸，试着去信任对方，认真对待每一个询价，认真处理每一件事情。把生意建立在相互理解和信任的基础上，才能在赢得订单的同时，也争取到客户的心。

四、"心急如焚"型

我先说明一点，这里的"心急如焚"可不是什么褒义词，而是指连续催促，催到客户厌烦，催到客户不得不用消失来应对，甚至直接把业务员的邮箱拉进黑名单。这种情况并非说说而已，也绝对不是个案。

很多买手非常厌恶的就是供应商无休止的 push（催促），他们有被掐着脖子的感觉。因为任何项目，可能进展快，也可能进展慢，又或者中间有很多变化，这些都需要时间，都需要双方探讨，而不是单方面地埋头催。

适当的催促，提醒客户项目进展，了解最新情况，是必要的。但一定要把握好这个"度"。什么时候催？怎样催？隔多久再跟进？都是非常有讲究的。一个不当，就容易让对方反感。

有朋友问，不催怎么知道客户有没有消息？怎么知道订单有没有下文？我的回答是，可以催，但是每次催促都必须有效，不能随意浪费。

案例 1-4 Overwhelming push（让人崩溃的催促）

Tom 是深圳某贸易公司的业务员，负责电脑鼠标的出口工作。他前几天刚给在展会上认识的美国客户 William 报了价，也按照客户要求寄了两款样品。

Tom 一开始还是不错的，样品寄出后，给客户提供了详细的样品照片，告知了客户快递单号，也告诉了对方样品预期到达的时间，请客户关注。这个步骤，得到了 William 的赞许。但是接下来，问题就出现了。

第二天——Tom 一上班，就写邮件问 William 要 Skype（网络电话工具）或者 MSN（即时通信工具）账号，希望平时沟通方便些。William 出于礼貌，也因为考虑到以后的合作，就给他 MSN 账号。

第三天——Tom 就开始通过 MSN "骚扰" William。开始是不痛不痒的寒暄、问好，然后就是咨询客户的公司情况，平时的采购规模，现有的供应商等。William 都给出了回复。

第四天——依然是一见 William 上线，Tom 就马上打招呼。

第五天——Tom 实在想不出如何跟客户"互动"了，就主动写邮件推荐产品。

第六天——Tom 查询快递已经到美国了，就写邮件请 William 注意，并提醒对方尽快确认和签收。同时在 MSN 上给他留言。

第七天——Tom 在快递公司网站上查到快递"已经签收"，连忙写邮件问 William "样品怎么样？什么时候下单？"同样的动作，他在 MSN 上又做了一遍。

第八天——Tom 尽管收到 William 回复的"需要时间确认"，依然跟进邮件："请尽快给予答复，我们的价格很好，我们的产品很好，我们很希望跟你合作……"

第九天——仍然是邮件轰炸。Tom 问 William "什么时候能有消息？什么时候可以下单？"没有收到邮件回复，也没有收到 MSN 消息，就打电话过去问。当 William 在电话里告知 Tom，至少需要一周确认产品和细节之后，Tom 算是消停了些。接下来的几天，Tom 虽然没有进一步邮件催促，但依然是 MSN 上一见对方上线，就"嘘寒问暖"。

第十六天——算算客户说的一周时间到了，Tom 立马跟进邮件："有消息了吗？可以下单了吗？" William 没有回复。

第十七天——Tom 继续跟进邮件，继续催促，然后算好时差致电对方，提醒 William 回复邮件。

第十八天——感恩节快到了，Tom 写邮件问候 William，并给对方发送了电子贺卡，同时在 MSN 上给 William 留了言。

第十九天——Tom 继续邮件询问，"样品都那么久了，现在能给我反馈吗？" William 没有回复。

第二十天——Tom 继续发邮件催促，依然石沉大海。想 MSN 上留言，发现已经被 William 拉进黑名单。打电话过去，也没人接听。

于是 Tom 就开始跟上司、同事抱怨遇到了骗子，说对方是来骗样品的。

这个案例并不是我编造的，而是几乎每天都在真实发生的。有的时候客户询个价格，会在很长一段时间里被催促、被询问。催促本身不是问题，是"跟进"的重要环节。但千万要注意，不能把催促当成日常工作，也要尽量避免过多地使用聊天工具去催促客户。

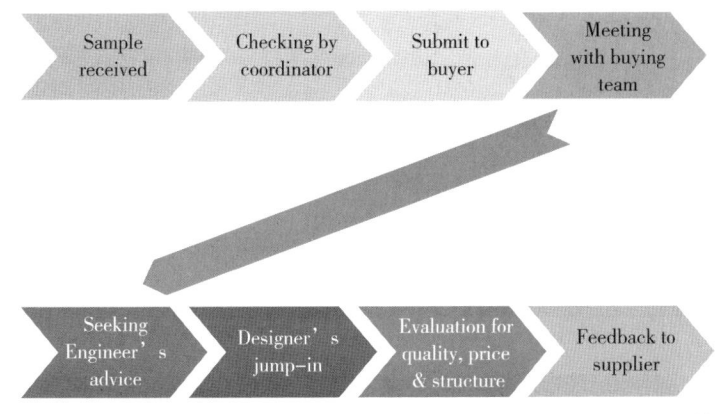

图 1-3　*Example for Sample Process*（收到样品后的工作流程）【毅冰制图】

掌握火候，伺机而动

在客户处理一个项目的过程中，样品只是其中一个环节，而往往对方收到样品后，还有很长的流程要走。每个公司情况可能不同，有些反馈很快，有些反馈需要很长一段时间，甚至大半年都有可能。公司越大，内部环节就越多，分工就越精细，反馈时间也可能越长。对供应商而言，跟进没有错，催促也没有错，但是要把握时机，要掌握火候，以免造成反效果。

你可以设想一下，假设你去看了一个楼盘，然后售楼小姐每天电话加短信轰炸你，你是什么感受？一开始可能出于礼貌，你会告诉对方自己考虑考虑，或者需要比较一下。但是时间一长，你一定会觉得厌烦，会把对方拉进黑名单。

在实际工作中，客户索要样品，往往是有理由的。可能因为你的价格合适，他需要看看实际的产品究竟品质如何；可能因为你的价格高，他要看看究竟值不值这个价；可能因为几个供应商都在报价，他需要样品来进行比较，选择最合适的；可能是因为这个项目比较急，他需要尽快拿到样品，然后考虑是否进展下去；也可能是因为他是中间商，需要给他的客户提供报价和样品。

我们可以肯定的是，一般情况下，客户索要样品，都是希望将项目进行下去。大家的时间都很宝贵，如果不是因为样品的货值极高，或者有极高的技术含量，客户不会浪费时间来来回回与你沟通。为了"骗"一个价值几美元的样品，还要搭上几十美元的快递费，这亏本生意，相信没人愿意做。

五、"十万个为什么"型

这里的"十万个为什么",不是正常的业务沟通,也不是需求探讨,而是一种"自认为专业"的质询,或者可以理解为质问,会让对方感觉非常不好。或许可以用我的一次亲身经历来说明。

案例 1-5　A gloomy contact（一次令人沮丧的沟通）

2008 年的某天,我接到美国总部的邮件,里面是一张我国厦门某个工厂业务员的名片,那个人叫 Anthony。上司 Martin 告诉我,这个供应商的名片是他去年在广交会拿到的,对方生产帐篷、吊床之类的户外用品。他让我联系一下 Anthony,请他推荐一些适合美国市场的帐篷,并提供报价。

下面是我当年发给 Anthony 的邮件正文:

Dear Anthony,

This is C from ×××. We're an American retailer with more than 130 stores in US.

We got your name card at the Canton Fair and had interest in your tent, gazebo and hammock.

Could you recommend us for some items which meet the needs of US market? Please send us offer sheet with photos in detail.

Thanks and best regards,

C

然后我又打电话催了几次,Anthony 的邮件才姗姗来迟:

Dear C,

Thank you very much for your inquiry. We have some questions below.

1. Please visit our website www.×××.com.cn. We have so many different products and couldn't give you offer for everyone. Please select them and tell me the item numbers. So we can give you price correctly.

2. Please also advise us of your order quantity. Because the quantity difference will cause the price difference.

3. What are your payment terms? We can accept T/T before delivery.

4. What is your position in this company? We don't do business with traders in China. Please send me your business license for confirmation.

5. Is Martin your customer in America? How many years have you cooperated with him?

6. Have you purchased these items from other factories? What is the quality level? What about the price range? Please send me some photos for check.

7. Which material do you like? Packaging method? Logo printing?

8. Will you do the inspection before delivery?

9. What is your request for the delivery time?

We look forward to hearing from you soon. Thank you.

Regards,

Anthony

姑且不论 Anthony 的谈判和沟通思路如何，至少在我第一封询价邮件发过去后，他就如此长篇大论地"质询"，一个问题接一个问题地问，让人非常反感。这往往会让人产生不好的联想：我难道是你的犯人？我有必要一一对应地去回答你的问题吗？更何况，这问题中的第五点还充满不信任因素，认为我在欺骗他。如果一开始就引人不快，后续该如何推进呢？

在这里举出这个例子，只是希望说明一个事实：买家希望得到的，是正面的信息。你可以有疑问，可以提出问题沟通，但这都是为合作而服务的，并非居高临下的质询。这个案例的后续进展，我会在本章的第二节做详细的分析。

六、"出尔反尔"型

只要是正当商人，都必然非常不喜欢出尔反尔的人。因为这涉及信誉问题，答应的事情一定要做到，出尔反尔在商场上会为人所不齿。对于业务员而言，在跟客户沟通的时候，一定要非常慎重，任何事情都要三思而后行，千万不要大话说在前，做不到的时候，再找借口推脱。

我们常常参加各类展会，经验丰富的业务员都知道，展会是直面客户的最好机会，毕竟双方可以当面谈、当面探讨，一旦达成共识，后续拿下订单的概率是很高的。为了避免同行抢单，业务员往往会在老板的授意下，在展会上给客户报较低的价格，以争取成交机会并与客户保持联系。一旦价格报高了，可能就会使客户被报价较低的同行抢走。

为此，业务员们伤透了脑筋。价格报高了，往往连后续跟进的机会都没有；价格报低了，回头老板一句"这价格做不了，给客户涨点价吧"，就会使业务员非常被动，其在客户面前，就留下了一个"出尔反尔"的印象。

> **案例 1-6 Overseas procedure after offer confirmed**
> **（报价后的海外环节）**
>
> 买家非常忌讳"出尔反尔"。一旦客户询问了价格，确认了价格和产品的细节，往往就会往下开展一系列的工作。比如货比三家，比如启动产品的海外销售环节，比如设计开发思路和广告流程，比如租用仓库为后续的仓储做准备，比如让设计师开展包装的设计工作。这一系列动作，可以同步进行。等到海外环节完成后，客户就会跟供应商探讨付款方式和一些实际的问题，并下采购订单。
>
> 如果在这个时候，业务员说"抱歉啊，展会上的价格，我们现在没法做了，要涨价10%"，客户会是什么想法？可能他心里会想：你在浪费我的时间和金钱。我在美国把所有的开发工作都做完了，跟上司确认了采购价，跟我的客户谈好了销售价，每个环节的成本和利润都计算好并完成了预算，可以启动这个项目了。这时候你跟我说要涨价10%，你让我怎么向我的公司、向客户交代？我的上司认为我无能是小事，我的信誉扫地才是大事。

所以这一类的业务员，也是买手非常非常讨厌的。他们往往会给客户带来很多的重复性工作，还会让很多已经确认好的事情变成无用功。情节严重的，会直接影响客户的商业信誉，甚至给其带来官司。

七、诋毁同行型

在欧美一些商业环境成熟的国家，大家是非常反感诋毁和攻击同行的行为的。因为这种行为既无助于提高自己的销售额，还会使双方互相指责和攻讦，让双方在消费者心里的地位都一落千丈。这本身就是一个"双输"的行为，所以聪明人不屑于为之。

对买手而言，无论是筛选供应商，还是选择合适的合作对象，都有自己的一套衡量标准。他们会考虑利弊得失，考虑利益平衡，考虑订单安全，考虑很多很多的因素，还会加上自己主观的判断。

如果某个业务员告诉买手："你原来合作的工厂东西不好，品质很烂，我们的产品比他们的好。"这时候买手会怎么想？会觉得业务员的话值得考虑，应该比较一下双方的产品品质？绝不可能。事实上，买手一定非常反感这样的行为，甚至会想，你说我合作的供应商的产品品质不如你们？你是在质疑我的专业？还是觉得我无能，在嘲笑我？

一定要让客户体会到供应商的诚意和气度，不要在背后论人是非，让客户知道自己的优势和与众不同就足够了。买手都不傻，业务的好坏，一定能明白；价格的高低，一定能知道；产品的优劣，一定能判断。千万不要试图用自己的想法去影响别人，而要以一种柔性的手段，潜移默化地让对方觉得你是合适的供应商。

八、公然撒谎型

"诚信"是经商的第一要务。对买手而言，如果一个业务员经常公然撒谎，他还会继续与其合作吗？一般不会。哪怕因为某些原因不得不合作一些项目，买手也会因为过去的谎言，对业务员说的每句话都打个问号。

没有了信任，合作的基础往往也不复存在了。双方哪怕为了利益勉强合作，也会因为生意中的矛盾和裂痕的逐步扩大，而终止合作。这只是时间问题。

案例 1-7　Lie a lie and a lie（一个接一个的谎言）

贸易公司的业务员经常遇到一个问题，就是工厂交不出货，延迟交货期。

一开始，客户要求 2 月 20 日交货，业务员跟工厂确认后，发现时间有点紧，但是勉强可以做到。于是，为了拿下订单，业务员就满口答应客户，"交货期没问题，下单吧"。

可是 1 月初，这批货应该安排生产的时候，工厂安排了别的更加紧急的订单。1 月中，业务员好说歹说，终于让工厂把这个订单排进了生产计划，结果不到一周，农历新年来了，工厂放假了。

2 月初，贸易公司开始上班，但工厂要到正月十五才复工。2 月中旬，客户已经发邮件催业务员交货，业务员明知没法做到，还是寄希望于工厂能尽快赶工，便敷衍客户，会尽快交货。

2 月中旬，工厂终于开工，又发现产品的某个配件出了问题，只能重新采购，交货期就拖到了 3 月初。于是业务员就开始撒谎："因为中国新年的问题，工厂停工，劳动力缺乏，我们刚恢复工作，交货期要到 3 月初。"

到了 3 月初，工厂发现原先定做的外箱尺寸计算错误，没法装下，只能重新采购。业务员在客户一次次催促的过程中，不愿意承认自己的工作失误，于是继续撒谎："我们的配套工厂上班比较晚，刚开工，所以一些配件还没到位。"

3 月中，工厂老板接了大订单，主要的生产计划都安排成了自己的订单，贸易公司的订单又被往后推了。业务员在沟通无果的情况下，只能继续撒谎："我们的模具有点问题，要修补模具，需要两周时间。"

又过了两周，工厂还是在做自己客户的大单，只是勉强派了三五个工人，继续原订单的生产和组装。但是业务员已经没法对客户解释了，只能接着撒谎："我们工厂这几天在做消防检查和环评检测，所以要停工几天。"

> 又过了一周，订单依然完成了不到50%，业务员只能继续撒谎："订单差不多完成了，请看附件的产品图片，我们会尽快订舱。"然后是问客户催余款。
>
> 又过了几天，客户质问为什么依然没有安排订舱出货，业务员发现已经把能找的借口都找了，能撒的谎都撒了，就来个终极版的："我们工厂遭受火灾了，一个库房受损严重，大约50%的货被烧毁，我们在重新整理恢复生产，会尽快出货。"
>
> 一次又一次编排的谎言，终于在客户派员工来工厂调查时全部破灭。

这样的情况不少见。业务谈判中，供应商为了拿下订单，什么都说好，什么都说可以接受。结果实际工作中出现麻烦了，也不注重沟通，只会"捂盖子"，希望客户不知道，尽快将问题敷衍过去。结果就因为一次次撒谎，把自己的信誉彻底撕毁了。试问，客户如何能接受一个一次次找借口推脱的供应商？

出问题，可以理解；有麻烦，可以接受。买手需要的，其实是一个真相，一个解决方法。

毅冰说

上述情况，总是在不经意间发生，但就是这些不经意或者煞费苦心的经营，往往成了业务员失去订单的罪魁祸首。在掌握好与客户沟通的技巧、方法的同时，也要有意识地形成自己为人处世的准则，真诚、谦和，懂得换位思考。

长久的合作往往建立在，你让别人体会到你的道德修养和人格魅力的基础上。在不断掌握客户成交技巧、方法的同时，千万不要忘记修炼自身的品德。

第二节　买手究竟在想什么

除了避免第一节提到的八类问题外，我们还需要思考，究竟怎样才可以征服买手。是专业？是服务？是效率？是价格？还是个人魅力？又或者兼而有之？

很多业务员，都恨不得剖开买手的脑袋看看，他们究竟在想些什么。报价了没消息，降价了也没消息；样品寄了没消息，跟进以后也没消息；拜访的时候谈得好好的，回去以后就没了下文；样品价格都能确认，订单却迟迟不下……

我们会自然而然地去思考，去纠结，想知道买手真实的想法。到底是价格的问题？还是产品的问题？抑或是沟通的问题？然后对症下药。

可现实未必尽如人意，我们往往只能根据蛛丝马迹去猜测和判断，甚至用一次次的试探，来推测事情的多种可能性。我将通过三个简单的事实，来分析买手的思维和想法。

一、不要把买手当怪物

在很多朋友眼里，买手是个非常特殊的职业，掌握"生杀"大权，一句话就能决定订单下给谁。如果这样想，那就错了。我想说，买手也只是生意场上的一个角色，并不是什么了不起的人，更不是 monster（怪物）。如果你想以研究怪物的心态去研究买手，那方向就错了。正确的方法是追本溯源，换位思考。比如，如果你是买手，你喜欢怎样的供应商？你喜欢跟谁合作？为什么？你的衡量标准和判断标准是什么？

我们可以用一个非常简单的案例来了解如何换位思考。

> **案例 1-8　Amy's online shopping（Amy 的在线网购）**
>
> Amy 同学刚入手了一台 iPhone，怕手机划伤，就决定买一个手机壳。但是在当地，卖这类小配件的商店不多，也比较零散，不容易找到自己心仪的，而且很多店里的价格都很高，一个塑料壳动不动就好几百块。于是 Amy 就打算去网上购买。
>
> Amy 在网页上输入关键词"iPhone 手机壳"，发现各种款式的都有，各种价格的都有。但页面太多，价格跨度太大，Amy 根本没时间一页一页去看，去比较。于是她就缩小了搜索范围，把关键词改为"iPhone 7 Plus 硅胶手机壳"，搜索结果一下子就少了很多，开始变得精准。但这样做还是不够，她进一步设置价格区间为"50~150"，设置卖家所在地为"珠三角"，再点击按照销量排序，并参考了别的买家的评价，结果在第一页就锁定了自己心仪的产品。然后，她简单地跟卖家进行了沟通，选了一款价格为 120 元人民币的、日系图案的透明硅胶手机壳，并下了单。

在这个案例中，当 Amy 作为一个 buyer（买手），去采购一款手机壳的时候，用了很多无意识的手法。这其实就是一个专业买手的采购技能。

第一步，关键词搜索

一旦发现原有关键词无法精确找到自己需要的产品，你就需要进一步把关键词细化。

第二步，价格区间考虑

只要是买手，一定会考量价格，心里至少会有一个大致的价格区间，知道自己的 budget（预算），知道哪个价格可以接受，超过哪个点就只能放弃。

第三步，区域设置

比如我国香港的买家如果在内地的珠三角地区采购，物流就很便利，而且这两个地区都属于粤语地区，买卖双方沟通也不是问题。如果该买家在北方采购，不是不可以，但是距离和沟通都会有一些不便。在可以选择的情况下，谁都希望采购和沟通的过程可以更加方便。

第四步，背景考量

买手在下单前，会考虑几个因素，那就是供应商是谁？这个供应商是否可信？Amy 网购的时候，懂得按照销量排序，了解别的客户的评价，以此来决定这个卖家是否可靠。同理可得，一个专业的买手，在选择供应商的时候，自然也会关注这个供应商的背景。他给谁供货？别的客户如何看待他？他有没有收到很多投诉？

第五步，价格和付款方式确认

买手什么都了解过、比较过、核算过、评估过，选好了供应商，选定了产品后，才是价格最终的谈判和选择阶段。前面的价格估算，是初步的筛选。我要买拖拉机，你推荐给我保时捷，那我们自然没法谈到一块儿去，因为不同的价格区间代表了不同的产品，不同的需求。只有买手选定了供应商，选定了产品，又完成了上述四个步骤，才会进入最终的价格确认和付款方式确认的阶段。或许上述案例还略显单薄，毕竟简单的网购跟复杂的国际贸易还是有区别的。除了价格，付款方式是另一个重要的考量标准。当然，这免不了又要经过几轮谈判，多次的拉锯战。

如果用图表来总结这五个步骤，就是下面这个图：

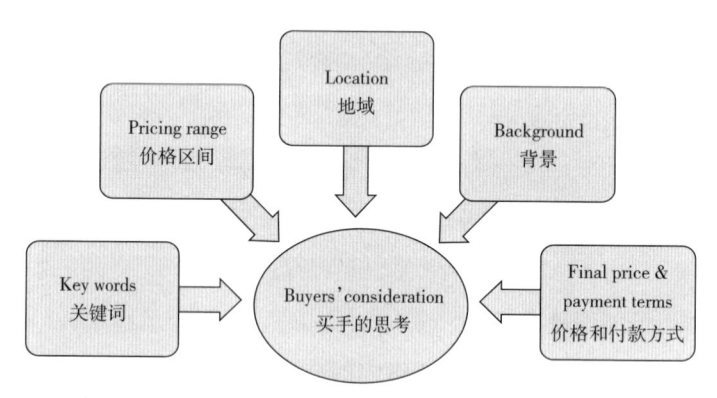

图 1-4 *Buyers' Consideration*（买手的思考）【毅冰制图】

二、不要随意欺骗买手

无论做国际贸易还是国内贸易，大家最忌讳的是什么？往往是合作伙伴不诚信，谎言张口就来，借口随时都有。

卖方担心客户无诚信、欺诈、骗资料、骗样品，自己辛辛苦苦却是"为他人作嫁衣裳"。

买方担心供应商欺诈，付了定金"打水漂"，品质出问题，交货期有麻烦，业务员接订单的时候什么都说 OK，可结果却是"一失足成千古恨""再回头已百年身"。

所以人与人之间，不管是相处也好，交朋友也好，做生意也好，都不要随便去欺骗别人。哪怕只是一件很小的事情、一个无意的细节、一个所谓的"善意的谎言"，都可能引起极大的波澜。对买手而言，选择供应商，下订单合作本身就是一个十分谨慎的过程。他们不会随随便便下单，也不会随随便便付钱，这是人之常情。

在这个过程中，买手会仔细评估每个环节，会多方面考虑各种因素，以选择合适的供应商。这时候，买手难免会有些疑神疑鬼。就像我们去买电脑，别家都卖 8,000 元，只有一家报价 7,200 元，我们本能的就会怀疑，那家卖的是真货吗？不会是山寨机吧？还是翻新的？这种疑心多多少少都会有，如果完全不在意、不考虑、不担心，那就不是一个合格的专业买手。

我在这里要告诫大家，很多疑问是因为对方有顾虑和担心或不够信任，才会提出。这类问题，一定要谨慎回答。要尽量考虑到各种细节，要多换位思考，不要轻易去糊弄对方，不确定的事情张口就来会使自己失去买手的信任。

三、不要把买手当傻子

我曾经见过一些朋友，撒谎撒得特别没谱，只要对方智商正常，都不可能会相信。明知根本糊弄不过去，还要用一些烂得不能再烂的借口，那不是把买手当傻子又是什么？

> **案例 1-9　Excuses for delaying the goods（延期交货的借口）**
>
> Alex 是一家手工具工厂的业务员，刚接了一个螺丝刀的订单，数量 12 万把。可是临近交货期，Alex 才发现，自家工厂产能不足，刚完成了不到 3 万把。再加上还有很多老客户的订单、老业务员的订单要优先安排，这剩下的 9 万多把，估计至少还要两个月才能做完。
>
> 买手写邮件来询问交货期能否准时出货，Alex 一边糊弄着说"可以，没问题"，一边心里想着能拖一天算一天，要盯紧生产部门，同时要求老板支持。最后时间到了，糊弄不过去了，就说模具坏了，需要修理，大概要两周；两周后，又说注塑机坏了，要换零件；接下来两周，说装配车间工人闹罢工，公司在紧急处理，还需要一周；又过了一周，什么借口都用遍了，还是完成了不到一半的数量，无论如何都解释不过去了，

就索性不回邮件不接电话了……

　　试问，这样一次又一次的推脱，买手又不是傻子，能不知道你在敷衍吗？其实在大多数情况下，供应商有实际困难很正常，完全可以通过沟通和谈判来解决。买手不是一根筋到底的"大棒槌"，有宽限余地自然可以宽限一下。如果实在没办法，要延迟交货期，也可以协商别的解决途径。比如把做好的那一部分先发，剩下的是延期、取消，还是发到客户别的仓库做其他的销售之用，都可以具体研究，彼此探讨。

　　买手最痛恨的，就是供应商不说实话。明明做不到，为了接单偏要说可以、没问题，不到黄河心不死，结果到期限了，才找借口拖延，才一次次用自己都不信的借口去忽悠买手，对方怎么可能高兴？怎么可能接受？

　　结果自然是，把好不容易开发的客户彻底得罪了，把好不容易拿下的订单彻底搞砸了，把好不容易建立的信任彻底破坏了。

　　所以我们需要积极地去应对，不怕做错，不怕麻烦，就怕什么都不做，什么都 yes，什么都 OK，什么都 sure，什么都 no problem。结果却是一次次强词夺理，一次次出尔反尔，一次次画蛇添足，一次次敷衍搪塞，一次次欺上瞒下，最终受害的，一定是自己！

毅冰说　　这一节的主题是"买手究竟在想什么"，我们需要做的是按部就班，不要胡乱猜疑。买手也是人，也有正常的思维，也会主观地判断。所以不论对方怎么想，作为供应商，一定要守住诚信，坚持该坚持的，不能为了一己私利，随意欺瞒，信口开河。

第三节　买手需要什么样的供应商

从"买"和"卖"的角度上讲，最回归本源的说法是：买方一定希望"物美价廉"；卖方一定希望价格越高越好。

所以买手和供应商，本身就是两个对立的角色。买方关注的是两个点：物美，东西的品质要好；价廉，价格越便宜越好。卖方关注的是一个点：价高，价格越高，利润越好，至于品质是否足够好，这个问题就在于消费者也就是买方的接受度了。

案例 1-10　Tag price of rice cooker promotion
（电饭煲的促销定价）

举个例子，假设消费者需要购买一个电饭煲，只用来煮饭，不需要其他功能，只要价格便宜就好，他的心理价位是 90 元人民币。消费者的要求是可以满足的，供应商的成本大约 30 元，各种杂费和运费大约 30 元，剩下的 30 元就是利润。

> 可问题来了。供应商给电饭煲加个全自动数控界面，可以吗？当然可以，成本压缩一下，还是可以控制的，零售价也可以不变，但是利润就要从 30 元压缩到 12 元。供应商会这么做吗？显然不会。因为买方的需求摆在那里——只要一个功能最简单、价格便宜的就可以。
>
> 可能供应商好心，非要做多功能的，但是"好心"容易"办坏事"。多功能电饭煲推出去，90 元的零售价的确可以增加消费者的兴趣，以利换量，通过提升品质降低利润来增加销售，这是好事。但坏事或许更多，这样一来容易打乱原有的价格体系，对自家高利润的那几款多功能电饭煲的销售产生不良影响，等于自家抢自家生意，这有意思吗？

所以从上面的案例可以得出结论，买卖双方真正介意的点，其实有两个：一是利润，二是现有的利润是否会受影响。再总结一下，其实就是一个点：利润。不管是现有的实际利润，还是未来的预期利润，都属于 margin（利润）的部分。

一、预期盈利

买手选择供应商，首先要考量的就是预期的盈利情况。在同等条件下，如果 A 供应商能带来 40% 的预期销售利润，而 B 供应商只能带来 30%，这时候买手就会面临抉择，是直接跟 A 合作，还是跟 B 谈谈，看是否能有更优越的条件？或者有什么别的方案可以增加利润？

> **案例 1-11　Selling a flat（出售房产）**
>
> 我们可以设想一下，如果你是房主，手中有一套北京二环以内 100 平方米的房产打算出售。你必然会先了解周边同类房源的售价，来简单衡量自己的房子到底能卖多少钱。这个环节就是 research，即调研。
>
> 调研以后，你可能会到多个中介去挂牌，挂出你自己预期的价格。当然，你在这里可能会耍点小花招，将价格略微报高一些，然后等有意向的买手过来谈，就可以有一些降价和让步的空间。这个环节，就是 offer，可以理解为"报价"或者"报盘"。
>
> 客户来看了，自然会讨价还价，这是人之常情，这属于贸易环节中的 price negotiation（价格谈判）和 counter offer（还盘）。
>
> 最终可能有两三个买家看上了你的房子，你会卖给谁？显然，在同等条件下，自然是谁出价高，你就卖给谁。这是很简单的道理，谁能给你更多的利润，你就跟谁合作。

所以买卖双方的合作，往往都是在确保预期利润的大前提下，综合考虑各种问题，最终再得出结论。细心的朋友们或许注意到了一点，我前面提到一个前提"在同等条件下"，那怎样才算是同等条件呢？

此外，如果利润达不到预期，那你就需要考虑其他的条件，比如能否给出足够有力的弥补措施，让对方愿意舍弃一部分利润？

这样单纯用文字描述可能不易理解，我们再通过一个案例，更加直接地体会和思考这个大前提对于利润的影响。

二、供应商的选择

> **案例 1-12　Vendors selection（供应商的选择）**
>
> 我作为美国 F 公司的买手，在选择供应商时，总是无比谨慎。因为买手的职责就是要确保供应商、产品、交货期的稳定和安全，要尽可能帮助公司争取最大利益，要尽可能让我采购的产品，在美国获得消费者的认可。简单来说，就是我们采购的东西能够热卖就够了。
>
> 前面的几个关键词，稳定、安全、产品、交货期，大家都容易理解。那问题来了，怎样才算是帮助公司争取到了最大利益？我要补充的是，最大利益，不仅仅是利润，也不仅仅是得到更好的报价，而是一个综合的考量，涉及利润、付款方式、付款安全、沟通成本、潜在风险评估等方方面面。
>
> 假设我今天要采购一款榨汁机，预期订单是 1,200 台，期望零售价为 149 美元。我作为买手，通过计算各种仓储费用和杂费、进口关税、美国内陆运费、中国到美国的海运费、海运保险费、产品责任险费用等，再加上我们 45% 的利润要求，最后大致推算出，我在中国采购的 FOB 价格，要控制在 48 美元以下。这时我就可以开始向多个供应商询价了。
>
> 供应商 A：多年合作的老供应商，各方面品质和交货期都很稳定，虽然偶尔也出点小问题，但大体上都很不错，也一直与我们有电器类项目的合作。A 的报价是 55 美元，付款方式可以跟其他项目一样，O/A 30 days（30 天放账，也就是出货后 30 天付款）。
>
> 供应商 B：展会上新认识的供应商，没有合作过，但是拜访过一次，各方面感觉还行，也给美国一些大品牌供货，产品都有美国电器要求的 UL 认证，感觉还算靠谱。B 的报价是 52 美元，付款方式要求 30% 定金，

余款见提单复印件付清。通过多次谈判，最多能降低到 15% 定金，其他没得谈。

供应商 C：朋友介绍的一个供应商，过去没有了解过，也没有接触过。目前就这个项目简单探讨了一下，感觉还算专业，对测试和产品都比较懂，显然也有操作美国零售商的经验。C 的报价是 55 美元，付款方式要求电汇，并收取部分定金。至少，也要做 L/C at sight（即期信用证）。

诸位，如果你是我，你会如何选择？

可能很多人会选择 A。因为 A 是老供应商，各方面情况稳定，合作也愉快，还有 30 天的账期，资金上没有什么压力，还可以控制风险，一举两得。

可能也有朋友会认为找 B 更好。因为价格便宜，每款便宜 3 美元，1,200 台就可以节约 3,600 美元。作为买手，帮公司省钱，争取最大利益，一定没错。

或许还有朋友会选 C。因为朋友介绍的一般可信度比较高，至少不会被坑。再说用信用证付款，也保证了双方利益，虽然买方会支付一些开证费用，但那对于订单而言微乎其微。另外，多开发一个供应商，还可以起到很好的平衡作用，鸡蛋不能都放在一个篮子里。

其实我在案例里有意忽略了其他一些要素，从而让大家觉得，三个选项都各有各的道理。其实不然。如果我们再增加几个要素呢？或许就可以做出最优选择。

1. 我要求的交货期是 45 天。
2. 如果是新供应商，我需要安排 Factory Audit（验厂）。
3. 对于产品，我需要增加验货的 drop test（跌落测试）。
4. 我会安排专业的第三方机构来负责 inline inspection（产中验货）。

> 和 final inspection（最终验货）。
>
> 5. 如果我三个月后下 repeat order（返单），价格能否维持不变。

这几个要素一加，相信价格一定会有所浮动，差别就会显现。也可以借此观察不同供应商对于我这些要求的反馈，由此评估他们的经验、能力、实力，以及对美国大买家和零售商的把控能力。

三、五大要素全面考量

这个过程看似复杂，实际不复杂。因为供应商要满足几个要素：第一，有竞争力的价格；第二，稳定的价格；第三，满足客户的交货期需要；第四，品质过硬；第五，沟通方便。

这五点是我个人认为最最重要的，其他要素都是对它们的补充。有竞争力的价格很重要，这点不用赘述。价格过高等于是削弱自己的竞争力，也影响客人的利益。可价格的稳定也很重要，大部分客户都没法接受时时调价的供应商，认为不安全，变动的价格也会严重影响销售计划。

零售商更加注重供应商的价格稳定，往往会要求供应商提供有效期至少一到两年的报价。只有这样，它在制定零售价的时候才可以游刃有余，价格也才能稳定。试问，如果一个美国超市，今天某款榨汁机卖149美元；明天因为中国供应商涨价，就调到169美元；后天因为供应商又涨价，再调到189美元；大后天因为供应商交货期延误，就把超市架子空着……试问，消费者能接受这种过山车式的零售？价格的不稳定是消费者十分忌讳的，也是买手十分忌讳的。

至于品质和交货期，无须多说，都是必要因素。如果产品的品质出了问题，供应商自然是不能随意接单采购的，否则就是砸自己的招牌，就是给自己埋下隐患，或许还要面临消费者的投诉和索赔。交货期同样重要，如果零售商下了订单，仓储都安排好了，货架都留好了，促销都做好了，广告都印出去了，这时候供应商要延期交货，怎么办？所以任何时候，交货期都是重点考量的因素。

哪怕真的出了问题，一个专业的买手，也要时刻有备选的供应商。

除此之外，"沟通"环节也相当重要。因为订单的操作是由人来完成的，买手跟供应商对接，在此过程中的一个很重要的环节就是communication（沟通）。正如我们第一节提到的，如果业务员工作效率很低，属于"挤牙膏"型；如果业务员很能拖延，什么事情都要拖上十天半个月；如果业务员经常妄想，总是担心这里被骗，那里有陷阱，就连一件很小的事情都需要邮件、电话、传真确认，试问，买手会用大量时间来应付这一个供应商甚至这一个订单吗？显然不可能。

所以"沟通"一旦有障碍，就会严重影响工作、订单、双方未来的合作以及成本。一个"不错"的供应商，能够把细节做到位，能够节约买手的时间，能够给出专业意见，能够高效率回复买手的邮件，能够第一时间处理问题。这样能够给客户节约沟通成本，为其省下更多时间来做别的事，而不用整日担心你把订单搞砸。

完美的沟通能够让买手放心，能够让他（她）觉得把订单下给你，就可以高枕无忧，以你的专业和仔细，一定不会出乱子；哪怕真有问题，你也会提前告知，并给出专业意见，根本无需他（她）担心。

四、"备胎"的必要性

我们再回归前面的案例1-12，我作为买手，假设在增加了后面五个要素后，A、B、C三个供应商依然维持先前报价，都可以达到我的要求，也都很有诚意来做这个项目的话，我会优先考虑C供应商。

原因很简单。首先A是老供应商，我已经提过了，一般老供应商是"双刃剑"，有利有弊。用得好，可以节约买手的时间精力，能够控制好产品品质和交货期，能够控制风险和稳定利润。但一旦处理不好，就容易让老供应商"恃宠而骄"，觉得自己掌握了客户很多订单，属于核心供应商，认为买手没有更多选择，就可以提各种无理要求，可以胁迫买手，这样就会打破原有的"平衡"。

而B呢，属于新接触的供应商，没有合作过，虽然拜访过，价格也很不错，但是不知道未来的合作会不会出问题，存在风险。而付款方式相对于买手而言，风险更高。其实这就意味着，用风险来换取更多的预期利润。可以尝试 B，但在有更好选择的情况下，还是会先考虑那个 better option（更好的选项）。

那就是供应商 C。因为 C 是由朋友介绍的，这就等于在一开始就有了相应的"背书"。首先，有人推荐，那至少这个供应商值得信任；其次，沟通过后发现 C 的确够专业，了解美国市场，了解产品，算是行家；再次，在付款方式上，C 比 B 要好很多，考虑到风险控制，这个因素很重要；最后，因为订单只有 1,200 台，FOB 单价 55 美元，也就意味着从总额上看，只是一个普通的小订单而已，完全可以作为对 C 这个新供应商的测试。

C 如果做得好，完成得不错，接下来各方面都表现出色，那就可以通过考验成为买手的正式供应商中的一员。如果合作中出了问题，发现 C 难以胜任我们的订单，那也没关系，还有老供应商 A 随时可以补位。这就是 Plan B。

再说了，更重要的是，栽培 C 在某种程度上，属于准备"备胎"。一方面给自己多个选择，一旦老供应商出问题，有备选，一旦未来有大项目老供应商没法完成，C 也可以分担一些；另一方面也是对老供应商的一种制衡，只有平衡各方利益，让大家都有机会分一杯羹，对于买手而言，采购计划才更安全。

> **毅冰说**
>
> 在这一节中，分析买手的心理和实际选择，是希望告诫大家，买手选择供应商，往往不会头脑一热，随心所欲。你没有被选上，可能有深层次的原因，而不是你所谓的"价格不好""我们不是工厂"那么简单。你被选中，拿到订单，或许也不是价格取胜，而是买手的综合考量。
>
> 所以外贸业务员既不要妄自菲薄，也不要妄自揣测。我们要做的，是多方面分析买手的需求，突出自身优势，争取每一个项目，争取每一个机会。即便当"备胎"，也是一个无比重要的上升台阶。千万不可轻易放弃！

第四节　怎样的还盘能抓住对方眼球

或许大家会问，很多客户是第一次接触，没有朋友介绍，没有熟人推荐，也没跟客户的同行或者类似的大买家合作过，我们在价格上或许也没有太大优势，如何吸引买手注意？如何争取到往下推进的机会？

其实在我看来，"没有优势"是一个悖论，因为方法都是由人想出来的。如果从经济学角度分析，哪怕没有"绝对优势"（absolute advantage），也必然有"比较优势"（competitive advantage），所以贸易无处不在，且会永远存在。贸易不仅仅是互通有无，很多环节都可以通过贸易来完成，比如外包部分产品或流程。同样的，机会也要靠自己发掘，守株待兔，等着订单一个个砸过来，这不现实。

讲得再通俗一点，在大品牌垄断的市场，如果有小工厂占据价格优势，难道你就没有机会了？照这个思路发展下去，那中国只有两种供应商：一种是产品无敌好，有卖点、有品质、有大工厂支撑；一种是超级小作坊，价格便宜到不可思异，谁都竞争不过。这显然是非常荒唐可笑的。

每个人的购买偏好完全不同；每个人的现实情况也不尽相同；每个人的消费理念同样都不一样。你喜欢宝马，不代表别人也喜欢；你喜欢咖啡，或许别人喜欢奶茶；你月收入 5,000 元或许会每周消费 50 元的甜品，但别人月入

15,000元或许还不舍得买；你喜欢追电子产品，喜欢每年买新款，或许别人热衷于买衣服，电子产品能用就行。

所以本来就不存在放之四海而皆准的真理，每个买手的喜好是没法靠猜测来获得的，这没有意义，也做不到。你的产品好不好、适不适合，有话语权的永远是客户，而不是你自己。你觉得东西很好，或许消费者不买账；你觉得不怎么样的东西，或许买手很喜欢，觉得物超所值……

一、"低价格"并不是提高订单转化率的唯一条件

首先，萝卜青菜各有所爱，你觉得自己不怎么样，自己的东西也不怎么样，但是买手偏偏看对眼。就好比我们常说的一句话：梦想还是要有的，万一实现了呢。

其次，你觉得自己没有优势，但或许别人有很多劣势，而你没有，这不就是你的优势吗？优势这东西是相对的，缺点可以是优点，优点也可以变成缺点，关键在于对方怎么看。

再次，价格是见仁见智的。你只愿意花30元买一条皮带，不代表别人不会用10,000元买一条奢侈品皮带，这属于两种消费观。同时，从30到10,000元，还有一个无比庞大的消费群体，就看你如何定位，如何吸引客户，如何争取机会了。市场无限大，机会无限多，但是成败还是在于"人"，在于"思考"，在于"执行"。

另外，你又怎么知道买手不会选择你？机会面前人人平等。是，买手可能有老供应商；对，买手可能找得到更低的价格；没错，买手可能更喜欢跟工厂合作而不是贸易公司。但这一切的一切，都是"可能""或许"，都是你自己揣测的，你没有争取过，没有尝试过，又怎么知道没机会呢？又怎么知道技不如人呢？我们可以用一张图（图1-5）来表示询盘和订单转化的可能性。

买手的选择可能跟偏好有关，可能跟你的优势有关，也可能跟产品的价格

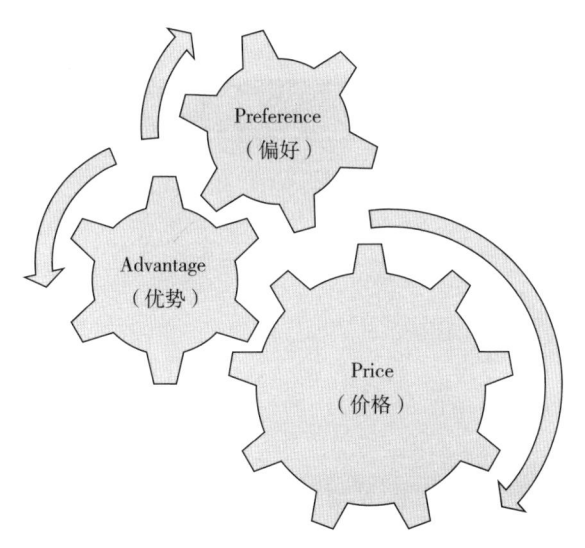

图 1-5　*Inquiry to Order*（从询价到订单）【毅冰制图】

有关，更有可能跟其中的两个甚至三个因素都息息相关，因为一切都是未知的。所以我们要做好自己，而不是总想着猜测别人，总是妄自菲薄，总觉得前途黯淡。若是连自己都放弃自己了，那就真的没救了。

二、挑战买手的心理预期

其实大部分买手在给出询盘的时候，总是有一个潜在的期许，比如希望得到怎样的还盘。如果你的回复超过他（她）的心理预期，那就成功了。当然，我说的预期，不仅是价格的预期，而是一个方方面面都涵盖的整体预期。更多的是一种感觉。

为什么这么说？为什么用感觉这么虚无缥缈的词？我们可以通过案例来体会这"个中三昧"。

> **案例 1-13　Beyond buyer's expectation（超过买手的预期）**
>
> 一个法国进口商的买手，向某个中国供应商 Y 询一套不锈钢刀叉的价格。因为这个套装，正好是某法国大超市采购的产品，所以买手希望能够拿到更好的价格，从而推荐给他的客户。买手的心理预期是 4.5 美元/套，带彩盒包装。
>
> 之后这个供应商 Y 的还盘，明显高于买手的心理预期，Y 给出了 3.9 美元/套的报价。这首先就让买手觉得惊喜，因为价格上居然便宜了那么多；其次，Y 还提供了详细的照片和测试报告，证明其对产品和法国市场非常了解，这进一步让买手觉得 Y 够专业；再次，Y 表示他们现有的样品跟买手的询盘一模一样，而且有现货，随时可以提供样品给买手确认；最后，Y 还指出，他们的订单管理十分完善，一般情况下，可以在 25 天内完成正式订单，不拖延客户交货期，而且付款方式也十分灵活，可以接受 T/T、D/P、L/C 等多种方式，这也不由得让买手暗暗点头。
>
> 而这些内容，用一个 mail group 就可以完成。这样的还盘能在第一时间吸引买手的眼球，因为够专业，有效率，够精准，远高于对方的心理预期，也自然容易赢得机会，为接下来的深入谈判做准备。（关于 mail group 的内容展开和详情，请参阅拙作《外贸高手客户成交技巧》，中国海关出版社，2012 年 1 月出版。）

这个案例很能说明实际情况。若是归纳一下，就是"对方要 1 元钱的东西，你给了让他（她）觉得值 1.1 元的东西，让对方觉得没少赚"。这就好比我们买东西，心里会有一个大致的预期，对于品质、价格、服务等或许会有一点底，可能不是很详细，但一定有大致的感觉。

好比去专卖店买衬衫，我一眼看过去，有件格子衬衫感觉不错，挺喜欢的，当时就会有一个心理预期，如果800元以内，还是可以考虑的。结果试穿一下，感觉效果超级好；再一看价签，899元，虽然略高于预期，但也能接受；然后营业员过来说，今天我们有活动，这件衬衫可以打对折，自己顿时觉得赚到了，又增加了购买欲望；再后来付款后，营业员还送了一把雨伞给我，说是小赠品，这又增加了我对于这家店的好感。就是因为这些事情，都超过了我的心理预期。

我这次买得不多，消费有限，但是这家店却超过了我的预期，给了我一个很好的印象。所以下次要买衣服，我不自觉地就会想到这家店，就会去逛逛，就会给商家带来新的机会。在跟朋友聊天的时候，或许就会分享这次"愉快的经历"，就有可能给商家带来别的客户和资源。

反之，如果一个供应商在某件事情上没有做好，或者做得十分离谱，远低于买手的预期，那会是什么样的结果？坏了口碑是小事，自己长期建立的信誉损毁，买手告知同行或朋友，分享和抱怨这个"不愉快的经历"，无形中使供应商失去很多新的机会和订单才是大事。

所以我希望告诫大家的是，勿以善小而不为，勿以恶小而为之。你不经意间的一个坏习惯，或许就会挡了自己的财路；你多注意一个细节，或许就会带来一些新的机会，收获不一样的结果。归根到底，就在于你自己究竟怎么想、怎么行动。

三、抓住买手眼球的还盘

理论的东西说了那么多，还是需要一些实际的案例来作支撑。我们看一下对同一个询盘的三种不同回复，来分析怎样的还盘更抓买手眼球。

当然，这只是一种思路，因为每个公司的特点不同，每个业务员的工作习惯也不同。在这里，我只是给出一种思路，给大家指引一个方向，看看怎样的回复，容易吸引到买手，容易让对方觉得这个供应商值得继续谈下去，不能轻易放弃。

案例1-14　A common inquiry（一个平常的询盘）

我这里之所以用common inquiry作为标题，是因为很多询盘，其实都是普普通通的。它们看起来不起眼，没有特别的针对性，也没有很大的订购数量来刺激供应商。然而，这种普通询盘，往往构成了外贸工作的主要内容。

Dear Daisy,
I'm glad to get your contact info from your website. Could you send me a price-list of your mobile accessories?
Best regards,

Stanley

显然，这个询盘再平常不过了。但往往这样的询盘，会让很多业务员无比厌烦。他们心里会想，这个客户到底有没有购买兴趣？有没有订单？要什么都不说清楚，一上来就要整个报价单，我们公司几百款产品，怎么给嘛？

可能不同的业务员，看到这类询盘会有不同的想法。就像一个榴莲送上来，有人可能觉得好臭，捂起鼻子，但还能忍受；有人可能无比讨厌这个味道，直接走开；有人可能很喜欢，陶醉其中；有人可能直接就开吃了。其实榴莲还是那个榴莲，但面对不同的人，就有不同的结果。

同样，不同的业务员面对相同的询盘，也会有不同的反应——喜欢、讨厌、或者不喜不悲。最终我们要看的，是大家对这类询盘的回复。怎么做、如何做，才是最考验业务员水平和能耐的。自然，这类问题还是要通过案例来讲解，干巴巴的文字是不会有太好的效果和共鸣的。下面我就通过几个不同的回复邮件，来反向分析买手如何看待这类问题。

> **案例1-15　A common reply（一个平常的回复）**
>
> Dear Stanley,
>
> I'm so glad to get your inquiry.
>
> Refer to mobile accessories, we have lots of different items. Could you please visit our website to review and advise me of your interested ones? I will send you the offer sheet as quickly as possible.
>
> Thank you very much!
>
> Best regards,
>
> Daisy

根据我的个人调查，大多数业务员收到这类询盘，在回复的邮件里面采用的招数都是"泛泛的回复"（当然还有很多业务员直接无视这类询盘），客套几句，表示收到询盘很高兴，然后请对方看看自家网站，选出喜欢的东西再报价。

用正向思维来看，这没什么问题。你不告诉我你要什么，那我就请你先选你喜欢的，我再给你报价。可若是反过来看，问题就来了。我是买家，是消费者，我想买你家的东西，但是我对于你们的产品不了解，我想让你报价。可是你价格不报，资料不给，反而问我要什么？试问我如果清楚我要什么，我还需要问你吗？我直接提出要求，让大多数供应商比价格就是了。

比如我有明确目的，要购买iPad充电器，我就可以直接搜索关键词、具体型号和参数，然后问几家供应商比价。但事实是，或许我打算做这类电子产品的进口，但是我自己目前也没有十分明确的产品定位，我想先了解一下中国供应商的产品和价格区间，然后再分析在我的目标市场销售这类产品是否可行。这是一种策略的规划，也是一种市场调研。如果什么资料都不提供，这样的回复，显然对我是没有任何帮助的。

这类回复不能说不好，也不能说不对，只能说"太普通"。我在案例的标题里用了common（常见的）这个词，是因为大部分业务员会采用这种不动脑筋的办法。请原谅我用了"不动脑筋"这个不太委婉的词。因为这类回复，敲敲键盘几十秒就可以完成，不用花什么心思，自然也没有太大的价值。你能做到，别人也能做到，如何显示自己更专业？如何让自己与众不同？

我们再看看下面第二类"略好些"的回复。为什么只是略好，而不是好？是因为有比较，才可以分辨出好坏，才知道强中自有强中手。

案例1-16　A better reply（一个略好些的回复）

Dear Stanley,

Thank you for your kind inquiry!

Please check the attached e-catalog of our mobile accessories.

I also enclosed the offer recap of our hot-selling items for your review.

If any interest, please do not hesitate to contact me.

Best regards,

Daisy

跟前面的案例比起来，这类回复是不是好多了？因为跟"泛泛回复"的毫无营养相比，至少往前走了好几步。我们可以用一张图来做简单说明。

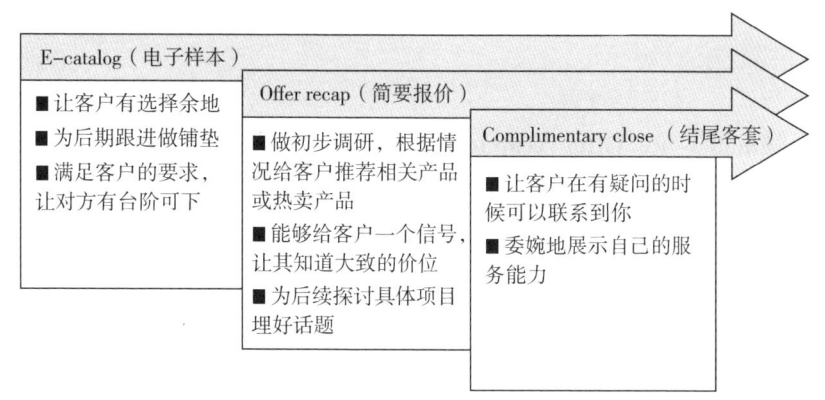

```
E-catalog（电子样本）
■ 让客户有选择余地
■ 为后期跟进做铺垫
■ 满足客户的要求，
  让对方有台阶可下

Offer recap（简要报价）
■ 做初步调研，根据情况给客户推荐相关产品或热卖产品
■ 能够给客户一个信号，让其知道大致的价位
■ 为后续探讨具体项目埋好话题

Complimentary close（结尾客套）
■ 让客户在有疑问的时候可以联系到你
■ 委婉地展示自己的服务能力
```

图1-6　*Consideration before Reply*（回复邮件前的思考）【毅冰制图】

很显然，这样的回复还是有亮点的。业务员一方面根据客户的要求提供了样本，另一方面主动给出了报价，整理并推荐了热卖产品。这比一般的业务员已经是多走了几步了，算是相对好的。但说实话，这只是相对意义上的"略好"而已，并非足够好。

换言之，有比较，才有发言权。关键在于，你能否征服客户？能否第一时间吸引对方跟你谈下去？这才是问题的关键所在。其他一切的一切，都仅仅是手段而已，是为这个目标服务的。

下面再来看一个更加有吸引力的还盘案例。同样的询盘，不同的业务员，不同的回复，得到的结果可能大不一样。

案例 1-17　A professional reply（一个专业的回复）

Email 1– Re: E-catalog of mobile accessories

Dear Stanley,

Attached is the e-catalog of our mobile accessories. Please help to check and advise your comments.

Thanks,

Daisy

Email 2– Re: Offer recap for mobile accessories

Dear Stanley,

Here enclosed the offer recap for your review. As we have a majority of items, I tried to split them into five offer lists in this file.

You could reach me by email or cell phone (+86–139–xxxx–xxxx) at any time.

Best regards,

Daisy

Email 3– Re: Recommended items

Dear Stanley,

It's me again. I visited your website and found some of them are really similar to ours.

So I make another offer sheet of these articles for your reference.

Yours,

Daisy

Email 4– Re: UL report

Hi Stanley,

As I know, you're in the market of mobile accessories in the US. I'm sure the UL report is essential for you before purchasing.

Please realize that all of our items are manufactured strictly according

> to the regulation for America. Kindly check our UL report in attachment.
> We look forward to hearing from you soon.
> Kind regards,
>
> Daisy

看完这个案例，是否会有一点不一样的感触？常言道：不怕不识货，就怕货比货。哪怕这个客户不是专业买手，哪怕这个客户可能刚入行不久，哪怕这个客户刚从纺织品采购部门调动到手机配件采购部门，在最初的询盘后，得到三种不同的答复，也一定会有不同的感受吧？

我相信大家会有自己的偏向性，知道如何选择。当然，未必说第一种一定输，第三种一定赢，毕竟没有到最后谁都不知道结果。但有一点是可以肯定的，你一开始给人够专业的感觉，至少会在买手心里得到一个好的第一印象，这可以为后续的跟进谈判做好准备。如果一开始就"见光死"了，哪怕你的价格不错，但是客户不知道，你又如何赢得对方的尊重和肯定呢？

这种 mail group 的手法，一直是我大力提倡的。目的就在于刚接触新客户的时候，通过第一时间展示自己的专业，好好"震撼"一下对方，同时，告诉客户自己绝非那些"大多数平庸的业务员"可比的。

这四封邮件层层递进，第一封根据客户要求提供电子样本让对方参考；第二封归纳梳理了自家大多数产品的报价，给客户提供了一些选择，也顺便留下了手机号码，表现出诚意，让对方随时可以联系到你；第三封是简单调研后的结果，通过浏览客户的网站，发现有些产品跟自家产品很接近甚至完全一致，之后针对这些产品给出了详细报价单，因为现有产品很可能就是一个好的切入点，至少也提供了很多将来有可能讨论的话题；第四封继续升级，表示自家产品的品质绝对没问题，因为可以达到美国的 UL 标准。第四封邮件表面上看无非就是提供测试报告，但是这招很管用，等于是一个潜台词：我们的产品品质经得起验证，而且无需再做任何测试。这个"暗号"会给对方一个心理暗示，哪怕你一开始的报价略高，后续也有谈判的余地。因为产品品质好，经过测试，不是一般的大路货可以比的，所以，跟你合作可以完全放心。

这其实归根到底还是一个心理战。接到报价的买手一般可能会这样想：A 不报价，"挤牙膏"，很麻烦；B 报价 10 元，也不知道价格好不好，还是先比较一下再决定；C 报价 11 元，但是产品已经成熟，而且有测试报告，感觉挺靠谱，再看看，如果没有更合适的，就跟 C 详细谈谈。

所以大家不要担心一开始报价略高会失去客户，完全不是这样的！只要价格不是过于离谱，客户一般不会在一开始就让你出局。客户选择供应商，要经过综合考量。价格略高，完全可以谈，这些都是后续跟进和谈判的时候需要考虑的问题。

发送邮件群真正的目的，是做让买手喜欢的供应商，让供应商的还盘在一开始就抓住对方眼球。这无比重要！

毅冰说

这一节之所以把"还盘"作为专门的课题来讲解，是希望借助几个案例，让大家有切身的体会，从而引发更多的思考。

我们不能单纯地把眼光放在"买"和"卖"这两个点上，而要考虑背后的一系列问题，要换位思考如何在素未谋面的情况下，在一开始给对方留有一个"专业"的印象。

毕竟外贸工作日常活动的主要组成部分就是邮件往来。我个人认为，mail group 若能用好，必然是一把利器。希望这一节能让大家产生共鸣，找到自己的不足之处和未来提高的切入点。

第五节 "专而精"还是"大而全"

"专",可以是"专业",也可以是"专注"。专注于某一产品某一领域,自然会逐渐打造出竞争力。在外贸行业,这属于"精细化"操作,属于在某一类产品生产上有特长。

反其道而行之的,就是"多样化"。漫天撒网,不同领域同时出击,力求"不把鸡蛋放在一个篮子里"。

这就有了值得思考的一个课题,我们做外贸,做出口,究竟该往"专而精"方向发展,还是该往"大而全"方向靠拢?

相信大家在这个问题上都有自己的考量。有些朋友可能力图走"产品专业化"路线,集中力量发展一系列产品,不涉足过多领域,不分散精力,好钢用在刀刃上;有些朋友或许准备走"服务专业化"路线,通过一揽子计划给国外客户供应各种产品,节约客户的跟单和操作成本,也通过服务来打造"大而全"的贸易公司。

其实这就代表了当今外贸发展的两个方向:"单一发展"和"多元发展"。不论是纯贸易公司、工贸企业,还是外贸工厂,都免不了要思考这个问题,要考虑今后的路怎么走。在展开分析之前,我还是想通过两个案例,来探讨几个值得思考的问题。

> **案例 1-18　To do or not to do？（做还是不做？）**
>
> 　　Eric 是深圳的贸易公司老板，多年来一直出口电子类产品配件。公司的客源相对稳定，产品涉及充电器、插座、手机数据线等，算是走"专而精"的路线。他手下的业务和跟单团队虽然规模不大，但还算稳定，业绩也不错。
>
> 　　某天他跟我提到了一个令他头疼的问题。他的一个荷兰客户因为与他的合作一直稳定，希望增加每年的采购量。除了现在合作的电子配件外，希望让他们针对礼品、日用品、袜子等产品报价，与其他供应商在同等条件下竞争。
>
> 　　于是他就为难了。一方面，这个荷兰客户是他公司的核心客户，订单不小，一年下来利润不少，如果送上门的机会都拒绝，他自己都说服不了自己。另一方面，如果做，那就意味着分散精力，必须配置合适的人力资源来负责操作询价、跟单之类的事宜。去从事一个完全不熟悉的行业，是否会得不偿失？

　　Eric 陷入了进退两难的境地。既想赚钱，想服务好老客户；又不想因为涉足不熟悉的行业而显得不专业，并且如果分散太多精力在副业上，或许会得不偿失。另外，过多的副业投入也会影响到主业的发展，这让他十分纠结。

　　至于我的建议，我在本节的后半部分会进行分析和讲解。这里我们先继续看第二个案例：

> **案例 1-19　Preparing samples for trade show（准备参展样品）**
>
> 王小姐是厦门某中型贸易公司的业务经理，下个月准备去参加广交会。公司实力还行，拿到的展会位置不错。
>
> 然而王小姐从两个月前就开始纠结。不是产品有问题，毕竟很多老供应商都比较配合，打样都没问题，时间也来得及。问题在于，她不知道该带哪些样品去参展。因为公司样品间很大，像一个超市，各种类型的东西都有，而一个展位只有9平方米，应该摆些什么东西去吸引客户？如何才能有特点？这让她很为难。
>
> 她手上的确有不少客户，产品的跨度也非常大，平时一直以"杂货商"自诩。今天出毛巾，明天出杯子，后天出太阳能灯，大后天出家具，大大后天出女性内衣……公司认为客户要什么，我们就提供什么，客户信任我们，这就是最大的资本。但是要去综合性展会参展，样品的选择就变成了头疼的问题。
>
> 好像什么都能做，但又好像什么都不够专业。如果带很多东西，展位必然很杂乱，没法吸引客户。如果要带一系列产品，又觉得这方面的挖掘还不够深入，没法跟参展的工厂或专业贸易商竞争。

所以这类"大而全"的公司，同样有他们的苦恼。而并非大家所想的，我们什么都能做，什么都可以做，什么都愿意做，机会就很多。

这就给我们带来了两个值得思考的问题：

> 思考题一：如果某类产品做得很专业，公司是否应该向工贸一体的道路发展？
>
> 思考题二：如果现有的合作客户以杂货商为主，是否只能向服务型的"大而全"贸易公司发展？

这两个问题，相信不仅是诸多业务员纠结的，也是大多数老板头疼不已的。结合以上两个案例，我们不难发觉，这两个方向各有缺点。

一、"专而精"的思考

"专而精"是不错，但必然有瓶颈，即会直面其他专业同行和工厂的竞争。走专业化路线，你有工厂懂产品吗？客户又为何信任你，而不直接跟工厂合作呢？大的订单项目，相对单一的专业产品，贸易公司的机会就更小了。这个瓶颈往往会成为制约，逼得很多"专而精"的公司，在发展遇到困境的时候，转而投入自营工厂，往工贸一体的路上走。

此外，举一个浅显的例子。假设你开了一家百货公司，什么东西都有，地段不错，你在推广上也有"两把刷子"，可能就会顾客盈门。有些产品可能卖得一般，有些产品直接赔本，但是大多数还是有利可图的。然后你会在实际操作中总结经验教训，适当调整产品线，调整销售模式，百货公司的生意慢慢就会稳定起来。

但如果你只开一家店，专卖韩版女装，就等于走"专而精"的道路。如果不巧，附近本就有两家做了多年女装的竞争对手，一家货源不错，每季都有新款从韩国直发；另一家虽然款式并非最新，但是价格很有竞争力，在首尔东大门有多家廉价的供货商。你的产品线一旦定位不清，缺乏特点，消费者可能就不会买账，生意会很惨淡。又因为产品单一，有其他需求的客户也不会上门。

这就是"专而精"路线必须面对和解决的问题。如果贸易公司往这个方向发展，就必须考虑两个问题。

> 1.你的公司和产品的核心竞争力在哪里？
>
> 2.你如何直面工厂的竞争？如何打造自身的优势？

二、"大而全"的问题

"大而全"的贸易公司困惑同样不少。说得难听一些，东西越多、越杂，其实管理上越难，管理成本也越高。举个例子，一个单一产品线的专业化公司，针对的只是一类产品，可能几个采购和跟单人员就足够了，因为面对的工厂和供应商都很有限。一个多元化的杂货类大贸易公司，什么产品都涉及，什么产品都要找工厂询价，这个工作量其实很大。生意越好，需要的员工就越多，要有庞大的采购团队和跟单团队在后面作支撑。

假设你有10个订单，都是同类产品，你作为业务员，只要跟两三家工厂合作，就可以消化这些订单。如果10个订单是截然不同的产品，有文具、有工具、有陶瓷产品、有玻璃制品、有纺织品、有家具等，可能你就要分别和10家工厂谈判、下单、跟单、合作。同样的订单金额，所需的人工成本，完全不在一个层面上。管理上的损耗，实际上十分惊人。

另外，产品的专业程度也会是一个难题。表面上还不错，客户的任何询盘，都有同事跟进，找工厂、询价、比价。但问题在于，大多数的陌生产品，你是否都能说服客户让他对你有信心呢？如果一问三不知，任何事情都要经过大量的工作才能给客户答复，时间一长，可能客户就直接给你脑门上贴了"不专业"的标签。

所以"大而全"的发展，也有两个问题不得不予以重视，因为这涉及公司未来的发展和架构。

> 1.推广方向上，如何选择？难道对任何客户都说，我们是全能公司，什么产品都能做？
>
> 2.如何解决人员和管理成本过高的问题？

可能很多朋友看到这里，会觉得你这不是废话吗？说来说去，这两种公司都有缺点，都不够好，说了等于没说。其实不然，这两个看似矛盾的方向，其实不矛盾，之所以现在问题多多，是因为有一个核心内容我还没有表述。这个核心内容看似神秘，实际上也不难，用一个词来概括，就是"定位"。这方面的内容，我会穿插在二、三、四、五这几个章节中，这里不做过多阐述。我们先来看看上面的两个案例，我给了怎样的建议。

三、Eric 的棘手问题

在案例 1-18 中，Eric 内心是想做其他产品的，毕竟提出要求的是老客户，成交的希望很大，而且开公司的，谁跟钱过不去啊。但是他又担心因为产品线的延伸，影响自身的专业性，让别的客户有所顾虑，认为他们的产品跨度太大，不够专业。

其实这个问题不难解决。Eric 觉得有问题，是因为他的思维限制在了"自身"这个角度上，没有开发性地去思考。我当时一听，就给出了一个建议：老客户的产品当然要做，别的产品愿意给你做是一个很好的机会。但是为了不影响专业度，我建议你按照正常的流程询价、报价。如果拿下订单，就另外注册一个公司来做主业外的业务，甚至可以通过一些其他方法来完成。这样做，一方面不影响主业，保持了现有公司的"专而精"路线，一方面也找到了一个新的业务增长点。

这样一来，问题就迎刃而解了。

四、王小姐的参展难题

王小姐的难题恰恰相反，如案例 1-19 所述，不是产品太少，而是产品太多，涉及领域太广。哪怕是综合性展会，也必须得有特点才行。比如你在展位上一边卖鞋、一边卖食品、一边卖电器，你觉得客户会上门吗？鞋类的买手路过一看，这什么公司啊，又做鞋又做食品又做电器，这跨度太大了吧？显然不会专业，或许就不会进来谈。

所以"大而全"的贸易商参展必须要注意的是，"产品可以多，但要有相通性"。怎么说呢？比如你展位上有手机、手机壳、耳机、充电器，还有GPS导航、MP4播放器、WiFi终端等产品，看起来属于不同产品线，是很多不同工厂的产品。但是这些东西，其实构成了一个系列，具有相通性。一个经营这类产品的海外进口商如果可以在你这里找到他经营的大部分产品，或许就会有兴趣跟你谈谈。

这就是我要说的定位问题。你把自己定位成"大而全"的贸易商，没问题，但是在实际操作的时候，要稍微巧妙一些。参展的产品和产品之间，最好有些联系，哪怕能稍微沾点边也行。这样展位才会形成整体风格，而不至于太杂乱、太突兀。

可是问题还没完，因为王小姐苦恼地告诉我，她手下三个业务员，擅长的领域还不一样。一个手机配件业务做得不错，一个工具业务做得挺好，另一个做的大部分订单都是灯具类的。她想把这三类产品都放一些在展位上，少了哪类，都可能少了很多潜在的机会。

于是我就建议她干脆弄三个展位，将三类产品分开布展并进行整体规划。她的公司擅长的其他产品，可以做好报价单和电子样本，随时发放给客户。

一语惊醒梦中人。

> **毅冰说**
>
> "专而精""大而全"本身就是外贸发展的两个方向，一个往左，一个往右。但是这一左和一右，在我看来不会没有交集。它们或许是两道弧线，在未来的某个点上，将会重合，只要你在这个过程中不走偏。

选择专业化还是多元化一直以来都是无解的大难题。尽管排在世界500强前几名的公司都以专业化为主，但还是有多元化公司存在的。所以，这本就没有绝对的真理，经营的关键还是在于管理和定位。

如何发展自身优势，如何审时度势，如何绕开自身的短板突出差异化，才是我们需要深入思考的大课题。

第六节　除了价格，我们还有什么

价格，在外贸行业里，永远是绕不开的话题。不管你做什么生意，都会涉及成本、价格问题，涉及价格谈判，这是很平常的事情。哪怕客户很有钱，他也希望采购价越便宜越好。因为价格越低，他自身的利润就越高，这是显而易见的。

可对于供应商而言，站在业务员的角度看，任何交易都有成本限制，有公司的价格体系控制，有老板对于利润的要求。降价就等于让利于客户，就等于自己承担更大的压力、更多的风险。所以理论上，卖方当然不希望降价，甚至巴不得涨价，报价越高越好。

所以卖方和买方，在价格这个因素上，必然是对立的。这两方哪怕交情再好，合作再好，涉及切身利益的时候，也会尽可能地维护和保障自身利益，这是生意场上的原则。

价格的构成也好，附加值也好，在拙作《外贸高手客户成交技巧》里已经有详细的分析，这里就不赘述了。我要强调的，是除了价格我们还可以从哪些地方入手，从哪些角度去思考、去谈判。

一、爱恨敬畏

坦白说，对于绝大多数外贸朋友而言，价格都是一个让人头疼的问题，是一把双刃剑，不是砍伤客户，就是砍伤自己，很难找到一个好的平衡点。所以，我们对价格往往是又恨又爱，又敬又畏。

爱，是因为有价格，才有价值，才有利润，才能赚钱。不报价哪来的机会？可能有些订单会因为价格因素拿不下，但也有不少机会是可以抓住的。

恨，是因为产品在美国明明卖10美元，为什么我报4美元，客户就说贵？别这么欺负我们出口商啊，我们很不容易，利润都薄如纸片了。

敬，是敬畏，是因为价格往往是由市场和买家决定的，也是竞争的结果。自己能主观去影响价格，动摇行业价格体系，在没有特殊优势和超强竞争力的情况下，实在太难太难了。

畏，是担心自己达不到客户期望的目标，或者达不到自己的利润预期。担心伤害了客户，也担心伤害到自己。

可以说，整个外贸行业，所有的酸甜苦辣都围绕一个词转，这个词就是price（价格）。这个词让人非常头痛，又无比迷恋。

二、从一杯咖啡谈价格构成要素

我们接下来，就从一杯咖啡开始，来简单分析一下价格构成的要素。

案例1-20　Price grounds from a cup of coffee
（从一杯咖啡看价格构成要素）

从下图可以清楚得知，这是Starbucks（星巴克）大杯拿铁咖啡在国内的价格构成分析。（这里补充一个小知识，一般星巴克门店的咖啡有三

Pricing Grounds | Starbucks grande latte in China

Total: $4.80

Other operating expenses	0.23	5%
Equipment costs	0.17	4%
Tax	0.24	5%
General and administration	0.28	6%
Labor	0.41	9%
Raw materials	0.64	13%
Store operating expenses	0.72	15%
Profit	0.85	18%
Rent	1.25	26%

Note: Figures don't add up to 100% due to rounding.
Source: SmithStreet   The Wall Street Journal

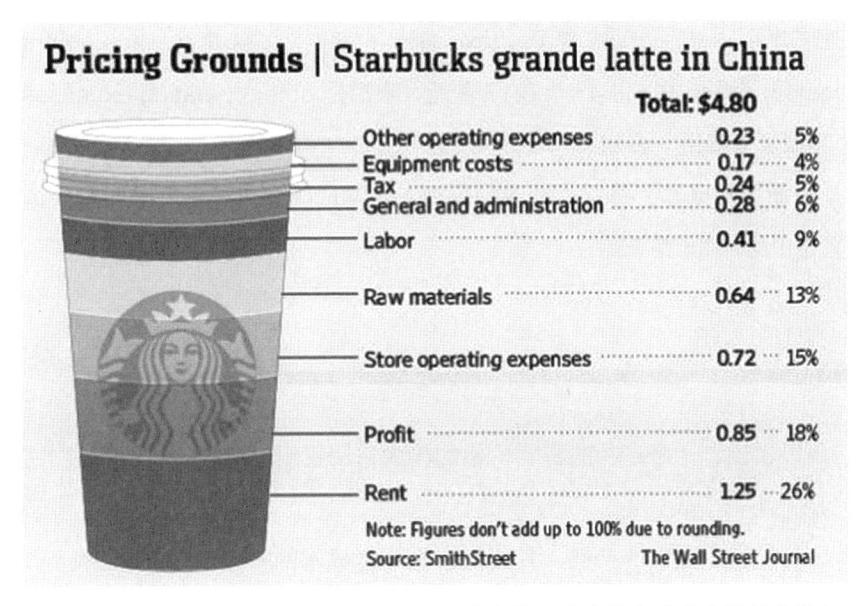

图1-7 *Starbucks Grande Latte in China*（大杯星巴克拿铁咖啡在中国的定价）
【来源：*The Wall Street Journal*（《华尔街日报》）】

种杯型：Tall，Grande，Venti，意大利语词汇，分别对应的是"中杯""大杯""超大杯"。）

这是根据美国商务咨询公司 Smith Street（斯密街商务咨询公司）做的一个调研报告，整合成的图文分析，刊登在了《华尔街日报》上。我们可以看到，右上角的 Total 是这杯咖啡在中国的零售价格 4.8 美元。当然，因为汇率的关系，可能会有一点浮动。但这个不重要，我们关键是要学习和了解，这 4.8 美元是怎么来的。

我们从下往上看，首先是 rent（租金），差不多要占去这杯拿铁的 26%，就是 1.25 美元；然后是 profit（利润）占 18%，0.85 美元；接着是 store operating expenses（门店运营成本），占 15%，0.72 美元；然后是 raw materials（原材料）占 13%，0.64 美元；再上面是 labor（人工成本）占 9%，0.41 美元；紧接着是 general and administration（管

> 理成本）占 6%，0.28 美元；tax（税）占 5%，0.24 美元；equipment costs（设备成本）占 4%，0.17 美元，最后是 other operating expenses（其他运营费用）占 5%，0.23 美元。
>
> 而这些成本、费用、利润加起来，才构成一个大杯拿铁咖啡最终的零售价格，4.8 美元。

可以看出，一个产品的零售价格的构成，用我们传统观念里的"成本加利润"是无法科学表述的。而对于供应商而言，我希望借此告诉大家，很多情况下，你给客户提供的产品，其实只占据了他成本的一部分，你的 5% 到 10% 的涨价，对最终价格的影响可能是微乎其微的。

我们要先知道一个现实的问题，客户砍价，并非他无力承受你的涨价，而是他希望获取更多的利润，希望让你承担更多，或者分担更多。所以价格因素，只是整个合作体系中的一个环节，一个重要环节，但绝非唯一的环节。

千万不能粗暴地认为，因为客户砍价，我最后没有给出对方期望的目标价，而导致订单没有拿下来。

我之所以把价格放在第一章的最后一节来讲，是希望让大家明白，前五节更加重要。只有从思维体系，到谈判架构，再到细节掌握都做得精益求精了，价格因素才不会成为主导谈判进程的唯一因素。

所以除了价格，我们还可以有产品、有服务、有专业、有效率、有细节完善、有谈判能力、有高效跟单、有灵活付款等砝码。

本书三、四两章会围绕价格方面进行一系列的实际案例分析，并重点讲解没有价格优势的中国香港和台湾地区的贸易商，是如何在激烈的国际竞争中占据一席之地，甚至从中国内地的工厂和贸易公司手里抢走大买家订单的。

> **毅冰说**
>
> 　　价格，是交易中不可或缺的要素，也是让大家无比头疼的问题。有的时候，成败与否是卡在价格上，最终"成也萧何，败也萧何"。
>
> 　　但是谈价格之前，我们要了解的是价格构成的要素，而不仅仅是价格本身。这就好比你追求一个姑娘，吸引姑娘注意是一个表象，如何利用各种资源，集合运用各个要素来把姑娘变成你的女朋友，却是一种能力。
>
> 　　在交易过程中，我们要做的，并不是被价格领着走，而是熟悉蕴含在价格里面的各个要素，让价格"为我所用"，打出一手漂亮的牌，让自己立于不败之地。

02.

小公司做大外贸亦是"门当户对"

⇧

小公司是否没有竞争力？

大公司是否垄断了整个行业？

别的竞争者的平台更好，我是否应该放弃？

做外贸是不是也讲究门当户对？

价格不如工厂，服务不如大公司，是否只能坐以待毙？

……

在这一章我会告诉你，以上所有问题的答案，都是否定的！

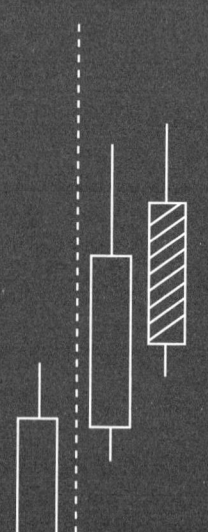

第一节　小企业也可以有大胃口

很多朋友会很介意，自己机遇不好，在小公司工作，各种问题不得心应手。小公司没有小工厂的价格优势，没有大工厂能震慑客户的现代化厂房和设备，没有大贸易公司那种团队协作的氛围和强大的货源体系，一切都很困难，在竞争中几乎想不到自己有什么优势，觉得根本就说服不了客户下单给自己。

如果这样想，那就说明你的思维已经进入了一个误区：缺乏自信，没有发掘差异化，没有争取机会，没有展示自身的特点，没有努力让客户信任你、喜欢你……

说白了，自己放弃自己，才真的无可救药。很多客观因素既然已经存在，就只能面对，因为这个世界本来就是不公平的。要认清现实，才能调整心态，从而找寻出路，之后全力以赴。

那小企业是否真的可以争取到好的机会呢？是否真的可以跟大客户合作，实现"蛇吞象"的"奇迹"呢？

答案自然是肯定的。我想在这一节先给大家看一个案例，然后用后面几节的内容，来详细分析和阐述"小企业如何做好大外贸"。

案例 2-1　Competing & winning margin back
（中国供应商如何夺回那些失去的利润）

某一套 dining set，也就是餐厅桌椅套装，在美国终端超市或家具店的零售价可能是 1,299 美元。

而中国供应商出口报价和成交的 FOB 价格，可能只需要 300 美元；其他内陆运费、到美国的海运费、美国当地的一些杂费、进口关税等，可能是 120 美元；此外美国零售商门店的销售价，一般会抓取零售价 40%~50% 的利润，我们就按 40% 计算，就是 520 美元。

这样一来，1299-300-120-520=359（美元）

我们的问题就来了，这 359 美元的中间利润去了哪里？

很可能，就去了美国进口商的腰包，或者落在了中国香港、中国台湾或新加坡的代理手中。那为什么这部分利润不能被中国内地的供应商拿去？而要中间再转一手或者几手？难道美国终端超市或家具店的采购者是傻子吗？为什么不与中国内地的工厂直接做生意，非要中间再过几手？这又是出于什么目的和心态呢？

第二节　美国零售商为什么要找中间商

根据笔者多年在中国香港和美国工作的经验，引发这个问题的主要原因有以下三方面。

一、美国人的风控式思维

一个美国零售商，往往更信任他的同胞，以及过去多年来相对发达的新加坡和我国港台地区的贸易公司。他当然可以直接向中国内地的工厂采购，但是需要旷日持久地去跟进，要耗费大量人力物力，要招聘各类员工负责跟单、进行琐碎的沟通和各种细节确认，还要安排验货、验厂，要为产品的品质承担风险，还要找代理负责出运手续，要联系美国当地的货代，要有专门的同事负责进口事宜等。十分烦琐，而且各种费用和成本都很高。

我们不能简单用中国的思维来对比美国的企业，因为美国的人工成本很高。很多业务在中国可能很便宜，两三个员工就可以搞定，但是在美国，你或许就要请上五六个人，以美国的用工成本和福利政策来衡量，这部分薪酬是一个不小的数字！

在美国这样的发达国家，供应链的各个环节和体系都已经十分科学、完善，所以最合适的做法就是服务外包。让合适的人，做合适的事情；让合适的公司，来完成合适的部分。一方面降低成本，一方面提高效率。

所以美国零售商，往往喜欢下单给美国进口商。这是因为信任，也是为了减少麻烦。一旦产品在美国出问题，就可以找那个进口商承担责任。他是美国人，是美国公司，不怕他跑了，跑得了和尚跑不了庙。而新加坡和我国港台地区，毕竟垄断了亚洲的对外贸易多年，它们在这方面非常专业，各环节也更容易跟欧美零售商对接。他们的思维理念和工作方式等都与欧美人十分接近，更容易与他们打交道，且工作效率更高。

就这样，信任、专业、便捷、风险控制这几个关键词，在某种程度上概括了美国零售商的采购偏好。

二、思维和销售方式的不同

我们大部分贸易公司和工厂的业务员，都喜欢问客户："你要什么？你有什么需求？你有样品吗？你要我们怎么做？你的目标价是多少？你要多少数量？……"

专业化的主动出击

但是欧美和我国港台地区的贸易公司在跟美国零售商联系的时候，会告诉对方的买手：我们有什么；我们今年的主推是什么；我们这一季的色系和设计理念是什么；我们非常了解也能够满足你的市场需要；我们很熟悉你所在市场的法律法规和产品测试体系；我们的同类产品在美国大约卖什么价位；如果跟我们合作，我们大致可以让你在零售环节维持多少的利润；我们对于品质的控制以及验货标准是什么样的；我们的优势有哪些……

美国的 buyer 最在乎什么

这一套组合拳下来，大家看出思维方式和工作理念的不同了吗？如果还是不太明白，那我再举一个我亲身经历的事情。

多年来，我一直在美国零售商的采购部门工作，大多数时间在中国香港办事处，部分时间在美国总部和其他海外办事处，每天都跟形形色色的供应商打交道，很容易理解这种差异的存在。有一次，我的上司跟我说："毅冰，你现在可以考虑今年冬季的采购了。圣诞前我们要做一次促销，你做一个详细的presentation（计划）给我，包括我们home decor（家居用品）这个组要准备进行哪些项目，来配合 indoor furniture（室内家具）的销售。"

接下来，我当然首先会寻找中国内地的供应商，包括工厂和贸易公司。我会问："你们做过美国市场吗？有没有直接跟美国零售商合作过？"

我这么问有两个目的。第一，我要知道，他们是否了解美国市场的相关测试和法规，是否知道美国零售商的 taste（偏好）；第二，如果能直接跟美国主要零售商做生意，那起码说明这个供应商已经可以取代 importer（进口商），能跟美国、新加坡和我国港台地区的贸易商有同样的思维方式和工作习惯。

如果两个答案都是肯定的，那好，我会告诉这个供应商，请你推荐一些适合我们今年圣诞前促销用的 home decor 类的产品，来配合我们的室内家具系列。当然，我也会提供相关的设计、色系、颜色搭配、促销主题等，给供应商一些参考和灵感。

但是很可惜，这些方面，我国内地的大部分供应商基本都做不到。他们不知道怎么推荐，不知道如何给方案，不知道下一步该怎么做。大部分业务员接到这样的询盘，一般都会问，你要什么？你要不看一下我们网站，选一下感兴趣的产品，告诉我数量，我再给你报价？

而在我看来，这是最低端的外贸模式。这个模式之所以在二十世纪九十年代可以成功，是因为竞争不激烈，制度上也没有完全放开，在一个供小于求的市场大环境里，可以大肆赚钱，不需要动太多脑子。可是今天，这种类似石器时代的传统外贸模式已经落伍了。

对于外贸业务员而言，这是最底层的思维阶段和工作方式，没有什么价值，也无法展示自身的专业和特点。在如今供远远大于求的市场环境中，难道还要靠这种没什么技术含量的手法、运气和所谓的坚持来开发客户吗？

客户要什么，你做什么，当然可以，但是这个阶段很基础，没有附加值，也就没有我们所谓的加工模式。如果客户什么资料都有，产品、图片、需求数量、样品，那说明这个产品已经相当成熟，可能是其长期采购或者曾经采购过的产品。不只你可以报价，你的大部分同行也都可以。你面临的结果，就是拼价格，拼付款方式，不存在太大的附加值。说难听点，许多供应商都可以轻易报价的产品，客户凭什么非要下单给你呢？他一定会货比三家，找到价格最好、性价比最高、各方面最合适的。哪怕你的价格更低一些，在价格差距并不大的前提下，出于安全考虑，买手也一定会优先选择自己的核心供应商。

中国香港贸易商接到询盘后的组合拳

我再说说同样的案例，中国香港贸易商是如何应对我的询盘核心问题的。

同样的询盘，一个中国香港贸易公司回答我："麻烦你给我一周时间，我做好 collection（整系列）给你。"我回答："行，我给你两周。"不过这已经是我的 deadline（最后期限）了。

然后这个中国香港公司就开动起来，凭借他们的工作经验和过往经历，分析推荐不同款式、花型、颜色的地毯；不同款式、面料、尺寸的桌布；不同风格的烛台；不同款式的花瓶和玻璃罐；不同款式、色系的不锈钢餐具和陶瓷餐具；然后搭配不同花型跟图案的沙发靠垫、墙上的相框、地上的柳编篮、墙角的大花瓶、角落的圣诞树和各种挂饰以及一些架子上的铁艺装饰品等。一周之内，就给了我 400 多个产品的报价，并用一个专业的 PPT（幻灯片）来进行展示，由设计师整合所有的产品并进行设计，做了效果图。

我收到后，立刻紧锣密鼓跟 buying team（采购团队）的同事、设计师、PD manager（产品开发主管）、merchandise manager（商品经销经理）、QA manager（品管经理）以及一些海外同事开会讨论哪些地方要改，哪些产品可以，哪些设计跟颜色要改进，哪些搭配不合适等。然后筛选、总结出大概有多少个产品可以列入考虑范围，共计 150 个 items（单品）。

这个中国香港老供应商的厉害之处就在于，他马上在中国内地工厂sourcing（询价），第一时间打样，然后把这些样品发到了美国。这样方便我们的设计师将整个展厅布置出来，把所有的产品根据最初的效果图，按照门店的样子摆放好，也就是模拟一个真实的环境。之后我们再看、再研究、再讨论，看看哪些地方需要改进。

等到中国香港供应商第二次根据我们修改的意见打样后，产品线我们都差不多定好了，大致的问题也都基本解决了，这时候我们才开始跟中国香港供应商谈价格。这150个单品，哪些貌似贵了点，需要降价；哪些价格我们没法接受，与预期差距太远，需要动脑筋调整，换材料也好，换供应商也好，你去搞定，这是你的工作。

因为我们做的是一揽子计划，这个促销项目定下来之后，会分给三到四家供应商来做。这个中国香港公司，可能会是其中的一个，他们能分到1,700万到2,000万美元的订单，然后其他三家美国和中国台湾的贸易商，再分剩余的2,000万美元的订单。

这种操作，可能是中国内地大部分杂货类贸易商没法想象的，但利润，恰恰就出在这里！

三、"灰色收入"

一个毛绒玩具，中国扬州的工厂可能报价3.5美元，美国门店的零售价可能是19.99美元，差价很大。作为供应链上游的扬州玩具厂，可能赚0.5到0.6美元，或许更低；中国香港或美国的中间商，利润可能有5到6美元，是工厂的10倍；然后美国的零售商，可能也有5到6美元的利润。此外，除去杂费、运费、税费和各种开支，还有一个没法忽视的地方，就是"可能存在的灰色收入"。

我举个不恰当的例子。一个美国大公司有一定工作年限的买手，不算采购经理、采购总监级别的中高层，可能年收入是5万美元，加上一些业绩奖金，可能年收入是税前12万美元，扣掉各种税，不到50万元人民币。这个收入，可能看起来还不错，但事实上并不算高，中国很多做得好的外贸业务员或者主管，一年的总收入也能达到这个数，甚至更多。至于高管和老板，就远远不止这个数字了。

那依靠这50万元人民币的收入，他可以养家糊口吗？他要负担房贷，要还信用卡，要付各种账单和保险费，要养活几个孩子。他的太太可能在家照顾孩子没有工作，除此之外还有各种生活成本和杂费，包括孩子们的学费、每年的家庭旅行等，他能否承担？

理论上是可以的，但绝对谈不上过得很舒适。可为什么，很多大公司的买手可以休长假在马尔代夫旅行三四个月，每天住着七八千元人民币的酒店，吃着两三千元的餐食？或者跑去南欧，享受蒙地卡罗的阳光、沙滩？

显然，他们的收入和支出很多时候是严重不符的。那用什么来负担这样的生活呢？很显然，就是我说的"可能存在的灰色收入"。为什么说可能存在？因为这仅仅是猜测，并没有证据，如果证据确凿，对方早就在牢里待着了，不是吗？

坦白说，在美国这样的发达国家，贫富差距比我们想象的要小很多。一般而言，除了IT行业的、硅谷的高薪人士，华尔街金融行业的精英以及好莱坞明星外，大部分贸易行业的打工人士都不会有很高的薪酬。能力还不错的普通职位员工，哪怕在比较好的企业，也就能够拿到4万到6万美元的税前年薪，这是根据每个人的贡献来定的。如果你能力很强，对公司贡献极大，那可能会很快升职，收入自然水涨船高。

既然买手们的薪水不会太高，差距也不是太大，那如何负担奢侈生活呢？这个问题，我想大家心知肚明，也不用我多说了。

可话说回来，即使要赚灰色收入、拿暗佣，美国大公司的买手也往往不会直接下单到中国内地的工厂，然后私底下从工厂老板那里拿钱。因为他不放心、不踏实，他有把柄在工厂老板手里，要是改天转单，人家把事情捅出来怎么办？这不就是个不定时炸弹吗？

如果他因为质量问题要索赔，工厂或许就会耍无赖不赔，然后拿暗佣的事情要挟他，他就很被动。所以，他可能一开始就会偏向于下单给美国进口商。美国人跟美国人之间，私底下谈谈事情，喝喝酒，桌底交易可能就达成了。

这就是有的时候一个很简单的订单，一个很单一的产品，明明中国内地工厂的报价非常好，工厂也很现代化，还给出优厚的付款条件，产品也相当不错，可买手还是会先下单给美国进口商，然后转单给中国香港贸易商，再转几次手，再下单到中国内地工厂的原因所在。

大家所说的国际惯例的确存在，但绝对不是全部原因。某些时候，在这其中起到重要作用的，或许就是实际上存在但大家都讳莫如深的桌底交易。

看到这里，是不是很多业务员朋友开始垂头丧气、心灰意懒了？咱再追多少年，似乎都没什么指望，这是非战之罪啊。

说实话，的确很难，国际分工摆在那里，很多问题也真实存在。但这并不代表中国大陆的供应商就完全没有机会。作为新一代外贸人，摆脱过去那些传统的思维和工作方式，提高自身的能力和专业素养，跟我国港台地区和欧美贸易商在同一个层面全球竞争，才是出路！我觉得，大家应该考虑，从以下几个方面来改变现状。

真正意义上的思维国际化

要充分了解整个供应链以及供应链上的各个环节，而不仅仅是产品和价格这些最基础的部分。比如苹果公司，他自己没有工厂，但是它掌握了 iPhone 最大的那部分利润。它只专注于最核心的利润环节，就是设计、研发、专利、采购、供应链管理、品牌塑造、定价权等。至于其他相对低利润的部分，就外包出去，找专业的人来做专业的事。这就是顶尖的成功企业的思维。

提升外贸企业员工的专业化培训

单纯地询询价、报报价，有事没事催下客户，是没有什么价值的。说难听点，你做这么机械化的工作，这么没技术含量的工作，你可能拿高薪吗？所以，专业化才是提升自我价值的关键。要懂产品、懂谈判、懂市场、懂行情、了解海外，要有见识、走出去、能跟不同的人打交道、能跟比自己强的人学习。举个例子，一个从未去过美国的人，你让他去负责北美市场的战略开发，这不是开玩笑吗？先别笑，许多国内贸易公司，天天都在上演这样的笑话。

产品测试和法律法规

这是大部分中国供应商的软肋，也是大部分业务员最弱的板块。许多业务员在接到询盘时，都会习惯性地问客户，"你需要做什么测试？你有什么要求？你要我们提供什么报告？"而不是直截了当地告诉客户，"我们有 UL 测试报告，我们能够达到国际电工行业要求，我们通过了 Prop 65（加州六五）测试、Phthalate（邻苯二甲酸盐）检测，完全符合产品安全和材料的化学安全要求，您可以放心采购。"不是说没有业务员可以做到这样，只是大部分还做不到，还有漫长的路要走。

眼光和布局的全球化

就像马云先生说的："大企业要有小作为，小企业要有大梦想。"其实说白了，我觉得就是两个概念。大公司，要注意细节的把控；小公司，要有未来长远的战略规划。因为外贸行业过去那么多年都在粗放式的发展，如今已经落后于这个时代了。未来的中国外贸行业的发展路线，一定是精耕细作、精益求精的。多元化也好，专业化也好，都逃不开附加值和差异化，一定要能够跟全球供应商在同一起跑线上竞争，只有这样我们才有发展和出路。

优胜劣汰，适者生存，进化论同样适用于外贸行业。

没有最好，只有更好。

没有最合适，只有更合适。

没有最出色，只有更出色。

所以我们可以看到的是，如今已经不是过去那个外贸粗放式增长的年代了。只要肯花时间和精力都能赚到钱，都能有自己的出路的时代已经过去了。

严格意义上讲，如今的外贸出口行业，可以算是失去人口红利和成本优势后的正常回归。你要想在外贸领域继续深化经营，继续找寻自己的位置，继续开发自己的一亩三分地，那就只能走差异化路线、精益求精。过去的拼价格思路，只会让你公司的路越走越窄。

大企业一定成功？未必，即使排在世界500强前几名的，也可能突然倒闭；没几个人的小公司，也可能因为找准定位而赚得盆满钵满。外贸本身就不具有太强的"门当户对"性质，大公司可能"下嫁"，把很多订单交给小公司做；小企业也可能"高攀"，找大工厂给自己加工产品。

归根到底，我们要打破思维里的墙，从定位、产品、营销、推广、专业、服务、效率等多角度下手，逐步打造自己的核心竞争力以及形成跟同行的差异化。

优胜劣汰是未来的必然选择。

适者生存，不适者被淘汰。

这就是残酷的现实。

> **毅冰说**
>
> 中国供应商如何夺回失去的利润？一个案例可以折射出外贸背后方方面面的东西，如一张蜘蛛网般，可以纵览和辐射全局。
>
> 案例本身是思维方式的体现。主导这一切的，都是背后的思维方式，然后是思维方式影响下的强大的执行力。
>
> 值得深思。

第三节　找准自身的定位

定位这个词，大家可能听到过很多次。有很多经管类畅销书，做的就是跟定位有关的内容。

定位在英文中可以翻译成 positioning，在外贸销售领域，可以理解为对用户市场进行细分，有针对性地开发业务。这是我个人的理解。

要是说得直白一点，就是如果用户要买辆宝马，你推荐拖拉机给他，这个定位就有问题；如果用户要买北京的别墅，你推荐三四线城市的 90 平方米刚需房，那定位就同样有问题。

因为没有找准客户的需求，也没有找到自己的特点，乱推荐，乱开发，不仅浪费自己的时间，也浪费客户的时间。

所以我们要找准自己的位置，也找准有机会合作的客户的位置。找到共通点，找到有说服力的点，才有可能在谈判中打开局面，争取一些机会。

一、自我评估体系的建立

业务员首先需要问自己几个问题。

第一，我们的品质处于这个行业的哪个层次？

第二，我们的价位究竟在哪个区间？

第三，我们在哪些地方可以更多地去配合客户？

第四，我们的哪些优势和特点可以用来展示？

第五，哪些客户才是最适合我们的？

这五个问题，其实就是四加一，前面四个，是对于自身的定位，第五个，是对于客户群体的细分。如图所示：

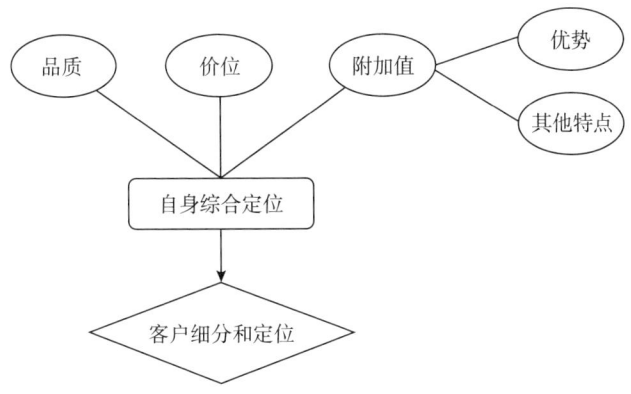

图 2-1　Positioning（定位）【毅冰制图】

做业务不见得要"门当户对"，但根据自身特点和客户特点，找准自身的定位，对于提高效率和调整工作方向，还是十分有必要的。

就像上一节案例中的香港公司，他们的定位就一定不是跟内地供应商拼价格，否则就没有出路。他们选择的是走差异化和服务化的路线，通过专业的建议，整体的方案规划，高效的供应链整合，全面配合的打样与开发，从而争取到了美国客户的大订单。这一切的一切，就是因为找准了自己的位置，也对了客户的胃口。

二、找准自身优势，不要"硬碰硬"

所以如果要用一个词来解释定位，我会把它概括成：针对性。

如果你还够不到大客户，你的产品、价格、付款方式、服务、团队都达不到大买家的要求，却要勉强开发的话，各种时间、精力和成本的浪费将会很惊人，而且效果会十分糟糕，还会打击自己和团队的积极性。这种情况，就属于没有针对性地找合适的客户，浪费了现有的资源。

如果你的服务很棒，你的几个老客户因为长期的合作对你产生了依赖和信任，你就可以在开发其他客户的时候，强化这方面的优势。因为你要找的，就是吃这套的客户。要是某个客户什么都不在意，只介意价格，你还非要跟出价最便宜的供应商去死拼价格，你明明做不到，明明吃力不讨好，还要亏本报价，最后做不到再选择放弃，那还不如一开始就把时间放到别的地方。

因为无论是个人还是公司，时间都是有限的，团队的能力和努力，也不可能无限制扩大。这就必须有所取舍，在该舍弃的时候舍弃，在该争取的时候争取。我们的确赞同大家不要轻易放弃，但是同样要求大家不要无谓地浪费时间。

找准自身的定位，提炼自己的优势，强化自己的特点，让你成为客户眼中的唯一，这就够了。没有必要用短板去跟别人的长处硬碰硬，那样就违背了初衷。

如果你卖的是宝马，你要强调的是自己产品的品牌效应，是驾驶的舒适感，是精良的品质，是完善的细节，是操控的灵活性，而不是跟拖拉机去比运载量，跟低端车去拼价格。那定位就错了！

> **毅冰说**
>
> 定位这个词听上去复杂，但实际上可以根据自身情况来分析。说白了，就是根据自身情况和特点，对客户群体做出细分，然后高效率地进行开发。这也是未来市场营销的一个主导方向和思路。
>
> 如果用一个词来概括定位，我觉得"针对性"最合适。

第四节　草根团队 VS 精英团队

这又是两个很有趣的词——草根和精英。每个人对于"草根"有不同的认识，对于"精英"也有不同的理解。

我曾经跟同事聊起，有一种说法是"本土派"属于草根团队，"留洋派"属于精英团队。虽然这并不是绝对的，但也说明了一些问题。在很多朋友的理解中，本能地会对不同外贸公司团队进行优劣比较并做出判断。

其实，在没有特别出众的管理模式和制度体系的情况下，纯粹靠自己摸索使团队获得成长，在摸爬滚打中跌倒无数次，最终走出一条适合自己的路，这本身就是一件很了不起的事情。"草根"两字也没有任何贬义，而是代表一种"自下而上"的力量。这种不屈服于现状，与现实抗争的精神，让我想起高尔基那篇著名的《海燕》。

一、"全明星队"未必打赢"全草根队"

精英团队汇集了一大批高学历、好背景的外企人才，但一定会赢吗？其实也未必。全明星并不一定就能把资源配置最优化，反而可能因为种种冲突，各种观念的碰撞，谁也不服谁，造成一系列的内耗。这让我想起了当年的皇家马德里足球俱乐部，它汇集了全球顶级的大牌球星，随便拉出几个人都抵得上甚至超过别人整个俱乐部球员的身价。照理说它夺冠是铁定的事情，可结果呢？它并不是每次都能打败身价远逊于自己的球队。

我们做外贸也是一样的道理，任何行业，任何产品，都会有不少竞争对手。这里面有大企业，有小企业，有工厂，有贸易公司，有能力强的，有实力一般的……

所以在任何情况下，竞争对手都一大堆。我们不谈获胜，起码要在竞争中利用自己的特点，找合适的机会，争取哪怕希望渺茫的一些项目，或许成功就在转角等着你。

每个人都希望自己占据各方面的优势，比如自家公司的实力要雄厚，产品要独特，价格要便宜，技术要出众，支持要足够，同事要给力，团队要专业，上司要睿智。最好能够彻底碾压对手，报价一报一个准，客户把公司邮箱发爆，电话打爆，门口挤爆，哭着喊着求你："行行好，接一下订单"。

都说到这里了，我想给大家泼一盆冷水：醒醒吧，别做梦了。因为这里面本来就存在悖论。假设品质好，那成本一定高；假设技术独特，那必然有研发费用；假设公司大，那管理成本自然上升；假设团队专业，那薪酬肯定要上个台阶。所以如果这些都满足，那如何保证价格好呢？如何达到效率高呢？所以哪怕能同时做到其中的几项，也要去筛选拥有哪些，舍弃哪些，来定位自己和团队的方向。

二、团队的优劣势

精英团队好吗？很好，但是也会受到内部沟通复杂、工作内耗严重、人员成本过高等种种条件的限制。

草根团队差吗？会有一些问题，但也会有诸如谈判灵活、不拘泥于现有规则、很多事情无须按部就班、人员成本相对低廉等优势。

我们或许可以通过一个表格来做一下梳理：

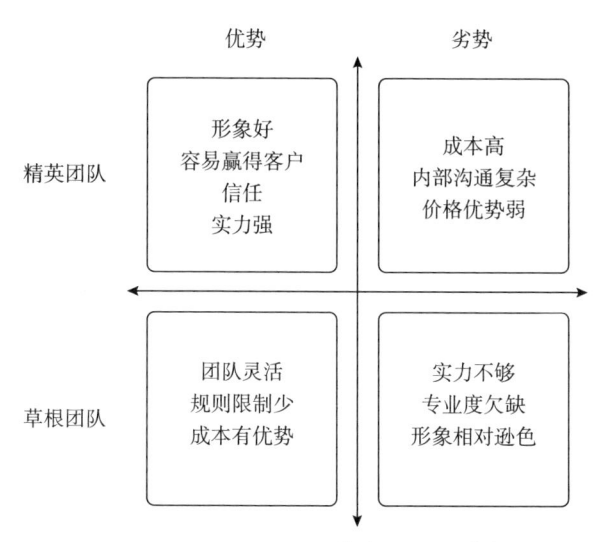

	优势	劣势
精英团队	形象好 容易赢得客户 信任 实力强	成本高 内部沟通复杂 价格优势弱
草根团队	团队灵活 规则限制少 成本有优势	实力不够 专业度欠缺 形象相对逊色

图 2-2　*Elite Team VS Grass-root Team*（精英团队 VS 草根团队）【毅冰制图】

三、团队打仗的战略战术

所以真正的问题是，精英团队像是"正规军"，草根团队像是"游击队"，"正规军"一定赢而"游击队"一定输吗？其实未必，就看具体怎么执行、怎么打了。

"正规军"当然是正面交锋占据优势，可以通过实力制胜，成功碾压对手。但"游击队"是傻子吗？它自然不会用自己的短板去跟别人的长处竞争，既然正面交锋打不赢，那就利用对方的弱点，专打补给线，扰乱对方，从而找寻另一条胜利的路。

我之所以写这一节的内容，是希望告诫大家，如果自己处于精英团队，不可以掉以轻心，因为你看不上的对手，或许在某一刻就给你致命一击。如果自己处于草根团队，也无需妄自菲薄，只要自己想办法、找机会，同样是可以发挥优势来打击对手的。

这里面其实是方向的问题，是绕开不自量力的硬碰硬，认清现实并选取对自己有利的要素跟同行竞争的策略选择。

不要怕自身有些地方不够强。毕竟供应商都有自己的缺点，客户也都有自己的喜好和选择。所以只需要强调和深化优势所在，就足够了。

如果希尔顿酒店非要跟快捷酒店去拼价格，那它一定输得很惨。如果快捷酒店非要跟希尔顿酒店去比拼硬件，同样会一败涂地。大家的情况不同，做销售策略，做市场战略，必须量力而行，制定适合自己的发展路线，而不是随意去模仿别人，用自己的短板跟别人的优势硬碰硬，那只能头破血流，不会有奇迹发生。

做贸易也是如此。如果身处精英团队，有好公司、好产品、好团队、好平台，自然要强调标准作业，让每个环节都量化，让每个业务员都可以按照公司的既有策略去做，步步为营。这就足够了，就是最大的功劳。可如果身处草根团队，本身产品一般、价格一般、团队一般，那需要的就是主观能动性，需要更多灵活的思路，去将勤补拙，去打造适合自己的优势特点，来适应变化万千的市场和客户。

我希望告诫所有外贸朋友一句话：英雄不怕出身低。能走多远，一方面取决于机遇，一方面取决于你的努力和坚持。

> **毅冰说**
>
> 严格意义上讲，这节是针对上一节"定位"所做的一点补充，是希望告诉大家团队的重要性，以及适应不同团队，打造不同竞争力的差异化思路。
>
> 任何公司，任何团队，都一定有短板。大家要做的，不是去跟别人的优势硬碰硬，而是找自己的特点，走自己的路，去适应这个差异化的市场。

第五节　工作流程，你优化了吗？

工作中，我们常常听到一个词，叫作"标准作业"，英文可以翻译为"standard operation"。那在外贸领域里，"标准作业"代表了什么？我相信有朋友会说，这代表了自己和公司的专业；这代表了管理的出色；这代表了团队的合理分工……

这些答案都对，可并不全面。在我看来，外贸行业的标准作业流程，就是你工作的每个步骤都应该细分跟量化，每一步怎么做，什么时候做，部门之间如何协调，都应该有一个专门的手册。举个不恰当的例子，就像做肯德基炸薯条的步骤，第一步做什么，第二步做什么，油温多少度，薯条炸多久，什么时候撒盐，怎样装盒。可能外人看起来很简单，但是这每一个步骤都是经过精确计算的。尽可能确保每一份薯条都是差不多的品质跟口感，这就是标准作业。

换到贸易公司身上也是如此。标准作业流程的打造，能够尽可能控制失误，降低风险，减少损失。一个专业的业务员在跟客户沟通和打交道的时候，可以表现得很出色。可如果是一个普通的业务员呢？如果没有所谓的标准作业，没人告诉他每一步该如何做，他可能就会按照自己的想法随心所欲地去工作，结果可能就会出大纰漏。这种可能性绝对存在，而且概率不低。

一、"毅冰团队"的标准报价流程

企业自然是要把员工尽可能标准化，让他们对外都是统一的形象，做事都是一样的模式。这样才能尽可能平衡各个环节，在客户眼里形成所谓的专业印象。我们还是通过一个很简单的案例来分析"标准作业"的优势所在。

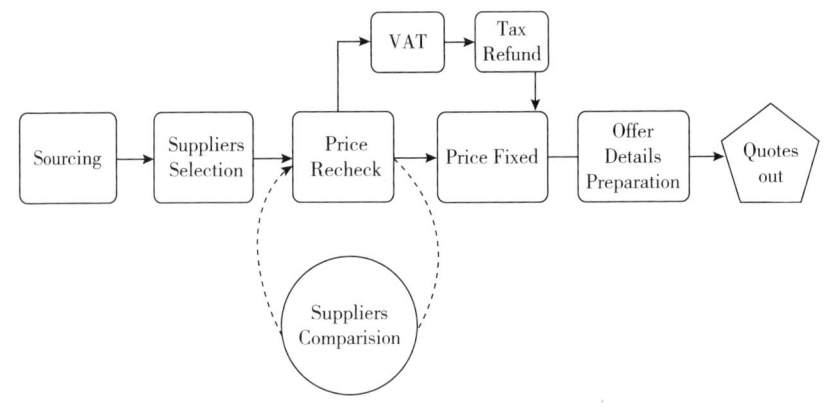

图 2-3 Professional Quotation Flow（专业的报价流程）【毅冰制图】

这是我自己制作的"标准报价流程"图。我在管理团队时，要求业务员全部按照这个流程来做。尽可能把工作做细致，也减少了业务员报错价格或者一拍脑门乱报价格的情况发生。

先看第一步，Sourcing（询价）。跟自己的供应商去询价，通过各种途径去做这个工作。说白了，就是你起码也得货比三家甚至更多，这样心里才会有底，才能知道真实的价格区间是什么，大致的产品差异在哪里。我对业务员的要求是，同一款产品至少要比较三家以上的供应商，哪怕已经有非常配合的老供应商存在，也需要重新找新供应商询价和比较，以此来建立和打造自己的供应商数据库。

接下来是第二步，Suppliers Selection（供应商的选择）。从漫天撒网到最后收网的过程中，针对这个项目或产品，选择最合适的供应商。这里的"最合适"，我想前面已经说了不少，不一定是价格最低，不一定是品质最佳，而是综合各项因素后筛选出的相对更优。

下一步，是 Price Recheck（重新核算价格）。可能很多朋友会疑惑，价格不是已经解决了吗？不是已经根据大家的产品和报价选出最合适的供应商了吗？为什么还要重新做价格核算？

别急，一开始选择和筛选供应商、漫天询价的时候，不可能把所有的细节和要求都一五一十讲清楚，这不现实，也没那个时间。但是到了这一步，也就是差不多确定了供应商的产品和报价，那就有必要把所有的细节确认清楚，力保不出问题。

在图 2-3 中我还画了两条线路图，一条是上方的实线，一条是下方的虚线。先看实线部分。供应商的价格从重新核算到最终定下来这段时间，贸易公司还需要考虑 VAT（增值税）和 Tax Refund（出口退税）的问题。比如说，一个产品的工厂价格出来了，业务员核算之后准备加 10% 的利润，这当然可以。可问题在于，工厂的价格如果需要开 17% 的增值税票给贸易公司用作出口退税，扣除抵扣部分，只需要在单价上增加 5%。可这个产品或许出口退税有 17%，那么，就等于贸易公司通过退税获得了 12% 的收益，再加上原本打算加的 10% 利润，总利润已经达到 22%。这样的价格报出去希望会很小，业务员就需要根据情况调整价格，价格再降低 5% 作为最终给客户的报价，或许更加保险一些。

再看虚线部分，这里又来了一个 Suppliers Comparision（供应商比较），这又该如何理解呢？实线部分涉及增值税，可现实中，有些工厂可能由于采购渠道的问题，税费抵扣比较少，需要 17% 的增值税票，或许就需要在报价上增加 15% 甚至更多。而这个时候如果有几家供应商都还不错，就可以继续进行比较，从中选出更合适的。

这一步完成后，价格确认好，细节确认好，准备给客户的价格都已经算出来，就进入了 Price Fixed（价格确认）这个环节。接下来就是 Offer Details Preparation（提交细节准备情况），要把所有的细节都清晰无误地写进邮件正文或者专业的报价单内，并检查无误。确认这个流程已经都按照标准执行下来了，那就到了最后一步——Quotes out（发送报价单给客户）。

这样看来，是不是按照流程图一步步执行下去，会比业务员随意询价、报价更加靠谱呢?

当然，这只是关于"给客户报价"这个环节的标准作业流程，并不是外贸工作的全部。不同的企业，自然要根据自身的不同情况，在每一个环节都逐步积累经验，在过去的一次次试错中总结，从而打造出一整套的标准作业流程。

二、缺乏标准流程带来的麻烦

这里，我想再补充一个案例，是一个朋友与我分享的真实经历，供大家参考。

案例 2-2　Sampling problems—without professional process（无标准作业流程的打样）

我们是做五金行业的，跟新加坡的一个贸易商有合作。他有个订单（50 万套螺丝和方扣的组合件，订单额 2 万美元），2016 年 7 月开始谈，2017 年 2 月出了 10 万套，但客户反馈螺丝颜色不对，需要退货。

客户下单的是一款新产品，我们拿去供应商那里做样品。当时电镀的颜色是黑色，寄给客户确认的时候，客户出的检测报告写了电镀颜色 fail（不接受）。可最后他们内部确认通过，表明我们的样品可以接受，可以用来做大货，只是需要改善产品的毛边问题，电镀的问题没有再多说。

可是如今，我们剩余的 40 万套产品都已经做了黑色的电镀，如果按照客户要求，把全部产品都重新电镀，差不多需要 6,000 元人民币，抵扣了这一单所有的利润。

还有，就是已经出货的 10 万套，客户要求在当地返工，找工厂做电镀。于是，客户又给我们开出了 1,400 美元的账单。

您说这个费用我们是否应该承担？如何跟客户商量？

举出这个案例，不是要跟大家分析究竟如何应对，究竟该不该赔钱的问题，而是我想从标准作业的角度来分析，如何避免这样的情况发生。

在我看来，要客户分担费用，或者拒绝支付费用，得有充足的理由才行。可是显然，这个朋友本身的订单操作是有很大问题的，结果麻烦来了，就只能认了。没办法，谁让自己不够专业，不够谨慎呢？这里面，客户并没有大问题，可能只是要求的事情没有重复强调而已。但业务员因为"想当然"而造成了麻烦，就需要负主要责任。

这类问题，如果按照标准作业流程处理，是否真的可以避免？答案是肯定的。不敢说100%避免，起码99%的问题都是可以事先预见的。

这个案例提到了客户2016年7月提供的样品、确认的订单。业务员标准作业流程的第一步，就是根据客户的样品和要求，让自己的供应商打几套样品出来，然后寄过去给客户确认。如果客户书面确认没问题，业务员才可以往下安排。

当然，对于重要订单和大订单，这个环节还可以做得更加细致，可以增加"签样"环节。一旦客户接受样品，表示可以用来做大货，就可以请客户签字确认，然后用你快递过去的袋子将样品封起来，在封口部分再请客户签字。这样一来，就确保了封好的样品不会被私自拆开和替换。大货完成后，客户委派自己公司的验货员或者第三方的员工来验货的时候，就可以拆开封样，对照着验货。一旦有扯皮的、说不清楚的地方，就可以以封样为参照。

案例中的客户在第一次的报告里明确写了不接受电镀的颜色，那么，哪怕客户后来并未提起这个事情，作为业务员，你也需要跟客户书面确认颜色是否可以不改。必须发邮件确认，而不是在电话里。不然一旦对方不认账，业务员都没地方哭去。

接下来，就是二次打样的问题。颜色也好，毛边也好，什么问题都好，只要客户没有表示接受，那就要重新打样，重复上面的步骤。只有当客户明确接受样品，才可以按照样品的标准来做大货。

这就是样品和订单安排的标准作业流程，一步都省不得。不出问题没事，一旦出了问题，那就麻烦多多，只能怪自己不够谨慎，何必？还不如把所有事情做在前面，做细致，做专业，变成标准的流程，虽然不能保证万无一失，但起码可以把风险降到最小。

除此之外，每项工作都需要根据具体的情况，来制定适合公司的标准作业流程，把每一个步骤都量化，以此来控制风险和提高效率。说得更直接一些，就是不管这个职位谁来做，都可以按照一、二、三、四步的流程往下走。每个步骤都是根据长期的经验和调整总结出来的，能够应付大多数的状况，也能够尽可能地保证在工作环节中，在订单操作中，在客户谈判中，减少人为因素带来的失误。

三、这样告诉客户参展信息，他怎么会不来

举个简单的例子。告知客户参展信息，邀请客户面谈这么简单的一个事情，不同的业务员，做出来的结果，也是完全不一样的。对我来说，绝对不是简单地发送一封电子邀请函，告知对方摊位号和展会时间就行。客户每天会收到很多邮件，你所在的公司将要参加某个展会的信息他可能看到了，后来又忘了，或者供应商太多，根本没时间一一对应，又或者一下子找不到你的邮件了。那我们是否可以尽量减少这些"偶然事件"的发生呢？

案例 2-3　Outstanding inviting process（参展邀请客户的标准作业流程）

我的做法就是分六步来执行：

第一，一般展会前三到四个月，我已经定好展位，确认好了一切。这个时候我就会开始联系客户。告知我们去参展的时间和具体情况，询问对方是否会去，到时候能不能见个面，一起聊聊。同时提出，有很多pending projects（搁置的项目），希望可以面谈。

第二，展会前一个月，我会发一个正式的邀请函。邀请函要做得简洁精致，有自己的特色，不一定多出色，起码要让对方一眼可以记住。这个时间如果太晚，客户临时安排行程会比较紧迫；如果太早，离展会时间还远，容易被忽略。

第三，如果依然没有得到正面回复，或者收到的都是模棱两可的答复，那我就会在展会前两周，电话跟进一下，跟客户聊聊最近的情况，然后提一下我这边计划什么时候去参展，已经发过正式邀请函，不知道是不是被邮件淹没了，可以再发送一遍。当然，电话里可以放松一些，开开玩笑，比如顺口提一下展馆附近有一家很棒的德国餐厅，到时一定找机会聚聚，请他吃德国大肘子。

第四，打完电话，需要立刻跟进一个邮件，做一个phone conversation recap（电话会议记录），把电话里提到的几个重要事项列举出来，然后再次告知我方的摊位号和展会的具体时间和地址，以及我个人的联系方式。联系方式很重要。虽然大家可能会认为，客户有我的名片和电话，但要考虑到的是，如果客户当天去了展会，想找你但电脑没在身边，用手机查询邮件，你的签名栏里又恰好没有手机号，紧要关头还真联系不上你。

第五，展会前一周，再次邮件跟进。这就需要点技巧了，要用mail group。比如第一封邮件再次告知我们的参展时间和摊位号，希望他过来面谈，同时告知我方参展的产品；第二封提供参展产品的具体图片，附上大致的报价单，仅突出几款主推产品和优势产品的报价，其余的只提供细节但不报价，留个尾巴以待后续跟进；第三封把我们新产品的广告页和这次参展的电子样本，以附件形式发给客户参考，说白了就是通过精美的图文来诱惑他。

第六，展会当天，如果有客户手机号的话，就给客户发个短信，言

> 简意赅地说清楚自己是谁，是哪个公司的，摊位号是多少，手机号是多少，他或者他同事如果来展会，可以通过这个号码联系到你，有任何需要帮忙的，随时开口。

我跟进客户用的就是这六个步骤，这就是参展前邀请客户的标准作业流程。我会详细列出来给业务员，以便他们执行。这就是规矩，执行过程中可以根据具体情况调整细节，但是大方向不能改。

毅冰说

标准作业流程说起来容易，做起来要经历千锤百炼、无数次试错才能总结得出来。对业务员而言，对公司而言，它是评价其处于哪个层次的标杆。

业务员不仅要把精力放在业务开发上，还要能复制成功的经验、弥补错误，把所有的模式都标准化。这样打造出的团队，才是真正意义上的"正规军"，才可以尽可能控制风险，维护公司利益。

这个世界上并没有真正意义上的万无一失，但有把风险降到最小，把事情做到极致的专业。

第六节　变通，突破思维的局限

常常听到有些朋友抱怨：

"我们是贸易公司，要向工厂拿货，价格没有优势。每次客户问我们是贸易公司还是工厂，我都觉得无法回答。实话实说，可能就没下文；撒谎，迟早也会穿帮……"

"我们的产品真的很普通，而且价格也没有太便宜，都接不到订单……"

"我们是工厂，没有贸易公司那么灵活，产品也比较单一。很多客户的询价都包含不少产品，是不是应该放弃"专业化"，走"杂货商"路线？还是说跟贸易商去竞争……"

……

这类问题其实很多，工厂有工厂的难，贸易公司有贸易公司的苦。有些业务员觉得在贸易公司工作没前途，于是跳槽去工厂，然后又发现在工厂工作也没有想象中那么容易。于是就开始茫然，不知道该怎么办。

我想说，这里面固然存在各种现实的问题，但归根到底还是思维方式限制了自己的行动。每个公司都要面对各种问题，这是事实；每个行业都不简单，这也是事实；外贸不好做，同样是事实。

我还想说，工作本身就不容易，你想轻松就只能停留在原地；你想继续往上攀爬，只能坚持不懈，还要动脑筋思考有没有别的更好走的路。这需要有坚持的韧性，还需要有敏锐的眼光和触觉，只有这样才能不断调整脚下的路。这就是思维方式在背后的引导和推动作用。

我们可以通过几个简单的案例来分类进行阐述。

一、家家有本难念的经

案例2-4　Issues for manufacturers（工厂有工厂的苦）

或许很多贸易公司业务员觉得工厂是制造商，很能吸引客户；工厂的价格一定好于贸易公司，接单更容易；工厂自己能把控生产环节，品质容易管理，所以优势满满；工厂业务员是大房生的，贸易公司业务员是小妾生的……

其实根本就不是这么回事，工厂也有工厂的苦。当贸易公司业务员在拼命羡慕工厂业务员的时候，对方或许也在羡慕嫉妒贸易公司业务员呢。我可以轻而易举地拿出一大堆案例来证明这件事。

比如，产能限制就是工厂的死穴。贸易公司可以换工厂，换供应商，接受大订单，可以向不同工厂分流订单，可工厂不行。有些流程因为成本原因没法外放，有些材料因为品质原因无法外购，有些环节因为管理和供应链问题没法协调。要工厂做贸易公司的事情，本身就是越俎代庖，效率和优势都会受到影响。

再比如，小订单的安排工厂同样会很为难。特别是当工厂产能饱和的时候，如果新客户需要打样，工厂可能就要暂停生产，专门去安排打样或者做小单。这样就会得不偿失，耽搁原有客户的交货期，影响工人的产出效率。所以面对小单或者样品单，工厂会很纠结，在订单饱和状态下，往往只能忍痛放弃这些潜在客户。贸易公司就不同了，这个工厂打样难，我就换一家；那个工厂小单不愿接，我就动用一些关系找愿意配合的工厂做。灵活性上，比许多工厂强一些。

还比如，不规范的工厂要面对大客户验厂的困境。从工厂角度而言，因为它本身就是制造业或者产品出口前的最后一环，的确能被很多客户青睐和选择。然而有利就有弊。如果碰到一些大买家或者专业客户需要做 factory audit（验厂），可工厂是小作坊或者并不规范，显然无法通过，那么，这类客户往往就只能舍弃。但贸易公司就不一样，可以给客户量身定做方案，针对不同需求的客户来寻找最合适的工厂。这样是不是机会更大一些？

看到这里或许很多朋友开始扭转观念，那是不是应该首选贸易公司呢？我的答案是，非也非也。请诸位看官继续往下看：

案例 2-5 Issues for trading companies（贸易公司有贸易公司的难）

在上一个案例中看多了贸易公司的优势，这里就说说其难处吧。

1）碰到只愿意跟工厂合作的客户。

2）碰到超级大的单一订单，需要把价格拼到底。

3）碰到原材料之类的附加值特别低且没有增值花样可玩的产品。

4）碰到新产品没有熟悉的供应商与之配合。

5）碰到技术要求很高且必须工厂技术人员深度参与的项目。

> ……
>
> 这样一看，是不是在贸易公司做业务也没有想象中那么容易？虽然天下工厂都可以为己所用，但是理论和实际终究还是有很大差距的。知道情况是一回事，如何面对和处理又是另外一回事。

我之所以写这两个案例，并不是要给大家分析贸易公司和工厂的优缺点，而是希望借此告诉大家，不要陷入思维误区。看着别人的优点对自己的现状自怨自艾，没有任何帮助，也没有任何意义。还是应该立足现实，在现有的框架下，发挥最大的主观能动性，提升自己的专业和价值，做该做的事，把能做的事情做得更好。这样，自然会赢得越来越多的机会。

本来就只是角色不同、定位不同、分工不同而已，并没有孰优孰劣这一说。

二、绝路不是死路，绝境亦可逢生

> **案例 2-6　Fail in factory audit of heavy customer（大买家的验厂没通过怎么办）**
>
> 曾经有朋友提了个很有意思的问题。她接到了美国一个大客户的询价项目，各方面都谈得不错，报价和付款方式都已谈好。唯一的问题就是客户提出，他们所有供应商都必须通过第三方机构 Intertek 的验厂。然而她的工厂只是个小作坊，虽然通过了消防验收，有环境评估报告（简称环评报告），但绝对通不过验厂。她觉得心灰意懒，想放弃这个项目，连样品都不想寄了，不想浪费时间。她来请教我是否应该主动放弃，给

客户足够的时间去寻找更合适的供应商。

我的答案当然是没有必要放弃。因为我在美国大公司做过多年的买手，完全知道这其中的奥妙，这是有变通办法的。对于验厂，简单来说，有三个核心雷区是不能碰的。一是用童工，二是不进行消防验收，三是没有环评报告。这三者碰了任何一个，都会通不过验厂。

可如果像上面这位朋友那样，三个大问题一个没有，其他问题不断，验厂又无法通过，该怎么办？

结论是，该怎么做就怎么做，大大方方让客户验就是了。哪怕第一份验厂报告千疮百孔，但是只要没有触及红线，那就属于我们所谓的"残而不破"，就可以继续整改，然后再申请重新验厂。

归根到底一句话："订单照接，整改继续。"验厂不通过当然不行，需要整改后重新验，这是客户的要求，也是工厂负责任的态度。可是验厂归验厂，只要没有大的原则性问题，继续整改就是了，生意还是要做，边做订单边整改也是可以的。

我曾经有一个供应商，给出的产品价格很好，品质也相当不错，就是验厂没有通过。在我们公司的系统里，一直有对这家公司的警报。所以，我会根据公司的规定，定期安排重新验厂，这也是我作为买手的工作职责之一。不过，工厂的态度很好，几年里重新验了四五次，每次都整改了些问题，但是终究还有不少问题有待改进，那就一年一次继续安排重验。至于生意，几年下来做了无数个订单了。这就是所谓的订单照下，验厂照验。

看到这里，或许又有业务员要说，我们验厂也没通过，因为我们碰到了红线，有违章建筑。那栋违章建筑的消防验收肯定拿不到，怎么办？有这类大问题，客户是不是会因为有顾虑而不下单？

其实这也不是没有变通的办法。当验厂发现违章建筑无法提供消防验收的时候，工厂要做的不是找关系、走门路，通过什么"灰色渠道"去搞一个消防验收出来，或者办个假证。那就违法了，得不偿失。聪明的做法是立刻整改，把这栋违章建筑贴上封条，宣布停止使用，这就绕开了违章建筑的消防验收问题。至于其他问题，还是按照逐步整改的法子，改归改，生意照做。

很多东西不是做不到就只能放弃。你可以换个角度去思考以下几个问题：是否可以规避？是否可以绕过争议？是否可以找到让大家颜面上都能接受的方案？是否可以让报告上不体现这个大的瑕疵？

不要一句"不可能"就放弃自己。你不相信问题可以解决，不去想办法、找出路，难道要把所有问题都往客户身上推吗？那又如何让别人相信你的专业和服务呢？

客户找你合作，是因为在前期觉得你还不错，至少有许多打动他的地方，不管是价格、产品还是服务，哪怕只是你给他的第一印象不错，终究会有一个过得去的理由说服他做出这个决定。否则凭什么对方脑门一拍，就在广大供应商中选了你呢？没有那么多的巧合。哪怕业务员自己不承认，我都想说，一定是你的公司有吸引客户的优点，才促成了这次合作。否则大家都那么忙，谁有空跟你谈这个谈那个，一边凉快去吧。

既然到了谈判的中期阶段，下单和验厂环节，如果因为自己不够专业、经验不足、不懂变通，而失去了辛苦建立的大好局势，不是太可惜了吗？

除此之外，不懂换位思考、客户提出的条件过于苛刻，往往也是业务员觉得谈判乏力，不知道从何入手，觉得客户难以沟通的重要原因。

三、换位思考与情绪控制

不少业务员朋友都喜欢抱怨客户不近人情，很难沟通，动不动就玩失踪，报价以后就没消息，给了样品就没下文，邮件不回，电话不接……可或许买手们也在抱怨，怎么这些业务员都那么难沟通？为什么除了催催催就没有别的事情可做？找个好供应商怎么就那么难？

因为立场不同，大家抱怨的地方和在意的东西也完全不一样。我不由地自问，这其中的问题究竟出在哪里？

在我看来，更多的是由缺少换位思考导致的。因为双方都从自身的角度考虑问题、给出建议，大多数情况下，都不会去设想这样的建议是给了对方更多便利，还是仅仅便利了自己？如果业务员的每个建议都是设身处地替客户着想，能让对方满意、舒服，我想不出还有什么理由，会让客户一个个都失去联系。

"换位思考"这个词说起来容易，但是根据笔者的个人经验，对于大多数的外贸从业人员而言，做起来还是十分困难的。不是说完全办不到，只是做得很好的绝对是凤毛麟角。我们还是通过两个小案例，对比着来看其中的差距究竟有多大。

比如价格谈判。这在外贸场景中可能天天都会出现，不同的业务员处理问题的方法有哪些不同呢？大部分业务员一被客户讨价还价就会逐渐失去耐心，很多话不经大脑脱口而出，把本来可能有下文的订单变成没有了下文。更让人觉得可悲的是，业务员往往还不知道原因究竟是什么。以下这个场景，重复率极高。

案例 2-7　Price negotiation—common sales rep
（价格谈判——脱口而出的业务员）

业务员：我们的价格最多只能做到 8 美元。这真的是最低价了，我不骗你，相信我。

客户：太贵了！便宜点吧。

业务员：……我跟老板申请过很多次了。由于是初次合作，我们很

> 有诚意，愿意再给你一个更好的价格，7.92美元。这回真的没法再低了。
>
> 客户：如果你可以做到5美元，我可以马上下单给你。
>
> 这个时候业务员已经出离愤怒，可能会出现两种不同的回复：
>
> 可能回复一：5美元是不可能的。如果你能买到，那你以这个价格卖给我，你有多少我买多少！
>
> 可能回复二：你可以跟其他供应商询价，看看别人能不能做到这个价格，我们欢迎比价。

这样的场景是否觉得似曾相识？来来来，业务员们请对号入座，想想自己有没有演过这样的桥段。

言归正传。我想说的是，业务员的想法和情绪本身没有问题，这是人之常情。而问题在于把自己的情绪发泄在客户身上，让对方知道了你的不满；让对方感到了你言语间的讽刺。这种表达方式才是最大的错。

客户哪怕拦腰砍价，或者无厘头砍价，都是他作为买手的权利。漫天要价，就地还价没什么大不了的，我们本来就应该以平常心去对待。能做当然好，不能做也没关系，买卖不成仁义在。若是因为自己轻易被激怒，从而难以控制情绪，言语和邮件中充满不满和讽刺，就没有意义了。

谈判本身就是为了磨合彼此的需求，找到共同的切入点。需求探讨才是谈判的本质与核心。

业务员可以这么想，可以暗骂对方狡猾、过分、不靠谱，但这些不可以形于色，更不可以让对方感受到。如果用五个字简单总结，就是"想得，说不得"。因为你那么一说，可能很多客户就会脸上挂不住，心里不痛快，就不再跟你谈了，你就会失去潜在客户跟宝贵的合作机会。

或许看到这里，有些业务员会想，"无所谓啊，我也没什么损失"，可账不是这么算的。你跟客户的谈判，你付出的所有时间和精力，从机会成本的角度来衡量，都是投入，都是钱。如果业务员可以稍微柔和一点、委婉一些，或许得到的就是完全不一样的结果。

案例 2-8　Price negotiation—good sales rep
（价格谈判——换位思考的业务员）

你作为消费者去水果店买水果，看到苹果很新鲜，就会问问价格。老板说："十元一斤。"你可能觉得有点贵，心想：平时这里的苹果不都卖七八元钱吗，今天怎么那么贵了？

这个时候，你或许就会问老板，"今天价格怎么那么贵啊？我平时经常来你这里买水果，给我便宜点吧。"

这个时候，水果店老板可能会有两种回复：

假设回复一：哎呀！兄弟！这几天下雨，我进货的价格本来就高，真的没什么利润啦，生意难做啊。我也知道你经常来我这里买水果，照顾我的生意。要不这样吧，你称几个，我给你算一下，抹掉零头吧。

假设回复二：我的价格很好啊，要买苹果就是这个价格。要么你去别人家看看，谁比我便宜，你就去谁那里买好了。

我相信大家通过自己平时的经验都会发现，大多数水果店老板都会采用第一种回复。不是说他们个个都是谈判高手，都能换位思考，而是他们通过平时跟不同消费者打交道，通过实际经验摸索出了一套自己的说话方式。他们知道怎么让客户开心，知道怎么吸引回头客，这是他们的生存之道。

我们再代入一下，假设你是去水果店买苹果的那个客户，如果老板给你的是第二种回答，你会怎么想？会买吗？心里会高兴吗？还是暗想：冲这家伙的态度，我情愿不吃苹果。

既然这个问题可以轻易想明白，为什么把同样的场景设置到自己的外贸工作中去，就会糊涂呢？这虽然跟说话方式、沟通方式有关，可归根到底，还是由换位思考的思维方式决定的。

> **毅冰说**
>
> 表面上看，很多事情做不到、做不好是说话不够艺术，是自己的经验不足。可实际上，这里面的学问大了去了，不是一个简单的"不会讲话""情商不高"就可以解释得通的。
>
> 我认为，这就需要大家在平时工作中，不要用固有思维去考虑问题，不能被自己的主观情绪左右，要多角度看待问题，要能想办法、找出路，化不可能为可能，尽一切力量去达到目的，从而不让思维陷入死角。

第七节　不可能完成的任务也会有转机

外贸从业多年，大家有没有碰到一些"不可能完成的任务"？

比如以下这些说辞，会不会是业务员经常挂在嘴边的？

— 没可能的，肯定搞不定……

— 不现实，根本做不到……

— 这是在浪费时间……

— 这是天方夜谭……

— 客户这是在乱来……

— 这完全就是瞎指挥……

— 材料和人工费涨价我也没办法……

— 银行不是我家开的，我又没法左右汇率……

— 这种付款方式根本做不了……

— 老板肯定不会同意……

又比如，像图 2-4 所体现的那样。

我随便列举了几个例子，相信都是朋友们在工作中容易碰到的。卡在某些核心问题上，谈不下去了，就变成了不可能完成的任务。

那既然是不可能完成的任务，为什么还要拿出来说呢？是觉得大家做外贸

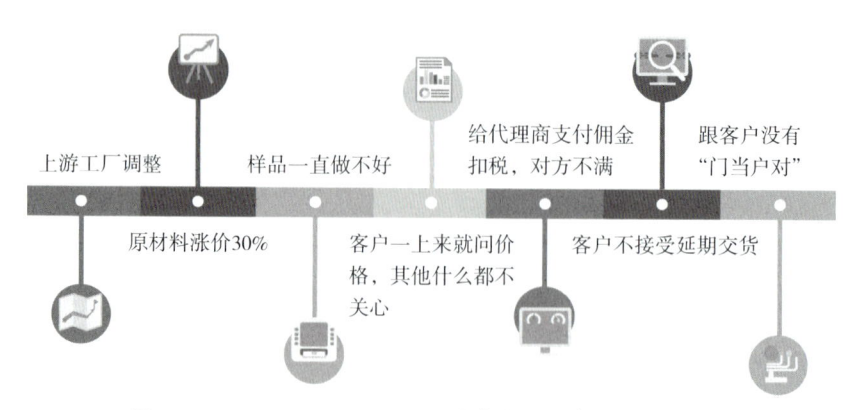

上游工厂调整　　样品一直做不好　　给代理商支付佣金扣税，对方不满　　跟客户没有"门当户对"

原材料涨价30%　　客户一上来就问价格，其他什么都不关心　　客户不接受延期交货

图 2-4　Impossible Issues（不可能完成的任务）【毅冰制图】

还不够辛苦、艰难，还要给大家的伤口上撒把盐？

当然不是。我想请大家留意的是，我给第一句的"不可能完成的任务"加了引号，显然是想说明很多东西并非不可能、做不到。表面上不可能完成的任务，还是可以通过一些技巧和谈判手腕，逐渐转化为可能的。

我们还是通过案例分析，来更加直观地说明这些谈判技巧和渗透在其中的思维方式。

案例 2-9　Hard negotiation for OEM project with tooling（开模定制产品的艰苦谈判）

外贸朋友 A 有个西班牙客户，已经合作一年多了，之前买过一款尺寸是 220mm 的面板灯。他把面板灯展示和销售给终端客户，客户比较满意，当地的销售情况也不错。

如今客户打算再采购一款尺寸为 330mm 的面板灯。可问题是，A 的公司现成的 330mm 面板灯只有圆形的，可客户坚持要采购方形的。而且进一步表示，如果没有 330mm 的方形面板灯，那他们就会连原先

的 220mm 面板灯也停止采购，直接选择别的供应商，而不是分开下单。

所以 A 面临的问题就是，要专门生产方形面板灯。那需要开模具来制作，可目前 A 的公司其他客户并没有对方形 330 面板灯感兴趣的，如果单独为这个西班牙客户开发，占据的时间精力不少，光开模费用就要 1 万美元，还不算其他的研发成本。

A 把实际情况告诉客户后，客户却爽快地表示，愿意共同承担开发费用，只不过这个费用需要在后续订单中逐步返还。于是 A 跟老板商量后，就向客户提出方案：请客户先承担这 1 万美元的前期开模成本，等后续订单达到 1 万个的时候，退还 5,000 美元；达到两万个的时候，再退还剩余的 5,000 美元。

可西班牙客户的回复却是，这个费用太高了。而且 10 多美元一个的单价，预计他的客户在短期内无法达到 1 万个的销售数量，未来的前景也不明朗，谁也不知道市场的变化如何，不打算再继续合作下去了。

这个时候，对 A 而言，一方面是他合作了一年的客户，信誉良好，合作愉快，订单也还不错；另一方面是自己的公司，有立场和规定，也有风险的控制。他不知道该怎么做，不知道如何稳住客户，如何说服公司去开模这个产品，去完成这个已经陷入僵局的不可能完成的任务。

这个朋友后来跟我聊了很久。我谈了谈我个人对于这个项目的想法，供他参考。

在我看来，这个西班牙客户是相当不错的，很有诚意，能主动提出分担模具费用就说明他对这个项目有信心，也希望可以继续下去。可是 A 的老板，回应就没有那么热烈了。他很生硬地开出了一个"开发要 1 万美元模具费，你先付钱，下单到一定数量后再退款给你"的条件。

在这个谈判的过程中，A 仅仅是一个传声筒，而不是一个出色的业务员。因为 A 只是从中传话，而没有自己的想法，没有方案可以供彼此探讨和研究。

我强调过很多次，针对这类问题，业务员要做方案，让客户做选择题，然后根据客户偏向的选项，再根据实际情况、谈判进展来不断调整，从而逐步达成共识。

我先从思路入手，分析一下 A 的老板的思维方式。不客气地说，在我看来，这本身就是很可笑的。比如开发 330mm 方形面板灯，如果真的如他老板所说，的确需要 1 万美元，那好，既然要客户承担全部的开模费用，那是否意味着，这套模具的所有权属于这个西班牙客户？是不是 A 的公司可以保证，不会把这个开发的面板灯卖给其他任何客户？

因为按照规定，如果他出钱来做模具，哪怕后续 A 的公司退回费用，也是因为数量达到一定要求，羊毛出在羊身上。这种情况下，模具是属于客户的，不属于 A 的公司，他们没有权利给其他任何客户看这个产品，也不能推广，更不能卖。有关这个产品的任何商业行为，都需要得到这个西班牙客户的正式授权才行，这才是符合规定的。

这样一来，就不是共同开发一款产品，而变成了西班牙客户出钱开发新产品，A 的公司只是作为代工厂，替客户生产而已，并没有自主权。一旦产品开发成功，也不可以在公司现有产品线上增加这一个新款。

按照 A 的老板的思路，方案也可以这么给，但是在操作上还需要完善一下。比如还需要提供一份协议，来保证这个产品是 exclusive（独家）的，只给他一家供货，不卖给其他客户。否则，A 的公司就要根据协议的要求，承担巨额的赔偿。这才是国际惯例。

但是谈判是否真的需要这样一刀切呢？在我看来，根本没必要。我说过，要做方案，要给建议，要让客户做选择题而不是判断题，这才是优秀业务员的标准作业流程。比如说，在这种情况下，A 完全可以给客户做几套方案出来，然后根据客户的偏好，再具体调整细节，把这个项目落到实处。

假设我是 A，我可能会制订以下几套方案，来作为前期谈判的基础。

Option 1:

西班牙客户承担1万美元的模具投入，但是我方会在未来的订单里给予refund（返利），可以分批退款。另外补充强调，如果客户承担了这1万美元的模具费，我们就承诺这个产品给他独家供货，不会让我们的其他客户看到，也不会让其在我们的网站和样本上出现。如果我方现有的客户偶然发现并对这个产品有兴趣，我们会征求西班牙客人授权，然后共享利润。

Option 2:

双方共同承担1万美元的模具费用，可以是一人一半。但是未来订单到一定数量，还是会退款给客户。这样可以在前期减少客户的资金压力和投入成本，也让客户从心理上觉得，这是双方共同投入的，会更加靠谱，更加有希望。

Option 3:

由我方全额承担模具费的投入，不需要客户承担。但是有要求，客户必须一次性下单超过5,000个，允许分批出货，可以给客户免费仓储。未来一旦客户那边销售情况不错，需要补货，我们随时可以发货。

Option 4:

依然是我方全额承担模具费的投入，但不需要客户一次性下多大的订单。设计上要稍作改动，需要客户在欧洲给我方注册外观专利，然后双方共同享有专利，深度合作。作为回报，我方也会针对这个产品在国内请第三方机构做测试，比如根据面板灯欧盟的EN 60598指令做测试，把客户公司作为"共同列名"，通过双方共同享有这款新面板灯的测试报告，来换取深度合作。

除此之外，还可以想出更多更灵活的方案。目的只有一个，就是将双方绑在一条船上，这样可以深度合作、共同进退，可以共同去开发客户、共同去打开市场，可以一起赚钱。若是你的思维还停留在最基础、最原始的"买货和卖货"阶段，也就是"你要什么，我卖你什么""你要的如果我没有，我给你定做，但要你出钱"，就会落后于这个时代。在激烈的竞争下，你会输的体无完肤，一败涂地。若是不转变，如何去拥抱变化，去跟高手过招？

所以我想通过这个案例告诫大家，要摒弃过去的思维方式，把固有思维转变为想方法、找出路。那就要动脑筋去"给方案""做方案""跟客户探讨"，从而找到突破口，找到客户的痛点。这其中的关键，有经验的成分，但更重要的，还是思维方式的不同。如果你可以站在不一样的层次去思考问题和看待问题，设想多种可能性和各种预案，那跟客户的谈判自然也会如鱼得水，格局会变得完全不一样。

再来谈谈"延期交货"，这也是令许多业务员无比头疼的麻烦事，现实中经常会碰到。

本来做得好好的，工厂突然出问题了。某个环节卡住了，不良品率太高了，模具坏了需要修，老板的三叔的儿子的女朋友的三大爷的弟弟的订单需要提前安排，大客户的订单要先做……

任何一种可能都会造成订单的延期，更别说几种一起来了。还有更奇葩的，就是老板为了接订单，不管客户要求什么，都说"好好好，行行行"，订单下来后，做不出来，再让业务员去跟客户说，要延期交货。

所以往往业务员最头疼的，就是如何跟客户交代这个事情，如何商量这个问题。因为一个不好，可能引起客户大怒，甚至以取消订单相威胁，那就把事情复杂化了。更何况，业务员付出如此巨大的心血，劳心劳力，好不容易合作起来的客户，谁都不想以后没有下文，谁都不想让前期的努力白费。

可如何跟客户交代，这也是很考验谈判能力和思维方式的。如果业务员很直白地说，"我们老板先做其他客户的订单了，所以不好意思，你的订单要延期半个月出货。"你觉得客户会怎么想？会不会觉得，你们既然不重视我的订单，那以后就别合作了。

如果撒谎、找借口拖延，那迟早会穿帮。想起一件我亲身经历的事情，其实跟第一章说过的案例异曲同工，真的有人这么干。

> **案例 2-10　A ridiculous story（编不下去的故事）**

我曾经把一批户外家具订单下给浙江台州的一家工厂。毕竟是第三次返单，前两次合作也算顺利，我这边也就没有安排第三方验货。本来约定不能延期，供应商也拍胸脯保证没问题。

可临出货前，业务员突然跟我说，"不好意思，毅冰，最近我们这边限电，所以要延期一个礼拜出货"。我说，"行，没问题，我同意。"

一个礼拜后，业务员又说，"最近天气不好，我们这里下雨，所以油漆没有干透，我们还需要几天，大概还要一个礼拜才可以出货。"我继续接受。

又过了一个礼拜，业务员的邮件又来了，"实在对不起，最近工人紧缺，我们来不及打包和装箱，所以还需要再推一个船期。"这时我心里已经有疑问了，邮件回复，要求下一个船期必须准时出货。

可又一周后，一个新的理由浮出水面，"我们装了一部分，发现外箱不够了，所以需要临时采购一批，抱歉，又要耽搁一下，下个船期一定出货。"好，我忍，反正都延了一个月了，也不差这一个礼拜，只要别再出"幺蛾子"就行。于是我回复了一个措辞严厉的邮件，又打电话重申，无论如何不再接受延期，如果还是没法交货，我这边会采取措施，会提起索赔。

再过一周，我主动邮件催促，问他们是否已经安排货柜，业务员回复称工厂遭遇火灾，损失严重，所以短期内估计是没法出货了，会给我安排重做一批货，尽快发。

我大吃一惊，火灾那么严重，需要慰问一下，于是我派了我们上海分公司的同事去工厂看看，了解一下最新的情况。可结果是，根本就没有火灾这回事，工厂好好的，什么事都没有。

> 因为业务员一次次找借口拖延出货，到后来编无可编，只能找一个火灾的借口，算是一了百了。

大家看到这里可能会觉得奇怪，为什么业务员一开始不把实际情况告知客户？详细计算大致的交货时间后，一次性跟我谈延期的问题不是更好？

我最初也是这样想的，觉得一次次地找理由反而破坏了原有的合作关系，得不偿失。后来私底下跟业务员沟通，他跟我大吐苦水，我才知道事情的内幕。

原来，他们的订单本身就排得很紧，旺季的时候，几乎每个客户的订单都有长短不一的延期。工厂全力赶工，我的订单最快也要排到三个月后，根本不可能一个月交货。可他们老板想拿下订单，于是就怂恿业务员先答应我的交货期要求，拿下订单，然后再想办法延期交货。

可没想到的是，到了交货时间，他们的原材料才刚刚到位，还没有安排生产。这时候，他们老板跟业务员说："我重新安排生产线，把毅冰的单子先做出来，这样十天就可以完工。你就跟客户说一个礼拜交货，让客户这边先稳一稳。"业务员就按照老板的授意找了借口。

可这段时间的生产情况并非如他们所愿。别的客户安排了第三方验货，所以只能先做那批订单，我这边就只能搁置一下了。然后，又有客户因为产品品质问题来索赔，也不能拖延，只好先处理。又一周后，事情终于都处理好了，可以把其他订单先停一下，开动生产线做我的产品了，结果又出现了意外。产品焊接的地方没有做好，毛刺很多，要重新打磨和返工……

就这样一周一周延下去，不是这个问题，就是那个问题，业务员一次次相信老板能搞定，一次次用借口搪塞我，到最后再也找不到任何借口的时候，就只能出火灾这个大招了，实在是编无可编，编不下去了。真是可气又可悲。

那我们的问题来了，在确认要延期的情况下，应该如何跟客户谈判呢？

案例 2-11　Bad thing might be good thing（坏事也可以变成好事）

我的建议是，这种情况下分两步走。

一方面，业务员必须完全了解己方的真实情况。为什么会延期？大致什么原因？需要多久可以完成？大约什么时候可以出货？这些内部的问题先解决掉，再预留一点安全时间，给客户一个回复。

另一方面，跟客户商量延期的事情，也要找对方法。一味报喜不报忧是不行的，对方也不会信，而一次次地编故事更加不行。那就要动脑筋，找一个可以反转的机会，把坏事变成好事，或者起码让事情变得没有那么坏。

我们可以设想一下，可能大部分客户都在乎价格，都在意交货期，都期望沟通顺利……但是有一个东西，我认为是所有客户都会不得不介意的，那就是产品的品质。

大家仔细想一想，你作为消费者去买东西的时候，是不是会很介意产品的质量？比如去买手机，你可以说，我有钱，我不在乎价格；可以说，我有时间，现在缺货无所谓，有货了再给我发；可以说，营业员服务态度不好，我不太高兴，但是看在产品很好的分儿上，我忍了……但是你会不会说，品质烂没关系，一天就坏也没事，我就喜欢买烂货。会吗？

不会。每个人对于品质的要求都不同，但有一点是相通的，就是无法接受品质很次、远低于自己预期的产品。否则就会退货、索赔，这是人之常情。

回到案例本身。在这样的情况下，一个合理的借口或许就应该围绕品质去下功夫。这也是很考验业务员谈判水平的。因为业务员不可以直接跟客户说，我们这批货品质不行，我们给你重做。这样一来，客户对你们公司的印象就会变糟，觉得你们不靠谱，会把糟糕的问题变得更加棘手。

　　而我的想法是，直接写邮件告诉客户。大致思路是：我们很抱歉地通知您，这批户外家具的船期不得不后推 2~3 周。原因是，我们在内部质检的时候发现，这批家具的表面处理还不够好。虽然不影响外观和使用，但我们相信，您是对品质有极高要求的客户，我们也是如此。我们希望提供给您的都是最好的产品。所以不好意思，请给我们多一些时间，我们会把产品做得更好。

　　如果用英文来表述，我会这样写：

Dear Craig,

Sorry to inform you that we have to postpone the shipment 2~3 weeks later.

According to our internal inspection, we found the surface treating was not perfect. So I asked my team to arrange the re-work immediately, to make everything better.

I take it for granted that quality is the top priority for both of us for running orders. And I really want you to be proud of our items with outstanding performance. So please help to give us more time.

Thanks & best regards,

Ice

　　从思路上看，这就是我倡导的三段式邮件的简单写法。

　　开头先跟客户简单说明情况，订单要延期，我们很抱歉。一句话表达清楚。第二段是对为什么要延期做简要补充。之所以强调表面处理，是因为这对于品质的影响属于轻微的，不是功能性的质量问题，不至于让客户对己方失去信心。第三段,在吹捧对方的同时,不着痕迹地拔高了一下自己的形象。然后请客户多给一些时间,也是一种尊敬对方的客套,给对方下台阶用。

这样一来,是不是就把一个麻烦的问题变得简单了?甚至让客户对你有那么一点欣赏,觉得你够负责、有担当呢?

所以很多问题,我们不能简单地视为不可能,直白地认为做不到。因为做外贸,归根到底是跟人打交道,那就要动脑筋,想办法,找出路。遇到棘手问题的时候,多思考一下有没有变通的办法。一件不好的事,一个危机,是否存在着可供你翻盘的机遇?

这需要有丰富的经验、冷静的头脑,需要如庖丁解牛般从容地应对。

毅冰说

人生中有太多"不可能完成的任务",如果所有不可能的事情都不去尝试,不去找突破口,那永远都不会有进步,思维上就容易固步自封。出色的业务员之所以出色,是因为他们不机械地工作,具备一定的应对问题的能力和灵活的思维方式。

我想借这一小节告诉大家,你的思维方式决定了你未来的行动方向。卓越往往属于少数人。若想成为其中的一员,那就要先弄明白,这些人是如何思考问题、解决麻烦的。

03.

大买家和专业客户思维揭秘

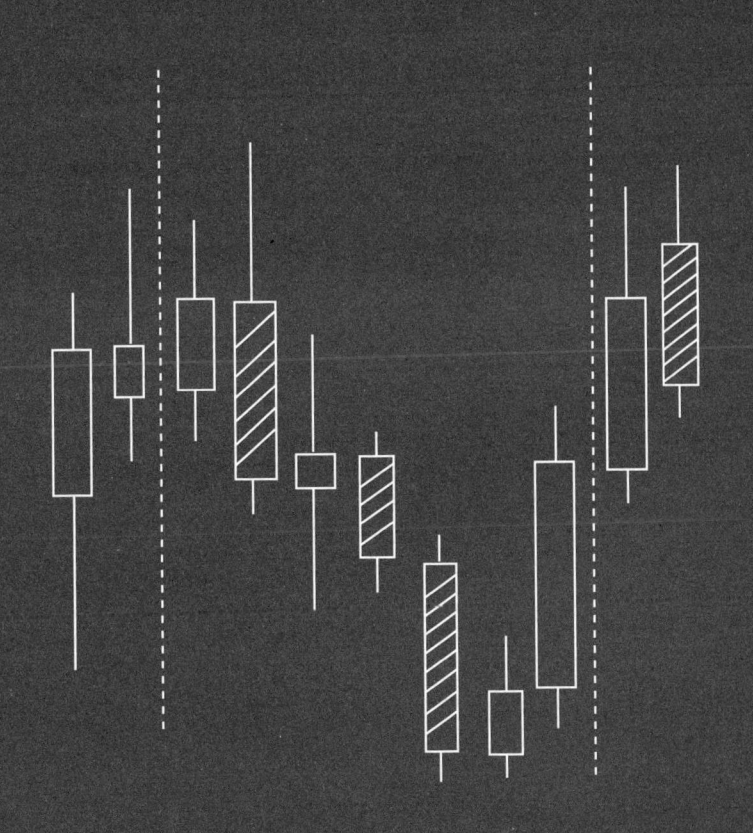

如何与大买家打交道?

规模上完全不是一个量级怎么办?

我们是小公司,怎么让大客户注意?

没有现代化的工厂,如何接专业客户的订单?

附加值究竟该如何打造?

……

这一章我们要讨论的,就是以上这几个问题。希望大家带着疑问,边思考边往下看,从中寻找答案。

第一节　高门槛的诱惑

先说一句大家都已经听滥了的话，也是拿破仑的名言：不想当将军的士兵，不是好士兵。

我们对应到工作中，同样可以理解为，不想跟大买家合作的外贸人，不是好外贸人。这本来就是一件很正常的事，没什么可避讳和不好意思的。

老板开公司自然有自己的追求和梦想：希望把公司做大做强，希望赚很多钱，希望成为成功的企业家，希望成为行业巨头的合作者……

员工给老板打工，同样会有自己的理想和规划：希望往上走，希望有更多的机会，希望有更好的平台和支持，希望跟大买家合作增加自己的经验和开阔眼界……

所以，"渴望高攀"在外贸行业里是一件再正常不过的事。更何况，电子商务的出现、展会的存在，大大降低了人与人之间的沟通成本。很多年前，或许一个美国大客户跟你的产品很对口，但找不到合适的供应商，而你也很难得到这方面的采购信息；或许一个大买家有一个大的采购项目，而你的价格完全没问题，但你如果没有人脉，就不知道去哪里拜山头；或许你偶然得到了一个大公司高管的联系地址，想去做一下推广，但要联系对方就要飞往国外……

如今时代不同了，信息不对等的情况虽然一直存在，但壁垒并没有过去那么坚固。过去查不到的事情，今天可能可以通过搜索引擎查到，通过电话联系对方公司，通过邮件向对口的人推荐和介绍……这一切，都源于时代的变化。高门槛虽然存在，可有机会、够得着，有野心、有能力的人，终究还是会去努力争取。这不仅是为了公司的发展，也是为了个人的利益。

即使联系了不少大客户但都没有合作起来，你也没必要沮丧。你起码能够从中学到不少东西，知道问题在哪里、不足之处是什么，知道要往哪些方面下功夫。这些宝贵的经验都是在一次次地碰钉子的过程中得到的。

一、外贸行业没有壁垒森严的"门当户对"原则

门当户对这个词，最早可能出自宋代张端义的《贵耳集》："个样村僧，岂是寻常种草？要得门当户对，还他景胜人奇。"后来，从元代到明清，在小说话本中，"门当户对"这个词就被用开了。《西厢记》作者王实甫、《二刻拍案惊奇》作者凌濛初、《红楼梦》作者曹雪芹等大家，都在作品中用这个词来说明男女双方的社会地位和经济状况接近才可以结亲。

当然这个词如今早已不局限于当初的含义。它在生意场上表示合作双方需要有差不多的实力，也就是地位上对等。比如国航跟国泰航空的相互持股，就属于强强联合，也算是"门当户对"。

在很多情况下，公司的确会遵循门当户对原则，来选择合适的合作伙伴。可在外贸行业，存在一种意外。国内的大工厂可能会向国外的小公司供货，国内的小公司可能会给国外的大买家贴牌生产。那么这些情况存在的根源是什么？能否给广大外贸中小企业带来福音呢？

其实要想明白也不难。比如国内的某个大公司，想打开某个新兴市场，或许就会在价格、付款方式、起订量等方面给出不小的优惠，从而找到进入这个市场的渠道。客户的订单小、客户实力弱也没关系，先合作起来，等产品被目标市场的消费者接受，自然会有很多机会找上门来。

又比如某个小公司，在收到客户的询价后认真回复，价格、效率、专业、服务意识都相当好，让大公司的买手十分满意，从而把订单确认下去。

这些，是几乎每天都会上演的真实剧本。

我们再来分析一个案例。

案例 3-1　Continue business in a different walk of life（门不当户不对，生意照旧）

我有个朋友 Kelvin，外号是 heavy customer killer（大买家杀手），自己开了一个只有 3 个员工的小外贸公司，做的产品是园林水管。没错，这 3 个人中，除了他，一个是他老婆，负责财务；另一个是他小舅子，负责开车和打杂。

那真正做业务、做采购、做跟单、做单证的，就他一个人。这样的小公司（我们姑且客气点，不称它为"皮包公司"）跟 ALDI、LiDL、Metro 这三家德国连锁超市，应该是完全门不当户不对吧？理论上讲，根本不存在合作的可能性。可奇怪的是，他偏偏同时给这三个大买家供货，生意做得风生水起。这又是为什么呢？

其实很简单，就是由一个点来带动一个面的事情。我有一次跟 Kelvin 一起吃饭，他跟我讲，跟 ALDI 的第一张订单，是由一个潜在客户介绍的。当时 Kelvin 刚从老公司辞职，准备出来创业。这时候，一个过去报价过很多次，但从未成交过的中国香港客户给他打电话，说有一个小单子，300 套园林水管，问他愿不愿意做。产品是出口澳大利亚的，但价格要根据过去报价的 20 尺柜的价格来做。

Kelvin 一听，心里有点发怵。20 尺柜是大货，300 套是小单，如果按照大货的价格来做，这一单亏到哪里去都不知道了。更何况，在跟这位客户往来邮件的过程中,他又发现了更多的问题。比如客户还需要整整10套产前样,香港贸易商也需要5套,而且对方不承担快递费。此外,付款方式还是OA(赊销)30天。

如果从经济利益的角度一算,总共才300套的小试单,不涨价就一定亏本,而且还不知道能否说服工厂来接这一单,做包装、订纸箱、做唛头都需要成本。越是小单,分摊下去的各种费用和制版费就越惊人,加起来可能会高于产品本身。更何况,还有一些杂费、报关费、验货费等。现在客户还需要整整15套样品,达到了订单的5%。再加上快递到中国香港和澳大利亚的费用,实在亏大了。

Kelvin第一反应是绝对不能接。于是就跟客户诉苦,分析成本和费用,要求涨价35%,哪怕让他少亏一点,先合作起来。可客户断然拒绝了他,但在电话里特意跟Kelvin解释,这个客户是澳大利亚的大买家,目前只是想给老供应商一些压力,才考虑转出部分订单。所以试单只是第一步,如果能完美做好,后续会有不错的机会。

Kelvin纠结了很久,前算后算,工厂那边也谈了很多轮,大致算出了如果接下这个小单,自己会亏损7,000元人民币。于是心一横,想着反正刚出来创业,没有订单就没有客户,这个单子就当是第一笔投入了。哪怕以后没能继续跟这个澳大利亚客户合作,起码在中国香港客户这他能混个脸熟,把潜在客户变成实际合作的客户,多个朋友也是好事。

后来,虽然有不少波折,可还是合作起来了。这个澳大利亚客户,就是德国ALDI在澳大利亚的超市,的确在当地属于大买家。而Kelvin更聪明的一点是,借助自己成为澳大利亚ALDI供应商这件事,通过其他的进口商去开发德国ALDI这个客户。后来德国人发现,这个供应商在给他们的澳大利亚公司供货,于是也逐渐通过进口商给他下单。

Kelvin尝到了甜头,后来几年就开始横向推广。又以德国ALDI供应

> 商的名义，带着详细的资料和样品，在科隆展会上接触 LiDL 和 Metro，也逐渐通过试单进入了它们的供应链。

这个案例说明了一个什么问题？门不当户不对的两家公司，依然可以做生意，可以合作。出于比较优势的经济学原理，客户在选择供应商的时候，一定是选择性价比最好，也最适合自己的，而不见得是这个行业里最强的或者价格最低的。

就像上面的案例，Kelvin 的成功就有很大的偶然性。如果中国香港贸易商没有找他，而找了别人呢？如果其他同行去抢这个机会呢？如果澳大利亚 ALDI 做了一个小单后就再无下文了呢？如果合作了这个客户但是找不到渠道开发其他的呢？

我想说，如果一切都可以完美掌控、从容处理的话，那商场上就不会硝烟弥漫了。小公司能入大买家的法眼，不见得是因为他不介意你的公司小，而可能是因为你其他的优点让他欣赏，它愿意给你机会去证明你是合适的供应商。

在外贸行业，门当户对的壁垒没有那么森严，完全可以被打破。这就好比两个人恋爱、结婚，有门当户对的，但也有高攀和屈就的。但是高攀如何？屈就又如何？就一定不合适吗？也不是绝对的。每个人有自己的人生，有自己的选择，别人可以羡慕、嫉妒，但是没有办法进入他人的生活。外贸行业同样如此。每个买手对于供应商的考量和选择都不同。有些人想找大工厂合作，看着高大上的厂房和现代化设备心里踏实；有些人想找小工厂合作，希望将更多利润留在自己手里，希望在合作中掌握更多主动权。

所以我们根本无需猜测客户的情况，也不要因为对方是大买家就打退堂鼓，觉得自己不行，觉得肯定做不到，对方一定看不上自己。没试过怎么知道不行？我们只需要去证明自己有诚意合作，有信心成为对方的供应商，愿意全力以赴地去支持跟配合就足够了。

那如何去证明？如何去展示优势？这又是一个很大的课题，我会在后面的章节里逐步渗透这方面的内容，让大家明白，怎样才是极致的专业，怎样才能在竞争中脱颖而出。

二、备胎是如何养成的

> 问：为什么车里要放一个备胎？
> 答：万一路上爆胎，这不是有备无患吗？

备胎，在我看来，核心是"备"，准备、预备，在生意场上，就是 Plan B，就是风险对冲。一个专业的买手，在主流供应商以外，会有多个备选供应商。这不是说现有的供应商不好，而是做生意就应该有风险意识，时时刻刻都不能把自己逼到死角，一旦出现意外，或者危机情况，要有回旋的余地和应对的方案。

案例 3-2　Issues without plan B（没有后备计划惨遭一记闷棍）

我们可以假设一种场景：一个大客户把价值 300 万美元的订单下给了核心供应商。然后开始安排货代，准备仓储，找代理负责进口清关事宜，联系零售卖场预留货架，设计广告文案，做销售宣传片，在线上和线下打广告，策划什么时候上市，在美国多少个州同步销售……

然而临出货前，这个供应商却给了买手一记闷棍。买手验货后发现产品有严重的品质问题，根本无法接受，更别说发到美国市场了。产品必须重做，但是重做也就意味着赶不上销售季，订好的仓库和货架就

> 都浪费了，广告费也白花了，印好时间的广告页统统报废……一切都要重来。
>
> 比这些直接损失更严重的是，客户的公司形象、品牌形象受损，错过当季销售，利润受损……这一系列的连带损失，甚至足以让一个大公司的买手引咎辞职。

这就是没有后备计划所带来的问题。我们可以设想一下，如果平时这个项目有 3 个甚至 5 个备选供应商，那会是什么样的情景？质量问题发现后，重做必然要延期，因为根本没法赶出来。可如果把订单分流到几个供应商那里呢？原来是一个供应商独自承担 300 万美元的订单，现在改成每个供应商分担 50 万~60 万美元的订单，是不是就容易许多，供应链也安全许多，就可以应急处理？

所以专业的大买家绝对不会把公司的利益和自身的前途放在一个篮子里。换言之，哪怕供应商再好、再完美，从不出问题，也绝对不能占据这一类产品订单量的 50% 以上。这是出于平衡供应链方面的考虑，也是为了避免供应商一家独大。

说直接一些，如果一个供应商占据了客户 70% 的订单，那这个供应商就有跟客户叫板的本钱，形势就会出现一边倒的逆转，供应商就能有更大的自主权，可以在谈判中掌握更多话语权，甚至定价权。这自然是所有的大买家都不愿看到的。

这就好比 iPhone 这类产品，苹果公司有如此强大的研发能力，为什么不把订单都交给制造业最强的富士康做呢？为什么苹果还会把订单分散给几个供应商呢？这就是供应链的平衡，不让一家独大，也是考虑到订单的安全。如果核心供应商出问题，几个备选的供应商可以立马顶上，不至于让生产停滞。

所以大家千万不要认为，做备胎没前途，认为客户只询价不下单没机会，客户只给点小单子做做没意思。要知道，大家的时间都很宝贵，都想把有限的时间花在该花的地方。如果你没有价值，不入客户法眼，他可能跟你谈一次、谈两次，绝对不会时不时就来找你询价，这不现实。

如下图，要有做备胎的准备。调整好心态，一次次争取机会，让客户对你感到亏欠，让客户对你有足够的信心，自然就会有转机出现。

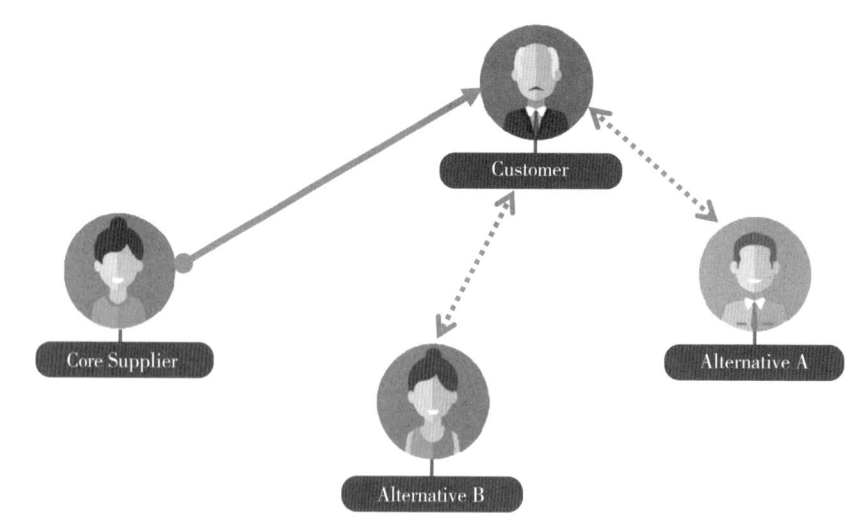

图 3-1　*Core Supplier & Alternatives*（核心供应商与备选供应商）【毅冰制图】

当这个实线部分的核心供应商出了问题、产能有限、价格上涨，或者因为其他什么原因，客户需要分流部分订单、应急处理一些订单的时候，备选供应商将会是优先考虑的合作对象。前提是，你已经早早做好准备，被当成备胎很久了。那将会是一个由虚转实的过程。

三、大买家究竟如何筛选供应商

对于供应商的筛选和考量，大买家或许跟一般的中小客户不同。大买家考虑得更多，需要平衡的要素也更多。总体而言，其各方面的要求都会更高，对于供应商会更加挑剔。

就像一位美女，年轻漂亮，身材高挑，工作不错，家境优越，还是单身，那她的追求者和仰慕者必然众多，这很自然。因为条件好，所以选择的余地和空间就比一般人要大。

外贸行业同样如此。大买家的诱惑力，对于供应商而言，往往不亚于美女。和大买家合作，除了为面子，还为里子。

面子很好理解。这就是一种无形的广告，能够提升公司的形象和档次，也间接证明了自身的实力和能耐。特别是在开发其他中小客户的时候，会十分有底气，也会让别人高看一眼。人家会觉得这公司居然是谁谁谁的供应商，那自然靠谱。

里子，那就是实实在在的利益，实实在在的钱。大买家的主流供应商，甚至二线供应商，都不是大多数中小客户可以比拟的。可能一个小客户，你辛辛苦苦跟进几个月，拿到两万美元的订单，还算可以。大买家就不同了，可能跟进和开发都很难，成功概率没那么高，要付出更多的努力和更大的心血，可一旦拿下，一个订单就是百万级别，与小客户完全不是一个量级的。更何况，大买家带来的广告效应，往往也会推动其他犹豫期客户下单，这同样是不可估量的收益。

相信大家都知道，数量不代表质量，客户跟客户之间，差别同样巨大。就好比开水果店，到底是每天来来往往的散客重要呢，还是每月固定来买数百箱水果的人公司重要？答案是很明显的。谁都希望稳住核心客户跟核心利益，同时兼顾其他的零散机会。

那么，大买家究竟如何筛选供应商？标准是什么？这是大家最为关心的。我根据自己在500强企业的多年买手经验，简单总结了一下，大买家选择供应商的几个要素。

要素一：Safety（安全）

安全是第一位的。如果不安全，风险系数特别高，哪怕预期利润可观，大买家也会选择求稳，以降低收益预期来换取项目的安全平稳。

比如某个新供应商，各方面都不错，产品完全可以达到现有标准，甚至犹有过之，价格还能降低15%，那大买家会不会立刻转单给这个新供应商呢？

我可以很直接地回答：不会！哪怕大买家有这个意向，但从风险评估的角度看，如果无法判断立刻转单所带来的风险，它一定会先迈出一小步去尝试。大买家可能会通过试单开始合作，以此来测试这个供应商的配合情况和产品品质。这可能需要很长一段时间，要一次又一次地反复确认，直到确定这个供应商真的可以替代原有供应商的时候，大买家才会逐渐将其纳入主流供应商行列。

如果这个供应商进入了大买家的主流供应链，它的老供应商是否就会被替代呢？答案同样是否定的。这就是前面提到的平衡策略。有主流供应商，就会有备选供应商，这是相辅相成的，是为了安全考虑。谁更好，谁的订单就多一些，但是并不表示差一些的那个会被直接取消。

再说付款方式。大买家对于这方面的要求也近乎苛刻。业务员平时开发中小客户，可能要求支付30%定金，余款见提单复印件付清，几乎没有太大压力。哪怕很多客户无法接受，那退一步改成即期信用证，往往也可以化解问题。可是在大买家这里，这两招就行不通了。人家一开口，可能就是60天、90天账期，很少会接受即期付款，定金就更加不可能。

这又是为什么？是这些大公司缺钱吗？当然不是。这一方面可能是由供求关系决定的，太多人挤破头想要做大客户的订单，自然会在付款方式上作出让步。竞争对手一多，客户挑选的余地自然就大。另一方面还是安全问题，没有定金、远期付款，往往对供应商也是一种无形的威慑，可以迫使供应商履行合同。偷工减料、随意撒谎、拖延交货期这些招数就难以奏效了。因为主动权掌握在大买家手里，供应商的违约成本很高，而对方的安全系数同样不低。

要素二：Benefit（利益）

利益就不用说了，是一切合作的大前提。只要是企业，不是慈善和公益组织，谁都在乎利益，谁都希望赚取更多利润。作为买手，自然希望压缩采购成本。采购价格越低，大买家的利润就越高，各种操作空间就越大，各方面的投入和预算就会增加，这是个很现实的问题。

换位思考一下，我们自己买东西是否也会考虑价格？我相信一定会。哪怕是土豪，不差钱，也一定会介意价格。如果公司楼下左转500米的一家便利店，买瓶可乐是3元；右转500米的一家便利店，买瓶可乐是6元，试问土豪先生会如何选择？

显然，如果没有别的原因，当然是去3元的那家买了。明明3元可以买到，自己要掏6元，那不是冤大头吗？当然这里面也需要考虑别的因素。如果6元的店在500米内，3元的店在1,500米外，那或许考虑到远近的问题，有人懒得多走路，也对于多掏几块钱无所谓，就会选择6元的那家购买。又或许6元的那家店，有个超级漂亮的营业员，土豪先生不多花几块钱去看几眼就心痒痒，当然我们也是理解的。

题外话不多扯了。这里要表达的观点是，土豪先生缺钱吗？难道买不起6元的可乐吗？显然不是的。有没有非让他多掏钱的理由？少走路，算是一个；有美女营业员，也算一个。

这就说明了一个问题，你要对方损失自己的利益，总得有个理由能让对方接受才行。如果你没有理由、没有优势、没有特点、没附加值，你凭什么在同等条件下，让客户损失利益，放弃别人的低价，接受你的高价。所以大买家的选择，往往会更加现实，因为这关系到公司的利益，关系到买手的自身前途。一旦让不合适的供应商进入公司的采购体系，可能就会带来一连串的负面效应，影响就会很大。

中小客户可能偶尔会被感性的东西影响，觉得这个业务员帮了自己很多忙，做了很多事，一直都没有订单合作，不太好意思。偶尔有机会，哪怕对方价格略高，在自己收益还不错的情况下，也会给个订单过去还个人情。大买家这边不会这样做。因为这涉及的是公司的战略规划、整体的全球采购策略，会被情感所影响的空间非常小。

其他因素当然重要，但是利益，是大买家从来都不可能去降低预期的一个因素。

要素三：Happiness（高兴）

这一点其实无须解释，从生活中就可以体会到很多类似的道理。就好比你去商场买衣服，如果一个专柜营业员对你爱理不理，说话带刺，脾气火爆，明里暗里鄙视你、讽刺你、挖苦你，你还会厚着脸皮，很开心地向他买东西吗？

我相信一般人是不会的，当然专门找虐的除外。这个例子可能稍微有些极端，但也能说明问题，就是你的情绪往往能左右你的消费偏好。你对一个供应商不满，在有选择的前提下，你或许就会作出别的选择，这是很平常的事情。

但很多时候，往往这种情况是通过比较产生的。如果你的产品服务一般，但是你的同行更糟，买手或许会选择跟你合作。但如果你的产品服务一般，你同行的很好，可能就没你什么事了。

这里我还要说一个比较残酷的现实。就是你接到订单，拿下客户，或许不是因为你有多能干，而是因为买手在询价的时候，你的同行比你更差，更让买手不高兴。结果经过比较，买手就选了你。

所以 Happiness 是一个十分重要的因素，没有人愿意花钱买气受。如果你脾气不好，你说话容易得罪人，你特别惹人厌，那请你在跟买手打交道的时候，心里多念几遍"客户是上帝"，然后身体力行吧。

四、测试报告门槛太高怎么办

测试报告的问题，往往是大部分业务员跟大买家打交道时，所碰到的又一个头疼的问题。

很多朋友会碰到这样一种情况：公司的产品还行，价格也过得去，现有的客户也从来没有严重地投诉过，可一旦接触大买家，就会因为缺乏一些测试报告让很多机会溜走，这也让业务员们很无奈。

可是跟老板提这个问题呢，老板也有自己的现实难处。随便举个例子。某公司做的是某个电器产品，德国大买家需要 GS 认证。这个认证的费用不低，每年的年费还需要好几万元，这对于一些小公司来说，并不是可有可无的小钱，是实打实的成本。如果公司暂时没有任何一个德国客户，也没有其他客户要求GS认证，那老板自然是不会盲目地投入，而会把有限的预算用在该用的地方。

可对于业务员而言，好不容易跟德国大客户搭上线，一切进行得都挺顺利，貌似希望就在眼前，可到了临门一脚的时候，发现门被关上了，钥匙没在手里，是不是又痛苦又纠结？

在这样的情况下，难道只有"放弃"这一条路可以走吗？难道只有财大气粗的大公司有钱可以砸，可以把各国的测试和认证都做全了，然后跟大买家合作？其实并不见得。虽然说，我并没有一劳永逸的方法去完全解决这类问题，可根据多年来的经验，这里面还是可以用一些小技巧，来换取周旋的空间和机会。

案例 3-3　Rescued from desperation（专业打底，绝处逢生）

首先我们要弄明白一个事实，为什么大买家会需要这些认证和测试报告？我认为，原因大致可以总结成三点：

第一，要确保产品的品质，安全第一。

第二，让自己省心，把达不到要求的供应商剔除在外。

第三，当地的法律规定和行业共识。

第一点很好理解，如果一个客户从来没跟你合作过，就凭来来往往的邮件、偶尔几个电话，如何判断你的产品品质呢？哪怕你的样品他觉得还不错，质量可以，但是谁知道有没有潜在的风险和隐患？这时候单凭空口说白话是没有用的。只有专业的第三方机构出具的报告和认证，才有足够的说服力，就是所谓的"用证据说话"。

第二点同样好理解。客户为了避免麻烦，避免无休止地跟不同的供应商"挤牙膏",就可以用测试报告来做初步的筛选。有测试报告的,那就说明其基本的门槛和游戏规则都明白,那就往下谈谈看;没有的,就直接出局。这样就节约了时间,省心省力,直接把达不到要求的挡在门外。

至于第三点,当地法律法规也好、行业共识也好、国际惯例也罢,这些都是客观的东西,基本上是无法靠主观去改变的。或许很多中小客户,可以打打擦边球,有没有测试报告都无所谓,照样采购。可是大买家不同,这牵扯到公司的形象、公司在消费者心目中树立的品牌。它们绝对不会去做这样冒险的事情,以免出了问题不好收拾。举个例子,比如美国就有相关要求,出口美国市场的食品包装必须达到 FDA 的标准。此外,如果产品要进入加利福尼亚州进行市场销售,还需要加测 Prop 65,也就是所谓的"加州六五标准"。这些都属于强制性的要求,可操作和规避的空间是非常小的。

综上分析,一跟二,其实在于人心,在于你能否让客户信任。只有三,才属于客观的要求。

在实际工作中,我们就可以按照这个思路来调整应对措施和谈判策略。

假设你做的是玩具,自己没有做过相应的测试,但是给其他欧洲客户供过货,你知道你们的产品可以达到欧盟针对玩具部分的 EN71 的要求,可以通过测试。其他客户有用你们的产品做检测,但因为是客户付费,所以报告不在你们手里。

这种情况下,如果你开发的新客户也是欧洲的,也是做玩具的,那你在前期开发的过程中,就可以专门强调你们的产品是严格遵循欧盟 EN71 测试标准的,可以通过测试。这样点到为止就可以了。如果客户问你要报告,这时候就可以说,你们大部分订单都是给欧洲客户做 OEM

（贴牌加工），都是客户拿你们的产品去做的检测。根据以往的经验和你们给欧洲客户出货的经历，你们的产品过 EN71 毫无问题。

当然，你在邮件里还可以特意补充一下，如果产品没有通过检测，由你们来承担重新打样和检测的一切后续费用。这也是符合国际惯例的，就是客户支付第一次检测费用，如果不通过，后续重测的费用由供应商承担。

这样一来，尽管你可能暂时没有报告在手，但凭借你对自家产品的自信，来建立客户对你们以及产品的信任，也为后续的进一步谈判奠定基础。

毕竟有一部分客户是愿意承担和支付测试费用的。因为你的大部分同行都没有测试报告，客户没法选择各方面都合适的供应商，所以在价格和品质达到平衡的情况下，他们会选择自行支付费用来进行检测，而且是一锤子费用，以后采取"下返单"的模式，基本就没问题了。

另外，如果业务员自身有操作空间，在老板面前有那么一点点的说话权力的话，我还有另外一个建议，就是："把客户绑一条船上"。假设某个强制性测试要 2 万元人民币，折合美元差不多 3400 美元。但是客户的预期订单也就 2 万多美元，让客户支付费用貌似有点难，但是你又不想失去这个客户。

所以你在强调品质、寄样、给方案、谈判的同时，也可以适当地跟客户表示诚意。比如表明你们愿意跟客户分担测试费，你们承担 2,000 美元，让客户承担 1,400 美元。然后以后每个返单，再退 200 美元给他。这样一来，就等于给客户画了个饼，告诉他 7 个订单以后，他的 1,400 美元就可以拿走了。等于是你们承担了全部费用。

表面看来，这样能吸引客户，让客户觉得只要几个订单下来，就把费用转嫁到你头上了。但是对于你而言，等于绑了一个新客户过来，在前期分担了你们的测试费，多好！哪怕这个客户下了一单就跑了，无所谓啊，你花2,000美元就等于做了3,400美元的认证，太值了！

但如果客户真的下了七八个订单，那1,400美元要全退？那是自然的，信誉还是要的，让客户有赢的感觉也很重要。但是我们要换过来看，哪怕他多下一单，你的利润都不止这1,400美元，更别说七八单了。他是把芝麻拿回去了，但是你得到的却是西瓜。

是不是无须绝望，门尚未关上？

毅冰说

外贸行业里，门当户对的原则天然地被弱化了很多。这让中小企业有了更多"高攀"的机会，能去跟大买家合作，可以让公司上一个台阶。

高门槛不是阻挡大家往上走的路，而是给大家学习的机会，去让自己的脚抬得更高，迈得更远。有野心不是坏事，脚踏实地去争取每一个艰难的机会，是对自己的挑战，也是对自己未来期许的回应。

第二节　渠道为王

这里我想讲的"渠道"，就是英文的 business channel 或 commercial channel，在我国台湾地区也被称为"商业管道"。

渠道的建立，一直是我再三强调的。它需要长时间的布局，需要团队的磨合，需要公司有多种不同的方向，需要一点一点去积累。这里面有个很重要的因素，就是时间。很多公司之所以被收购，或许不是因为员工、团队，而是因为商业网络、客户、渠道。

举个例子，可能我是一个室内家具工厂，一直给美国几个大零售商供货。但是我一直很想打开美国数一数二的家具零售商 Ashley Furniture（爱室丽）的市场，就是苦于无渠道，不知道如何接触到合适的人，没有中间人介绍，开发信也是石沉大海。

可这时候我通过查询海关数据发现，我的一个同行，正好就是 Ashley Furniture 的供应商，每年出货不少。这个时候，如果我从对方公司挖人，或者直接入股甚至收购对方公司，原因会是什么？是他们业务员够厉害？未必，而是因为它的渠道，这才是最吸引我的地方。因为我可以借助他们的渠道，来达到我的目的，把生意进一步拓展。

所以这一节我为什么用"渠道为王"这个标题？不是为了制造一种夺人眼

球的效果，而是真正想借此机会告诉大家，未来的外贸模式，不仅限于明面上的竞争，比如价格和产品，还在产品要素之外，加入了人脉、情报、资源等方面的角逐，更加复杂多变。

换言之，人的作用，甚至大过了产品本身。

你有好的产品，是件好事；你价格不错，是个优势；你的生产商很强，工厂很现代化，也是加分项。但是别忘了，这些东西，你如何让对口的客户知道？你如何展示给客户看？你如何把这些东西像广告投放一样，准确投放到该投放的对象中去？

这才是难点所在，这就需要"渠道"。

我这里简单列出了三个误区，希望给大家一个不一样的逻辑。

改造思维规则一：不是产品好就足够

很多企业老板是技术出身，所以特别迷信技术对于产品的影响，常常一门心思地钻研产品，而忽略了营销、设计、开发和策划这些环节。

不是说技术不应该重视，而是技术本身就是一个比较矛盾的东西。因为大部分企业、行业，技术差距并不是太大，也就是说，如果你不是处于一个极度领先的地位，而且你的技术不能马上投入市场，那就不见得会被市场所接受。

特别是很多欧洲国家，它们对于特别新的产品和技术的态度往往都是比较保守的。在这方面，美国非常超前，往往是某一个新产品在美国市场火起来以后，才会逐渐被欧洲客户所接受。

我可以想到的是，哪怕你有好的产品，可是若缺乏特别好的渠道去推广，去让这个产品和技术走向市场，那同样会困难重重。

有些企业主会觉得，我产品好，客户自然会找上门来。那就错了。你产品好，但是你闷在家里，别人怎么知道呢？你若是没有搭建好密密麻麻的渠道网络，那么在销售这一关，要想避免同质化竞争，就会十分艰难。

产品好是基础，也是大家精益求精的方向。可若是过度重视产品，而忽略了渠道上的布局，这对于企业就是一个危险信号。

改造思维规则二：不是价格低就可以

我们常说，价格很重要，但绝对不是唯一重要的。低价格在某种程度上的确能吸引客户的注意，可是这需要后续的一系列组合拳去配合，而不是仅仅只有一个低价。

可能你觉得，别人都卖 4 美元的东西，我这里 3.6 美元就可以卖，我比同行便宜了 10% 啊，完全可以让客户都来我这里买。

可结果往往骨感得可怕，别人依然活得很好，你可能通过降价而多赢得了一些订单，但是因为价格的下调，一年下来算总账的时候，并没有比过去多赚多少钱。这时候或许你就迷茫了，涨价不行，容易让客户跑掉；那我降价呢，照理应该生意大好啊，可为什么并没有极大的起色呢？

不少朋友都有这样的经历，也都有这样的困惑。

在我看来，这还是渠道的问题。特别在意低价格的客户，不好意思，可能你没有足够的渠道去接触到；而许多更注重品质跟安全的客户，或许又因为你的降价而觉得你不靠谱，本能地给你贴了否定的标签。

所以贸然降价的商业决定，未必能起到很好的效果。

改造思维规则三：不是工厂大就有用

许多买手都喜欢大工厂，我也一样。只要看到那种拥有一系列高端设备的大厂、超级干净整洁的厂房，大多数客户都会打心底里赞赏。毕竟经营工厂很不容易，能够管理一个现代化的工厂，管理大批的员工，这是很考验一个管理者的能力和智慧的，而且无比劳心劳力，这些都是事实。

大工厂能给买手一个很好的第一印象，这是没错的。但是这也仅仅会让买手在同等条件下优先考虑你而已。举个例子，如果同行的报价比你便宜 20%，买手会不会心甘情愿以高 20% 的价格下单给你？自然不会，专业买手会在你价格的基础上砍 20% 甚至更多，等得到你的底价后，再去综合考虑合适的供应商。

工厂大，设备先进，这只是一个方面。买手在意的是什么？是利润，是安全，是合作愉快。说难听点，你的工厂大，能给他的订单带来额外利益，那当然好；如果带不来，那不好意思，你的大工厂跟他没有任何关系。只有在某些特殊情况下，大工厂才占有一些优势。比如产能，比如验厂。

我想借此告诉更多的业务员，不要去害怕跟大工厂竞争，也不要因为自己是大工厂就沾沾自喜。因为做外贸，工厂大小只是成交与否的一个因素而已，绝对不是全部，大部分情况下是左右不了订单的。

所以做外贸，最有价值的资源是你的供应商，是你的团队，是你的客户，是你的潜在客户，是你的人脉圈子带来的无数叠加效应。这些东西，构成了"渠道"本身。

当你想跟某个德国大客户合作，你知道通过哪几个德国进口下功夫；当你想打开俄罗斯市场，你或许有一个中国香港客户是专做俄罗斯生意的；当你想拿下某个美国采购代理，你或许曾经的一个老客户跟他们的副总有交情……就是这无数的交集，构成了水面下的东西。这些资源，这些渠道，才是不可替代的最宝贵的财富。

> **毅冰说**
>
> 做生意不怕没有好产品，就怕你有好东西不知道怎么卖。
>
> 渠道的问题，外贸人必须重视起来，因为这无法速成，只能积累，通过长期跟不同人打交道，经营自己的人脉资源，与人为善，为将来争取更多机会而提早打下基础。
>
> 过去的一些固有思维方式，可能已经变得落后。我们要做的，是在变化中调整自己，去适应如今这个竞争的时代。
>
> 产品为底，专业为主，渠道为王。

第三节　外贸报价的诚信与风控

"诚信"与"风控",从字面上看并没什么问题。做生意,当然要坚持诚信,这是为人的根本,也是商业的基石。风控是对细节的管理,是去平衡利益和风险。可这两个词,在外贸行业里,对于老业务员而言,很多时候是矛盾的。

诚信好理解,谁都知道,做生意要维持诚信,千金一诺,但现实往往很骨感。大部分业务员朋友,自己能够做主的地方很少,说白了,就是权限不够,大多数权限掌握在领导手里。可能你接到一个客户询价,很开心,屁颠屁颠跑去问经理价格怎么报。从经理这边拿到价格报过去,高了,可能客户跑了;低了、错了,老板那边没法交代,如何维持诚信?

反过来,如果什么事情都坚守诚信,那从风险控制的角度上看,对公司是不利的。比如一个订单明明会亏本,甚至亏到伤筋动骨,你还一门心思去接,同样也是有问题的。

所以这两个词,在某种情况下,是一对矛盾的个体,并不见得在任何场景下都可以维持两全。那从业务员的角度上看,夹在客户和公司中间,如何既维护客户利益,又维护公司利益,还能在保证自身利益的同时不影响个人形象呢?这是一个极大的挑战,我们可以从以下几个方面来思考。

一、经常遇到的非主观原因导致的"报错价"

这个案例是业务员经常会碰到的，也是很多人的切肤之痛。可能订单就在眼前，客户都几乎要谈下来了，老板突然掉链子，跟业务员说某种配件忘记算进去了，正确的价格应该是多少。

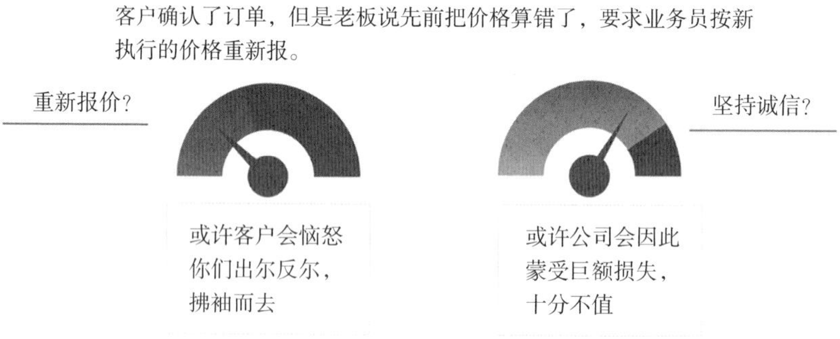

客户确认了订单，但是老板说先前把价格算错了，要求业务员按新执行的价格重新报。

重新报价？　　　　　　　　　　　　　　　　坚持诚信？

或许客户会恼怒你们出尔反尔，拂袖而去　　　　　或许公司会因此蒙受巨额损失，十分不值

图 3-2　Wrong Quotes before（过往价格报错）【毅冰制图】

结果业务员一看，价格高了好多，报出去估计都要被客户骂。但是没办法，老板要求了，作为员工总得执行啊。

业务员其实面临的是一个两难处境。同样，公司也面临两难处境。如果重新报价，可能客户会很不高兴，你现在跟我说价格不对要改，当初干什么去了？客户可能会抱怨，我跟我的客户都确认好了价格，订单都谈下来了，你现在要涨价，你让我如何跟我的客户交代？

如果坚持诚信呢？那就是执行错误的价格，按照错误的价格来成交，公司有可能会因此蒙受巨额损失，十分不值。

既然这种情况可能出现，我们如何尽可能地避免呢？这个问题我们留待后面一并解释，现在先看图 3-3。

Exchange rate fluctuates，汇率浮动，也是大家面临的一个让人头疼的问题。因为本身外贸的利润就不高，算上退税，一个订单可能就几个点的利润，一旦汇率动荡，人民币一升值，可能所有利润都得填进去。所以汇率风险是客观存在的一个因素，我们该如何做好风控呢？

客户确认了订单，业务员才猛然发现，离自己当初报价的时间虽然才过了两个多礼拜，但是这段时间内美元贬值、人民币升值的幅度都很大，当初的价格已经难以维持。

图 3-3　*Exchange Rate Fluctuates*（汇率浮动）【毅冰制图】

比如我在图 3-3 中写的，客户确认了订单，业务员才猛然发现，离自己当初报价的时间虽然才过了两个多礼拜，但是在这段时间美元贬值、人民币升值的幅度都很大，当初的价格已经难以维持。

这种情况下怎么办？有朋友可能会说，既然汇率动荡不是我能控制的，我给客户涨价，天经地义。话是没错，但是对方可不这么想。我曾经碰到过一个日本客户，我们一直用美元做生意。有一次，因为在客户确认订单前两天人民币升值，所以我只能跟客户谈，因为汇率的问题，我们要调整价格。这个阶段汇率的变化，请参照哪里哪里，我还附上了一个网页链接。我自以为自己做得有理有据，但是客户那边却给我上了一课。客户的回复是，今天我从你这里采购，因为人民币对美元升值，你要给我涨价。那试问，等货到了日本以后，日元如果对美元贬值，我该怎么办？我付你余款的时候，要用日元去购买美元，我的成本会因为汇率变动而上升，你是不是也要给我打折呢？

听到这里，我真的哑口无言。我开始检讨，问题究竟出在哪里？后来，我想明白了这个问题，也找到了解决方案。具体怎么做，我们还是放在后面讲。现在先一口气把第三张图看完。

Raw material price raises 中文是"原材料价格上涨"。大家不要小看这个问题，因为很多外贸朋友做的产品，都是跟原材料息息相关的。比如说，你出口一个塑料盒子，材料是 100% 的 PP。也就意味着，如果 PP 这种原料客户确认了订单，业务员突然发现如今原材料价格大涨，幅度超过了30%，前面的报价如果照做，必然损失惨重。

图 3-4　*Raw Material Price Raises*（原材料涨价）【毅冰制图】

的价格大涨，你产品的价格也要跟着涨，这是没办法的事情。那 PP 是不是随时会涨价呢？当然有可能，这很大程度上是由市场决定的，是原材料供求决定的。PP 怎么来的？是乙烯在催化剂的作用下，通过化学反应聚合成的。乙烯又是怎么来的？是从石油中通过化工裂解得到的。所以我们可以得到简单的结论，只要石油涨价，市场上的 PP 原料，自然会随之涨价，这是很正常的事情。

可能我们工作中会碰到下面这个场景：客户确认了订单，业务员突然发现原材料价格大涨，幅度超过了 30%，前面的报价如果照做，必然损失惨重。

但是问题在于，如果你跟客户谈涨价，客户会那么好说话吗？客户会说，价格是你报的吧？现在我接受了价格，你又要涨价，那就是你们没有诚信。这就好比你去 4S 店买车，你试了其中一款，可能业务员报价 30 万元人民币，你回去考虑了下，第二天带了 30 万元过去订车。如果对方说，现在要 35 万元了，因为很多配件涨价了，你觉得你能接受吗？这种心理落差，往往容易让客户对一个供应商失望。

所以，原材料涨价是一个问题，也是大多数老板用来给客户涨价的其中一个借口。但是这个借口用得好还是坏，很考验一个业务员的个人能力。如何让客户知道、理解，但是又没那么抵触，这个度的把握相当关键。

三种情况都分析过后，我们自然要探讨一下解决方案。如何应对？如何处理？这一定是大家最关心的问题。

二、未雨绸缪，保诚信

根据上面这些图表和描述，我们就可以得出结论了，影响报价诚信的三大因素是什么？或者我们可以反过来看，老板要给客户涨价的三个借口是什么？第一，就是最直接的，我价格报错了，然后改价格；第二，就是汇率问题，所以要涨价；第三，就是原材料上涨，我不得不涨价。这三点也就是我这里写的offer，exchange rate 和 raw material。若是用图来表示，就是下面这个样子。

图 3-5 *Three Issues to Impact Pricing*（影响报价诚信的三大因素）【毅冰制图】

当然，现实中还不止这三个因素，还有第四个，我把它称为3+1，后面加上的这个因素是人工成本的上涨。大家可以自己思考一下，当你跟客户说要调整价格，或者当客户已经确认订单，你却不得不调整价格的时候，你怎么跟客户说？无非就是，哎呀，汇率怎么怎么样，原材料怎么怎么样，要么就是不好意思我价格核错了。还有就是 labor cost（人工成本）的问题，人工成本上升。无非就是这几个。

之所以我在这里没有把人工成本放进去，是因为我在这一节里特别强调的是当客户确认价格以后，你又要调整价格的这种情况。而人工成本，在短期内不会有太大变化，所以这个理由不是一个核心理由，我暂时就不作专门的讲解了。

当然，如果客户是两年前询的价，现在要下单，那你重新报价，谈谈两年来劳动力成本上涨了多少也很正常。即便重新更新报价单，修正原来的价格，客户也绝对不会有意见。但是如果你报了价才两个礼拜，又没有特别强调报价有效期的话，一旦客户确认订单，你再叽叽歪歪说这个不行，那个不行，就是你的问题了。这容易让客户觉得这个供应商没有诚信，觉得这个业务员不靠谱。

那既然问题都已经找到，我们就可以从以下这三个方面入手，一条一条去规避了。

Step 1: 报价单上添加备注 E & OE

在英文中，E & OE 是 error & omission excepted 的简写，中文可以翻译成"错误及遗漏除外"。这是为了给自己留一点余地。因为你再仔细，再考虑完善，也有可能忽略一些东西，这很正常。没人希望报价报错，但是这种事情真的不好说。万一真的漏算了什么，那也可以厚着脸皮跟客户解释，不好意思，我们哪里计算错了，新的价格应该是怎么样……虽然这并不见得就能解决问题，但是留这么个尾巴，总比没有好。我曾经见过一个英国供应商的报价单，其中就把 E & OE 放在左下角，大致就是下图这个样子。

Description	Quantity	Unit Price	Cost
Polyester shirt, small	10	GBP 25	GBP 250
Polyester shirt, medium	21	GBP 26	GBP 546
Polyester shirt, large	12	GBP 27.25	GBP 327
		Subtotal	GBP 1123
	VAT (@17.5%)		GBP 196.53
E & OE		Total	GBP 1319.53

图 3-6　*An Offer Sheet from a UK Supplier*（英国供应商的报价单）【毅冰制图】

Step 2：针对大项目和核心订单，设置汇率区间

汇率每天都在变，甚至每时每刻都在变，这很正常，但是业务员不可能无休止地给客户调整价格，这也不现实。曾经有一个供应商给我报价，我半开玩笑地说，"最近人民币升值，你可千万别找我下单了，又提出涨价，那我就很难做了。"没想到他回了我一句，"我的报价是基于这一刻的汇率，如果你下单的时候，汇率动了，价格就要动"。

这也就意味着，供应商把所有的汇率问题都一股脑儿推到我这个买手这里了，自然是不现实的。所以我也不可能跟他再往下谈。他采用的就是一刀切的做法，按人民币计价，对应美元，只要汇率有任何波动，价格就会随之调整。这对于大多数客户而言，的确很难接受。因为我不可能这一分钟刚确认好价格，下一分钟就同意你涨价，我也没法向上司交代。

在我看来，供应商需要用一种整体的眼光去看待问题。比如这个项目的毛利率可能是 10%，如果汇率浮动一点，比如 0.3%，那毛利率的变化几乎是微乎其微的，没有必要去跟客户斤斤计较，给自己进一步谈判带来麻烦。这甚至有可能会因此得罪客户，让对方觉得你不可理喻，那就得不偿失了。

可要是因为汇率变动过大，怎么办？如果一个大订单，竞争激烈，可能总共只有 3% 的利润。在这种情况下，汇率的动荡会对订单产生严重影响。我们假设人民币升值 4%，如果供应商不偷工减料的话，这个订单必定亏损。如果这个订单是数百万美元的大单，工厂要耗费几个月时间去做，明的损失是几万美元，还有暗的损失，比如因此而失去的接其他订单的赢利机会。总的算起来，这个损失真的很惨重。

既然如此，我们可以采用一个相对公平的办法，就是根据自身情况和具体项目来设置汇率区间。也就是说，如果汇率在某个区间内浮动，价格可以维持不变；若是汇率浮动过大，超过了彼此同意的区间，那就要根据实际情况相应调整。

比如说，我们把汇率区间设置在 3%，那如果人民币兑美元升值超过 4%，那超过部分的 1%，一人承担一半，也就是价格要增加 0.5%。

相对应的，如果人民币兑美元贬值超过 4%，那也超过了设定区间，超过部分的 1%，同样一人一半，给客户的价格可以在原有合同的基础上再降 0.5%。

这样对于双方而言，就是一个相对公平的方案。最开始的报价邮件，或许就可以这样写：

> Dear Craig,
>
> Please check the offer sheet in attachment.
>
> The prices listed in were based on the RMB-to-USD exchange rate 6.56. Kindly note we will update this offer when it fluctuates more than 5%.
>
> Thank you very much for your understanding!
>
> Best regards,
>
> Ice
> Sales Director

图 3-7　A Flawless Quoting Email（一封出色的报价邮件）【毅冰制图】

Step 3: 针对跟原材料息息相关的产品，设置原材料价格区间

有些产品因为不是高附加值产品，也不是需要很多道工序加工的产品，所以跟原材料的联系就变得十分紧密。

比如说，一个不锈钢勺子可能包装很简单，就是一个条形码标贴，然后 100 个装一个外箱，没有其他额外的东西。这样的产品，当然跟原材料息息相关。如果哪天，食品级 304 不锈钢涨价 20%，那这个勺子恐怕也要涨价 15% 以上，因为其他工序、附加值太少了，整个产品全跟原材料相关，不涨价是不可能的。

针对这类产品，其实我们可以采用上面 Step 2 的做法，同样可以设置原材料的价格区间。假如利润相当低，3% 的浮动区间太多，那就设置 2%，甚至 1%，

同样可以跟客户商量。

价格区间的设置是为了让自己不那么被动，也让客户心里有底，知道大致的情况如何。有些客户一看最近原材料貌似有涨价苗头，可能就会立刻下单，锁定原料价格，也锁定了产品价格，这也是很多专业买手的职业嗅觉。

作为供应商，作为专业的供应商，这些都是必备的技能。要在一开始就防范于未然，把可能出现的问题尽量考虑到，然后用专业的手法去规避，去跟客户谈判。这样做起码在一开始，就展示了自己对于细节的把控，以及对于风险的平衡能力。

这样一来，就等于事先已经埋好伏笔。如果报价后出现了问题，就可以从容应对，而不至于出尔反尔，影响自己和公司的诚信。

这也算是一种标准作业流程吧。

> **毅冰说**
>
> 诚信和风控，在实际工作中，是可以平衡的。
>
> 我们不需要因为出现意外，就面临接受损失成或者出尔反尔的纠结。很多问题，其实在一开始，就可以防患于未然。报价报错怎么办？其实这不是报错以后的问题，而是在一开始如何降低概率的问题。我们不能把目光聚焦于"亡羊补牢"，而要聚焦于"预见问题"，这样才能"避免问题"，让一切尽在掌握。步步为营，随时有应对策略，才是正确的做法。这考验的是业务员的思维是否缜密以及做事是否细腻。
>
> 这可以作为外贸标准作业流程的一个要点，也是业务员专业素养的一个侧面。

第四节　了解产业链流程，提升你的专业度

这一章的总标题是大买家和专业客户思维揭秘，所以除了一些思维层面、专业素养层面、标准作业层面、增加客户信任度和调动客户积极性的内容外，还有一块内容不得不讲，就是如何把简单的"卖货"延伸到产品的"端对端"环节中。

这个内容在外企被称为 End-to-end Merchandising Process，也就是产业链流程。

为什么要学这个？有什么实际意义？其实这是挑战高难度的事情，也是往专业化道路继续攀登的必经之路。举个例子，你把产品以 FOB 价格卖给了一个美国客户，但是你知不知道美国客户具体的操作流程？他除了在你这里采购外，还要做哪些工作？产品是谁定的？要求是怎么来的？包装是谁设计的？物流是谁控制的？保险是谁买的？海外的内陆运输是谁做的？海外的仓库是谁定的？系统和整套流程是谁做的？销售推广是谁研究的？货架陈列是谁设计的？……

这一切的一切，就像一扇扇窗，后面藏着一个个的未知。大多数业务员而言，在面对这些问题的时候都是一片茫然。大家甚至不知道，了解这些事情，经历这些东西，究竟有什么必要。

在我看来，这样做有两方面的作用：一是极致的专业可以增加客户对你的

信心；二是跟其他同行和欧美进口商竞争，用专业和个人能力去碾压他们。

不同产品、项目的产业链流程可能会非常复杂。但是我们还是可以通过模块化，把产业链流程的各个步骤做基本的归纳和总结，可以简单地用下图来表示。

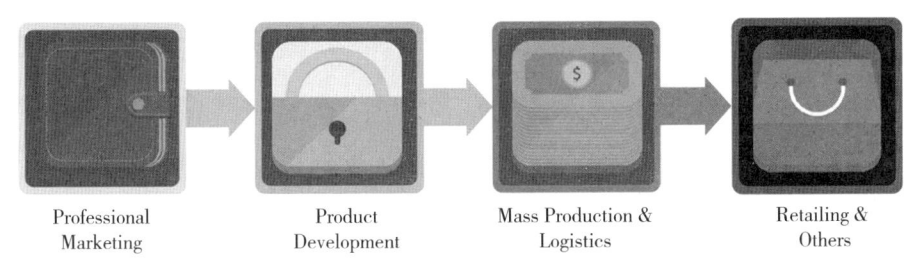

图 3-8　*End-to-end Merchandising Process*（产业链流程）【毅冰制图】

一个项目的端对端产业链流程，可以分为层层递进四个模块：先是专业的营销计划，接着是产品开发，然后是大货生产和物流，最后是零售与其他内容。

而大部分业务员平时关注且唯一关注的，仅仅只是第三个环节——Mass Production & Logistics（大货生产和物流），而忽略了不切身相关却无比重要的其他三个模块。而这些，恰恰是欧美进口商的强项，他们可以有针对性地给零售商和大买家提出合理化建议，用专业的方案来争取机会，拿下订单。

下面我们还是以图表的形式，一一分析这四个模块对应的内容，并对其做进一步的拆解和分析，使其在逻辑上更清晰，也让人更容易理解该从哪些方面去下功夫。

我们先要知其然，才有可能进一步知其所以然。

做业务单凭一腔热血是不够的。你的知识面越丰富，经历越充足，对于产品和市场的了解越多，就越能够增强自己的知识储备，给客户留下一个整体的专业形象，从而争取到更好的机会。

只有懂得越多，你才越能把问题考虑得细致，甚至注意到客户根本没有留心的地方，从而给出建设性意见，来促使这个项目进展下去。

一、Professional Marketing（专业的营销计划）

我们先来看第一个模块，Professional Marketing（专业的营销计划）。

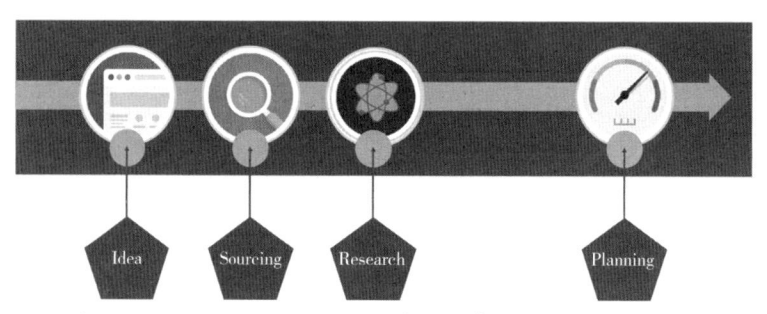

图 3-9 *Professional Marketing*（专业的营销计划）【毅冰制图】

大买家或者专业客户打算推进一个项目，绝对不是一拍脑门就直接采购，要经过很复杂的流程。最初，是我们所谓的 Background Research（背景调查）阶段。先摸底，就是在有初步想法的时候，专门去了解这个产品的供应商分布情况，做好市场调研。要有整体的销售计划，设想和规划过这个项目怎么做，产品怎么卖，如何让消费者了解和接受，如何定位，如何跟同行竞争，如何打造差异化等。这些都是在前期需要完成的工作。

二、Product Development（产品开发环节）

当以下步骤完成了，才会进展到第二个模块——真正意义上的 Product Development，也就是产品开发环节。

有了设想，有了前期的规划和初步的营销方案，那总要把产品给捣鼓出来才行。比如一个基础的产品，如何改进，如何设计，如何做新颖的包装，这些都是产品开发的重要范畴。等这些完成后，那就要把买手、工程师和设计师的想法转变为实实在在的东西，这需要专门打样。

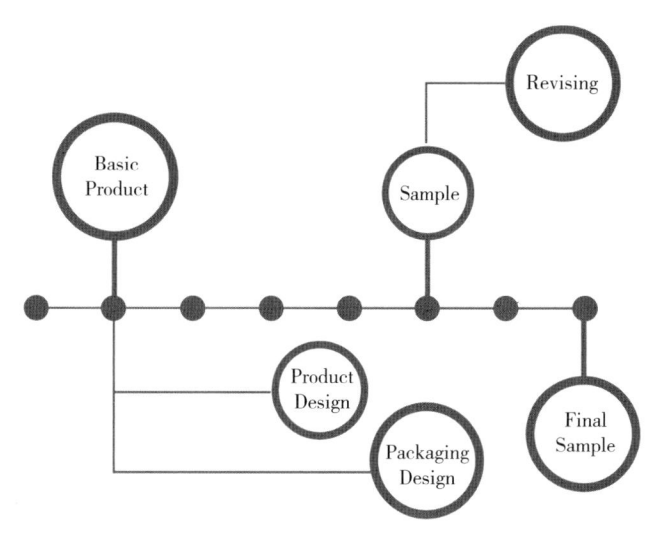

图 3-10　*Product Development*（产品开发环节）【毅冰制图】

等看到样品后，用实际的东西来印证最初的设想，然后再修改和调整，一步步使其达到最佳状态，直到最终可以进入批量生产的大货出现，并解决了各种问题，这个环节才算真正完成。

三、Mass Production & Logistics（大货生产和出货）

大货生产和出货环节，相信对于大多数业务员来说都是最熟悉的。通过前期的谈判、打样等阶段，正式拿下订单后，自然就进入了大货生产的环节。但是对于专业客户和大买家而言，这之前的流程会更加复杂些，比如产品测试、认证，比如验厂，比如对供应商的多方面评估等，这些都是影响订单的重要因素。哪怕订单已经确认了，但是这之后产生的各种问题，撰写的各种复杂的文书，需要整改和修正的各种地方，还是让供应商们战战兢兢。

此外，在大货生产的过程中，或许还有 inline inspection（产中验货）让供应商没法懈怠，因为不能随意编造订单进程。完货前后，还有 final inspection（最终验货）这道门槛。所有流程完全通过后才能最终安排订舱和出货。

流程看似简单，操作起来却一点都不简单。

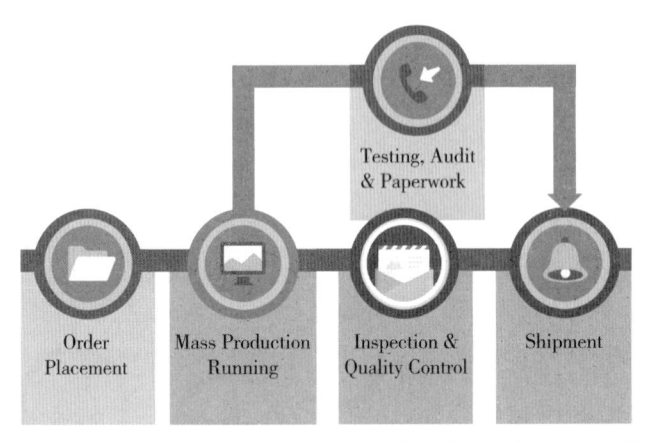

图 3-11　Mass Production & Logistics（大货生产和出货）【毅冰制图】

四、Retailing & Others（零售与其他事项）

这是最后一个模块 Retailing & Others，字面上很容易理解，就是"零售与其他事项"。这显然是整个供应链条的 overseas part（海外部分），也就是完全不受控，完全掌握在最终客户手中的部分。

图 3-12　Retailing & Others（零售与其他事项）【毅冰制图】

产品怎么卖，卖什么价格，怎么打广告，怎么推广……这些都是客户的事情。但是千万不要以为这些事情跟供应商没有关系，业务员就不需要了解。完全不是这么一回事！

比如，Goods In-warehouse & In-store，产品什么时候进仓库，什么时候到门店，这关系到物流和仓储。若是供应商可以根据客户的计划，算准出货时间，计算内陆运输时间，来控制和减少客户的仓储成本，满足客户的销售时间并配合客户的销售计划，这是不是很重要？

又比如，Promotional Support & Sales Strategy，促销的支持和销售战略。如果业务员对产品在当地促销有一点儿经验，或许就可以根据过往的经历，结合其他客户此类产品的促销定价方案给出建议，或者货架陈列、产品堆放的一些技巧。这样做往往会让客户对你刮目相看。

再比如，Advertising & Visual Merchandising，一个是"广告"，一个是"橱窗和货架的视觉陈列"，这些都不是简单的东西。如何做广告，如何找对应的消费者，如何对产品进行精确的定位，如何做好市场细分，这些都很考验人。做广告需要精美的视频或图片，需要能夺人眼球的东西。这就需要供应商在一开始就积极配合，提供完整的样品，以便客户安排摄影师来拍摄高清图片，安排广告公司去制作样本或者宣传海报等，这都是需要时间的。如果供应商够专业，在项目开始之初，就对这些海外的零售环节无比了解，能够提出一个个专业的意见，提供一次次高效的服务，跟客户的合作显然会事半功倍。

而 Retailing 只是最后的零售环节而已，是前面所有流程的成果在最后的呈现。这个环节由市场决定，也由消费者决定。

可以看到的是，这四个模块总共 19 个要素，缺一不可。这就好比足球场上，球员进了球，大家欢呼，觉得他水平高，技术好，是大球星。但是我们不可能忽略的是，他的苦练，他对伤病的控制，队友的配合，教练的专业等。一个有机的整体才能发挥最大的价值，只靠个人能力是不行的。

做外贸同样如此，业务员不仅要知道与产品有关的信息，还要知道上游和下游的各个环节，要了解整个产业链条，明白自己的产品是如何一步步进入最后的零售环节的。这些都是需要在平时工作中去留心、去积累的，也是教科书上不可能学到的。

希望这一节的内容，能减少业务员们固有的思维壁垒。

> **毅冰说**
>
> 产业链说起来复杂，其实完全可以模块化。End-to-end Merchandising process 是从一个高度整体去把控项目的各个环节，要把思维模式从"卖货"转变为"做项目"。这不是一个简单的事情，对业务员的要求十分精细。
>
> 这些东西要自己去经历，也要自己去总结，不是时间长了就一定会明白的，需要下苦功夫、动脑筋去钻研。去了解海外部分究竟是怎么一回事儿，去探索如何跟客户更加紧密深度地合作，去研究如何给客户更好的支持跟配合。这才是未来精细化外贸的出路，也是外贸业务员们跟欧美进口商竞争的不二法则。

第五节　千变万化的附加值

很多朋友一听到附加值这个词，脑子里首先浮现出的，就是自己的产品。可能就会想，我们的产品并没有什么特殊啊，我们的技术也不见得领先，我们的价格也没有优势……简而言之一句话，我们做的东西，跟同行并没有什么差别，如何体现附加值？

其实这本身就是思维上的一个误区。把附加值简单理解为产品的附加值，并不全面。附加值可以涉及产品和营销的方方面面。可以这么理解，只要是对产品和公司有利的，能够提供生产加工环节制造的东西以外的价值，都可以归为附加值的范畴。

如果说得再直接一点，附加值就是：通过一定的手段，让你的产品卖得比它本身的价值高的部分。

如果还是无法理解的话，可以通过以下案例和分析，来继续思考这个问题。

一、在 iPhone 上找点灵感

案例 3-4　Added value of iPhone（苹果手机的附加值）

大家是否认为，iPhone 的价格跟它的制作成本息息相关？是不是某些配件涨价 5%，就会严重影响它的零售价呢？根本就不会。因为生产成本在 iPhone 的所有成本中只占据了很少的一部分。材料也好，配件也好，汇率浮动也好，对于终端零售价根本不会有什么冲击，零售价格的变动，更多的是由定价策略决定的。

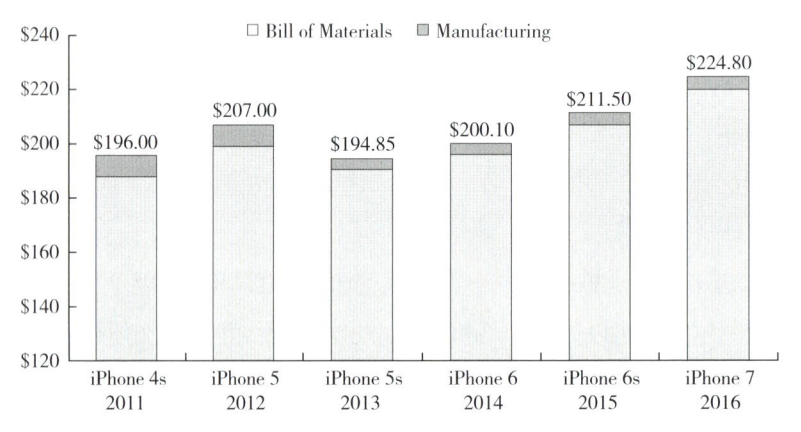

图 3-13　*The Cost of Making the iPhone 7*（iPhone 7 的价格构成）
【来源：Statista，数据出自 IHS】

第三方研究公司 IHS（埃士信）专门对 iPhone 7 做过拆解和数据统计，在 iPhone 的整条产业链里，产品真正的成本是 224.8 美元。大家可以这样理解，从外贸的角度看，富士康给苹果的 iPhone 7 的 FOB 价格就是 224.8 美元。而对比 750 美元的零售价，大家觉得苹果公司的毛利润有多惊人？哪怕将各种研发成本、开支、杂七杂八的公司运营成本和管理费用都算在内，也远远不至于产生如此高昂的利润。这也是为什么苹果公司拥有 500 强企业里最强的现金储备。因为利润太好，销售太好，所以苹果公司获得如今的地位并不稀奇。

在整个智能手机领域，为什么苹果能够攫取远胜于同行的高额利润，赚得盆满钵满？为什么其他手机厂商就做不到？难道消费者都是傻子，不知道它成本根本没那么高吗？为什么还会买单呢？

其实答案很简单，消费者买的不是手机的配件和原材料本身，而是一个整体以及这个整体所带来的附加值。可以理解为，消费者愿意为 iPhone 的附加值买单。这种附加值，就是产品的溢价，就是品牌的溢价，因为这不仅包含产品本身，还赋予了产品各种内涵和外延的东西。这就好比一件衬衫，差不多的面料，为什么纪梵希的就不便宜？面料和辅料哪怕好一些，也绝对不至于把零售价抬高那么多，原因何在？无他，同样是附加值带来的溢价。

iPhone 同样如此，因为有附加值的存在，而且这个附加值还相当

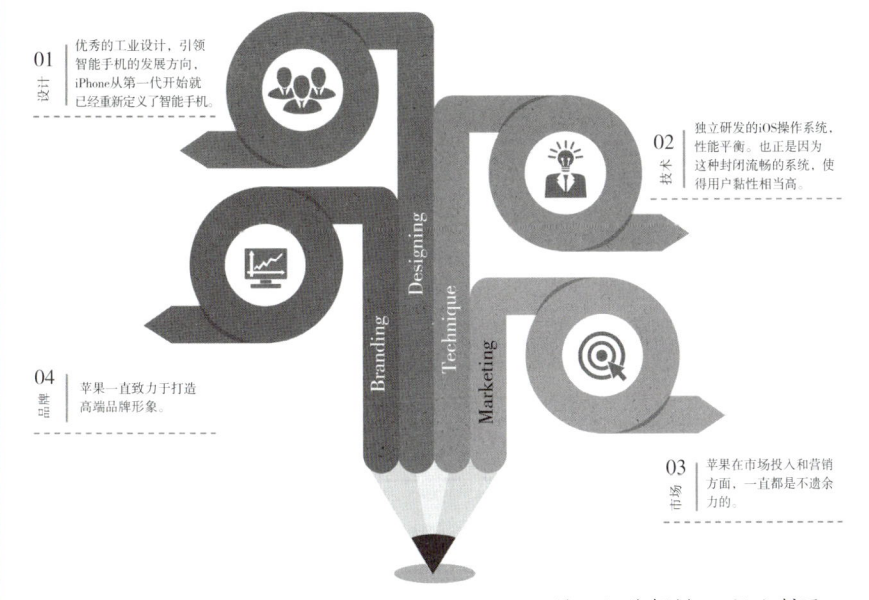

01 设计　优秀的工业设计，引领智能手机的发展方向。iPhone 从第一代开始就已经重新定义了智能手机。

02 技术　独立研发的 iOS 操作系统，性能平衡。也正是因为这种封闭流畅的系统，使得用户黏性相当高。

04 品牌　苹果一直致力于打造高端品牌形象。

03 市场　苹果在市场投入和营销方面，一直都是不遗余力的。

图 3-14　Analyzing iPhone's Added Value（iPhone 的附加值解析）【毅冰制图】

> 高，那价格就会进一步超越成本本身。在我看来，它的附加值也不是无迹可寻，还是可以做简单的总结的。若是从四个部分来分析，我们可以用一个图来简单列举。

看到这里，或许有些朋友会有些疑惑，觉得这个案例太遥远，要是我们有iPhone这样的产品和品牌，我们还会发愁外贸难做吗？

别急，这只是开始。我借这个案例，是希望告诉大家，附加值是千变万化的。不同的产品应该被赋予不同的灵魂和卖点，只有这样公司才能做好适合自己的定位，做好市场和客户细分。

如果说你的产品没有特点，很多同行都在做；你的东西很简单，没多少包装或者颜色上特别出彩的地方；你的价格并不好，不算贵但也不便宜；你的产品品质也一般，只是大众化的层次；你自己都想不出产品有什么好的地方。自己都看不上的东西，如何去做好销售？如何做好差异化？

二、一个事实，一条定律

> **案例 3-5　One truth & one rule（一个事实，一条定律）**
>
> **事实：任何产品，存在即合理。**
>
> 产品能销售，就说明是经过市场验证的，只要没有被时代所淘汰，没有被新技术彻底替代，就说明有存在的道理。好比数字时代，黑胶唱片不再主流，胶片相机逐渐走向边缘一样。

可它们是否完全退出市场了呢？其实并没有。黑胶唱片音质比如今的 CD 和 DVD 好吗？当然不是，但别人的附加值是"怀旧"，是"情怀"，是"小众"，是"品味"。所以哪怕不再主流，但是竞争对手同样不少，机会还是均等的。

再看胶片相机，是否也都被数码相机取代了？也没有，因为它同样有附加值存在，是"习惯"，是"爱好"，是"实在感"，是"自信心"，是"专业"。所以只要一天没有彻底淘汰，它就不存在无附加值一说。

定律：没有不合适的产品，只有不合适的人。

说白了，你觉得业务艰难，一方面是因为你没有找到合适的客户；另一方面是你没有让真正的客户对你产生兴趣和信心。这里面的因素，其实是人的因素。大多数时候，大家不是跟商品打交道，而是跟人打交道，从而去了解商品，去探讨需求，去启动合作。

产品是基础，但是背后的人才是操控这一切的主宰者。我们常常说，鱼与熊掌不可兼得，青菜萝卜各有所爱。怎么轮到自己身上的时候，就变得无法理解了？

产品普通，但人可以不普通。更何况，你觉得普通的东西，或许有一批客户正有这样的需求呢？

如何让客户信任你、喜欢你，甚至愿意跟你合作，这个课题很大。简而言之，在同一条件下能让客户优先考虑你，这就跟你的专业、效率、沟通技巧、谈判策略、为人处世等息息相关。所以当产品在同一起跑线，或者同行的优势也不是那么强的时候，就看业务员的个人能力了，这也是附加于产品之上的附加值。

三、平庸业务员 & 出色业务员

在我看来，人是最大的附加值，也是促成合作或影响合作的关键因素。这里，还是把大家觉得最难以把握的"跟进客户"作为主要切入点，来好好分析一下。我也希望借此让大家明白，平庸的业务员跟出色的业务员的差距，真的是无比巨大。这本身就是附加值。

案例 3-6　Push VS Follow-up（催促和跟进傻傻分不清）

很多业务员嘴上说"跟进客户"，但实际做的却是"催促客户"。这一比较，就高下立判了。

催促客户，实际上是跟进客户范畴中的一个部分。报价以后没下文，或者几次联系后进展不下去，那就需要去跟进这个项目。这往往才是考验业务员水平的地方。

前期找客户不难，中期报价、寄样也不难，难就难在客户不回复了，没消息了，谈着谈着没下文了，你如何去跟进，去了解原因，去把这个问题搞明白、弄清楚，甚至重新将其拉回谈判轨道。

大多数业务员的做法就是，客户没消息，就写邮件去问："请问你有没有收到我几月几日的邮件，你这边是什么看法？"如果还是没消息，那就过阵子继续问："请问你这边进展如何了？有消息请联系我。"还是石沉大海，那再跟进一个邮件，来个貌似很简洁的"Any news（有进展吗）？"或者来个"re-send（再次发送）"。

如果依然没消息，电话也打不通或者客户不接，几次以后，业务员也就放弃了。

> 这就是大多数业务员所谓的"跟进客户"的流程。对吗？没有什么大错，但是也看不出任何技巧，不算差，但是也绝对不出色。这样的业务员的附加值是不高的，因为你缺乏自己的东西，没有亮点，思维也在走寻常路。
>
> 可事实上，"跟进客户"有太多的技巧，有太多东西可以揣摩，有太多地方可以思考。跟进的手法往往需要根据不同情况随时调整，不拘泥于形，千变万化才是对的。

其实这个世界上，真的没有多少人喜欢一直被别人 Push。这就好比你去看了套房，结果中介天天电话、短信、微信轰炸你，问你买不买，什么时候买，你一定会不胜其烦。

做外贸同样如此。你报价以后没有下文，或许是你价格太高，或许是你价格太低他觉得不靠谱，或许是客户还在比较和筛选供应商，或许是这个项目还在进展中，或许是这个报价暂时被搁置，或许是客户正好出差或休假，或许是客户内部架构调整还没有合适的人跟进……

只能说一切都有可能。那业务员该怎么做？当然要用尽自己的方法和手段，尽可能掌握更多的信息，然后在后续的谈判中不断调整，找到合适的突破口。那这期间，产品本身重要吗？重要，但是只要不是不可替代的东西，那就需要人在其中发挥作用，去跟进，去谈判，去促成机会的降临。

在我看来，要提升自己的附加值，提高谈判和沟通水平，除了要对产品、价格、市场等情况有所涉猎外，还要明白一点，那就是"不做客服式销售"，"不做传声筒"，把个人的附加值提升到极致。

我们可以假设一个场景，业务员 Ice 在广交会上接待了客户 Richard，当场也针对客户选中的产品做了基础的报价。可回来以后在跟进客户的时候，发了报价单就没下文了。Ice写了邮件追问进展，没消息。这个时候，前期的"开发客户"已经完成，接下来就是"跟进客户"这个大难题了。下面我通过5封邮件，从不同角度来展示Follow-up（跟进）的技巧和变化。

案例3-7　Follow-up email with sampling topic（跟进邮件：样品切入）

Hi Richard,

How are you doing? Have you reviewed my offer sheet, which is simply quoted at our booth of Canton Fair?

I could push my factory for sampling as quickly as possible and let you receive in 5 days. And we could discuss further issues accordingly.

Thank you.

Best regards,

Ice

这里采用的是在报价无下文，并不知道价格好坏的前提下的一种跟进策略。因为没有任何反馈，贸然降价显然是不明智的，容易搬石头砸自己的脚。这个时候，关键是要引起客户的关注和回复，然后从字里行间寻找宝贵信息，从而再布局下一步的跟进。

所以样品就是一块很好的敲门砖。如果客户有兴趣看样品，说明价格差距不会太大，可能已经在一个能够接受的区间里，所以存在进一步谈判的空间。若是客户连看样品的兴趣都没有，也不回复，或许他已经有更好的选择，又或许你的价格水分太大，远超过他的预算。

除此之外，还有下一招。

> **案例 3-8　Follow-up email with top-rated items（跟进邮件：热卖产品切入）**
>
> Dear Richard,
>
> Here I attached the photos of our top-rated items for the US market.
>
> Just for your reference.
>
> Please keep me being informed for any question.
>
> Best regards,
>
> Ice

若是上一封邮件的"样品切入"并没有效果，没有收到客户的回复，可以考虑继续跟进。现在的招数是"热卖产品切入"。推荐同一个市场好卖的产品，推荐客户同行采购的产品，很多时候往往能激起对方的兴趣来跟你探讨一些话题。如果依然没下文，那就可以再换一个思路，从品质入手，强调你们绝对不会因为价格原因，在品质上让步。

> **案例 3-9　Follow-up email with quality issue（产品品质切入）**
>
> Dear Richard,
>
> Thanks for your inquiry from the Canton Fair.
>
> We always do our best to keep the price as low as possible without sacrificing quality, and we are constantly investigating new methods of quality improvement. If you have interest, we are willing to send you

some technical files for your reference.

We really need your comments to go ahead.

Best regards,

Ice

样品切入，没反应；推荐热卖产品，还是无动于衷。那这个时候，再换个招数，从品质上入手，看看情况如何。若是依旧跟进无效，那就过阵子再换招数，打打情感牌试试看。

案例 3-10　Follow-up email with thoughts & feelings（情怀切入）

Dear Richard,

We haven't heard from you since we sent you our offer sheet, I wonder whether you require any further information before placing an order.

We absolutely understand you will consider a majority of issues, such as quality, pricing, margin, lead-time or promotion planning. According to our full experience in this field, we could show you something, which we did for our other heavy customers.

I'm sure our further discussion could break the ice and satisfy both of us.

Best regards,

Ice

既然专业的、产品的部分都谈了，还是谈不下去，那就换个思路，来点文艺的东西。若是连这招都不管用，对方还是打死都不回复的话，那就只能再想辙，再换一个思路，尝试一下相对无赖一些的手法。

案例 3-11　Follow-up email with piquant method（"无赖"切入）

Dear Richard,

Still no comments from your side. I think you are really busy after the tough business trip to Canton Fair.

So I attached the offer sheet again. Please help to review it at your convenience. And I plan to call you around 3:00 p.m next Monday at your time.

Please advise me if not workable then.

Kind regards,

Ice

先捧捧对方，表示展会回来一直没有你的消息，相信你肯定很忙，有很多事情要处理。

然后第二段点明主旨，表示重新附上了报价单给他确认，请他有空的时候看看。后面那句才是关键，"我计划在你所在地时间，下周一下午三点给你打电话"，请他告诉你是否方便。

这就是一个相对"无赖"的做法。其实并不是真的无赖，我标题中用的英文单词是 piquant，是"调皮的""贪玩的"的意思，也是为了说明这种切入方式只是为了唤起对方的关注。哪怕对方那个时间点不方便接电话，也可以邮件回复一下，或者告知邮件联系就行，暂时没必要打电话之类的。只有客户回复了，我们才可以得到关键信息，才能进一步去谈判，这才是目的所在。

那客户是不是会坚持不回复呢？一般情况下，我觉得不太可能。客户不回复，没有消息，往往都是有原因的。如果真的是你的产品太烂，或者价格太高、太离谱，或者他/她已经有了别的供应商，也完全会回复一个客气的邮件，表示以后有机会再合作，这也是一个常见的手法。

所以我想告诉业务员朋友的是，我们不能因为客户收到报价后没有回复，催一下也没回复，就主动放弃了后续的 follow-up（跟进）。

要知道，"跟进客户"比开发客户重要得多。很少有客户一收到报价就跟你成交。有数据统计，大部分客户都要被跟进六七次后，才会跟业务员谈一些比较深入的细节问题。

而跟进的技巧和水平，往往就要考验业务员的能力了，这也是公司相当重要的附加值所在。

> **毅冰说**
>
> 附加值这东西，不仅仅体现在产品上，也体现在人身上，是千变万化的。
>
> 每个人的情况不同，每个公司的情况也不同，所以附加值需要自己去打造，以用来争取更多机会，获取客户更多的信任，而不能把所有关注点，都局限于包装、颜色等外在的东西上。
>
> 要知道，业务员让客户满意，这就是一种附加值。公司让客户信任，这同样是一种附加值。业务员很专业，工作效率高，温文尔雅，这同样是一种附加值。
>
> 兵无常势，水无常形。

04.

外贸业务员专业化的多项修炼

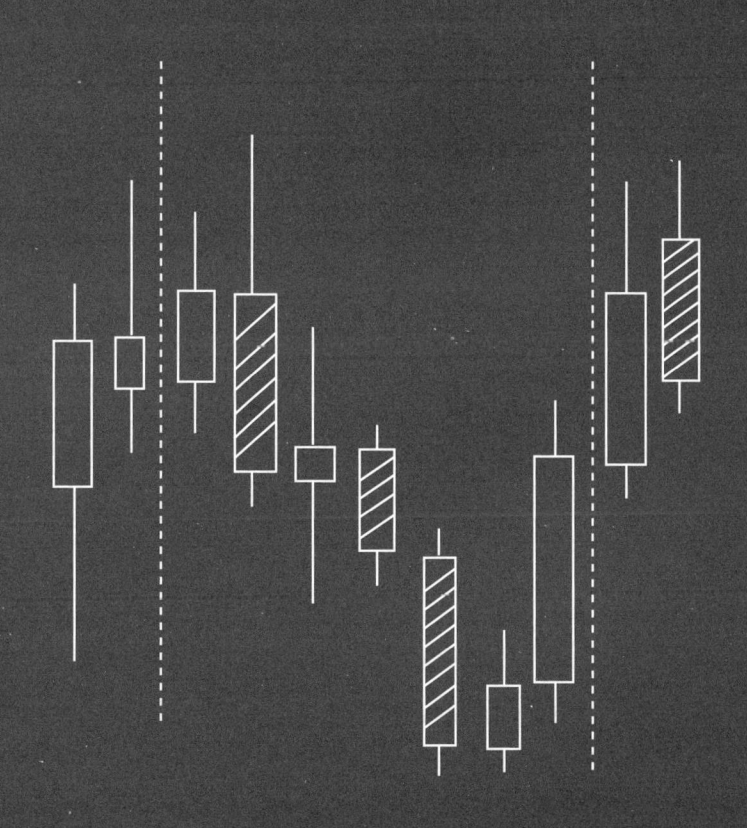

在外贸行业里，Professionalism（专业）并非仅指对于产品的了解，而是对整个流程和所有工作中涉及的方方面面因素的一个整体概念。

知道自家产品和价格体系，算专业。

了解竞争对手和同行情况，算专业。

能够用好英文电邮和口语，算专业。

可以自如谈判和掌握节奏，算专业。

懂得测试标准和验货体系，算专业。

明白目标市场及销售渠道，算专业。

擅长提出方案并有效修改，算专业。

……

可见，专业这个词本就代表一个广义的范畴，我的理解是，它是对一个外贸业务人员的"综合素质"的考量。如果仅仅认为自己对产品还算了解，偏"技术控"，就扬扬得意地觉得自己够专业，那就太肤浅了。

本章会通过大量案例，以我国港台贸易商的软实力作为切入点，来分析和探讨在"缺乏价格优势的前提下"，贸易商如何借助"全面的专业素养和能力"，在国际市场占据一席之地。

第一节　向港台贸易企业学什么

在外贸行业做久了，中国内地的业务员慢慢会发现，许多欧美客户的询价、订单都是通过中国香港和中国台湾贸易商转过来的。我国内地的业务员很难直接接到欧美大买家的第一手订单，往往都会通过我国港台地区贸易商转一手。这中间环节的大部分利润无形中就被我国港台地区贸易商截留了。

有些朋友可能心里盘算，我就是不信邪，我直接联系最终客户，客户直接从我们这里拿到的价格一定便宜很多，一定能被争取过来，直接下单给我们。这样客户的利润会高一些，我们的利润也能高一些。

当然，这种想法可能很多人都会有，也很正常，就是"节省中间环节"，然后分享利润。这个想法看起来很美好，但是实际操作往往就会碰一鼻子灰。在不明白客户的想法和具体要求的情况下，贸然撞上去，没有机会是小事，因此而得罪了现有的港台客户就是大事了。

相信很多朋友看到这里都会有困惑，为什么那些欧美的最终客户，不直接下单给我们内地的贸易公司或工厂呢？为什么我们不能主动联系这些客户争取机会？为什么我们不能跳过我国港台地区那些贸易公司，直接跟终端客户合作，然后分享利润呢？

这几个问题，看起来简单，可实际操作却千难万难，有很多过不去的坎，有很多难以逾越的障碍。若要认真分析，恐怕几本书都写不完，我自己的经历以及在香港工作多年的经验告诉我，明白不代表可以解决，知道不代表可以处理，了解不代表可以应对。这里我暂时把港台贸易商的优势，这种"软实力"，总结成几个部分来阐述，随后在本章后续的内容里，通过多种案例来分析和点评。

一、历史因素造就了港台贸易的繁荣

这个历史因素要从抗日战争说起。因为战乱，许多内地企业家开始南迁香港，并带去了大量的资金和人才，如今赫赫有名的"香港利丰"，当年也是因为战争，从广州迁到香港的。

众所周知，我国从1978年党的十一届三中全会后，进入改革开放时期，由计划经济向市场经济体系转型。一直到二十世纪九十年代，经历过一系列的体制放开和人民币汇改后，中国才进入外贸发展的高速时代，逐渐成为世界工厂。

所以说，在我们开始努力把产品全球化、出口海外的时候，其实我国港台地区已经先行了好多步，领先了好多年。这种深层次的经济结构积累、产业积累、信誉积累，以及经济和金融手法的灵活性，是港台地区贸易商至今依然保持的优势，尽管这种优势已经越来越不明显。

二、跨国公司的最佳选择

改革开放后，中国内地庞大的人口基数、低廉的劳动力、极具竞争力的价格、逐步完善的配套工业体系，却是这些跨国公司所无法拒绝的。

跨国公司看到了未来的商机，看到了无数的潜在机会，看到了在中国内地投资、生产、采购、贸易，必然能获得的丰厚回报，于是开始提前布局，为将来的某一刻进入中国内地市场做准备。这个"准备"，这个"桥头堡"的最佳选择就是当时还处于港英政府统治下的香港。因为香港距离深圳很近，能辐射到内地当时最发达的珠三角地区，又拥有亚洲主要的对外港口和自由的金融体系。

跨国公司面向中国内地的所有贸易，都可以依托中国香港这个窗口来完成。

所以大量的欧美企业雄心勃勃，开始在中国香港成立分公司或代表处，招聘员工，为将来进入中国内地市场做准备。这就使得中国香港的贸易商、代理商、采购办事处的数量在那个时候疯狂增长。

今天，大多数欧美企业开始直接进入中国内地，在北京、上海、广州、深圳等城市成立办事处甚至中国区总部，但由于过去的积累和商业考量，它们依然把中国香港地区的总部作为大中华区总部甚至亚太区的总部。所以香港的贸易商能有今天，除了依靠自己的勤奋努力外，更重要的是靠那个时代所造就的机遇。

三、信誉和口碑的积累

毕竟比中国内地早起步几十年，中国香港和台湾地区的制造业和贸易行业，已经过了最初的"低价竞争"的时代，在很多领域都开始参与深度的国际分工，拥有了自己的一席之地。所以对它们而言，已经过了"资本原罪"的阶段，拥有足够的受过高等教育的人才，有多年的客户和产品积累，有长期的合作和信誉保障。

商业信誉和口碑需要长期的积累，不是短短几年甚至十几年就可以轻易改变的。这就好比你打算买黄金首饰，可能你首选的是周大福、周生生、老凤祥、六福这些大品牌。你明知道它们的价格会略高于其他小品牌，但是你依然会买，原因何在？就是对这些品牌的口碑和品质的信任。因为你相信它们，相信它们的产品，相信它们的承诺，所以才会心甘情愿地支付略高于同行的价格。

很多客户也是如此，他们没有向中国内地的贸易商采购过产品，什么都不了解。当有某个项目需要询价的时候，在各方面条件类似的情况下，他们或许依然会优先考虑中国港台地区的贸易商，情愿少拿一点利润，也要换取自己的放心。

所以信誉和口碑的积累本身，就是一种无形资产。许多港台企业能历经多次经济危机而不倒，自然是因为其有足够的积累去应对各种危机。而信誉和口碑往往是这些企业屹立和发展的基石。这种影响是无形的，是潜移默化的，能够引导客户的决策，极具杀伤力。

四、良好的商业形象和专业素养

每次一提到港台贸易公司、港台业务员，大家心里面浮现的第一印象都是"很专业"。那为什么会有如此正面的印象呢？其实没什么特别的，就是因为这些公司里的业务员良好的职业素养、高效率的工作方式和抗压能力，以及优秀的服务意识。

中国香港和台湾地区本身经济发达，贸易行业的竞争无比激烈，已经接近白热化的程度，要生存就只有让客户满意；要让客户满意，就要做好一切工作和服务。这本身就是一根链条，只要中间缺少一节，就会出问题。

所以，他们除了本身拥有的经历、经验、见识外，更重要的是平时的积累、对细节的把握、对服务的意识、对效率的重视，以及方方面面的努力，最终在客户面前树立起"专业"的形象，使得他们在机会均等的情况下，容易优先获得客户的订单。

这种"商誉"和"专业"，其实需要几代人的积累和努力，不是一朝一夕可以完成的。所以当我们跟港台贸易商竞争的时候，更要打起十二分的精神，去应对他们的高效率和专业素养，还有客户对他们的本能偏好。

上面这四点，构成了所谓的"软实力"。不是他们不想具备"硬实力"，而是缺乏必要的条件。中国香港本地的工业早已衰退，已经向服务业和零售业转型，所以缺乏本地的制造商，只能以贸易为主，发放订单到中国内地和其他亚洲国家或地区。再加上香港人工成本高昂，写字楼租金昂贵，各方面成本都远远高于内地。所以香港贸易商，一定不会具备价格上的优势，也不会具备生产上的优势。既然"硬实力"没有，那只能从"软实力"下手和发展，这一方面是港人努力拼搏的香港精神使然，另一方面也是一种无奈的选择。

再看台湾地区，虽然跟香港地区相比，算是有一些相关的产业链和制造业，比如家具行业、电子产品以及一些相对高附加值的产业，但同样受困于各种高昂的成本和费用，台商逐渐把制造业迁移到中国大陆以及越南、巴基斯坦、孟加拉国和柬埔寨等国家和地区。经常跟台资工厂打交道的朋友可能会发现，他们的报价往往高于大陆的供应商，但他们突出的是更高的品质、完善的跟单服务、灵活的付款方式和 sales rep（销售代表）的合伙人方式等。

总而言之，这种"软实力"往往才是利润所在，才是附加值所在，才能一剑封喉、伤人于无形。你的成本是可以计算的，你的价格是可以比较的，但在客户货比三家的压力下，其实价格可操作的空间非常小。所以我们要动脑筋在价格以外做文章，去打造别的优势、别的竞争力。

我们现在环境不错，中国内地地大物博，什么产品都容易找到供应商，什么东西都可以做，但是这样的"硬实力"，往往限制了我们的思维、限制了对"软实力"的重视和发展。

试想不久的将来，当中国内地的人工成本和各种成本上涨到一定程度的时候，开始缺乏价格优势，我们还能怎么做？还能如何生存？还能如何跟欧美进口商和我国港台地区贸易商竞争？

> **毅冰说**
>
> "软实力"才是港台地区贸易商立足世界的不二法则。说白了，也就是"人"的因素。没有价格优势、没有产品优势、没有成本优势，他们有什么？他们只能尽可能发挥主观能动性，最大限度地把"人"的作用发挥到极致。
>
> 我不是要让大家摒弃现有的"硬实力"，而是要知己知彼，知道你竞争对手会用何种招数来跟你竞争，从而尽量避免短板过短的情况发生，一方面扬长，一方面避短，完善自身，以综合实力取胜。

第二节 "技"与"道"的思考

一篇文章，即便用词优美典雅，各种修辞手法云集，但内容空洞，没有核心的内容，也称不上是好文章。

一封邮件，遣词艰难晦涩，用句匪夷所思，一方面单词用得很难，有一大堆冷僻词；一方面句型复杂，从句套从句，光是拆分主干都要半天。这是"炫技"，不是一封好的邮件。

所以我理解的"技"，是手法，是表现出来的方式；而"道"，则是思维，是内在和本来的东西。

工作也是如此。如果把精力都放在研究技巧、用一些小花招去吸引客户上，而不注重内在的修为，自然是有失偏颇的。

我想到一个实际的例子。有朋友跟我抱怨，老板总喜欢在展会上报低价吸引客户，原因是展会上竞争激烈，同行太多，如果正常报价，可能客户就联系别人了，因为别家的价格好。所以老板的做法，往往是亏本20%甚至30%报价，如果客户有兴趣，后期业务员跟进会十分困难。因为老板不会做亏本生意，业务员只能硬着头皮找不同的借口涨价。结果就是，大部分客户都愤然离去，就此消失再无下文，业务员只能"泪眼迷离"、与客户"相忘于江湖"……

一、鱼和熊掌未必可兼得

再举个例子。开发客户，大家觉得是"技"重要呢，还是"道"重要？实力和技巧，哪个更重要？或许很多人会说，当然是两者都重要，最好是公司产品够好、价格有竞争力、测试全面、验厂无障碍、平台够完善、支持够强大、业务员够专业、懂产品、英文跟母语无差别、谈判水平一流……

想必这不仅是每个员工的理想，也是每个老板的理想。很多时候，鱼和熊掌不可兼得，要被迫取舍。可能老板很喜欢专业业务员，但是他这个初创企业未必付得起三十万元人民币的年薪；可能很好的公司的确存在，但是你能力还不足，未必能让对方看上。

可见，鱼和熊掌不可兼得。很多时候鱼和熊掌不是不可以同时存在，而是同时存在的"成本"太高，时间上贸易商也未必耗得起，所以不得不放弃一些东西，去维持一种"不完美"的平衡。

比如一个业务员，有没有可能很懂某类产品，是某方面的行家？这个不难，只要在某一行业做久了，或者肯努力、有点小聪明，两三年的时间，业务员就可以变得很出色。但是他有没有可能在熟悉产品的同时，也了解成本核算和价格构成？有可能。一方面要多摸索、总结经验，一方面终究可以了解一些公司内部的机密。那他英文有没有可能也很好，口语流利，书面语沟通更加无障碍？这就开始有难度了。另外对于国际市场行情、当地政策法规的了解呢？就更加困难了。如果还要有丰富的技巧和谈判经验，能老道地把握客户心理，准确博弈呢？这就相当难了。

所以，业务员可能一个要素能满足，两个要素也还可以，但是三个、四个、五个要素逐个加进来，就越来越难办到了。

不是说业务员不可能拥有上面的全部特质，而是真正能做到极其专业、英文水平一流、谈判水平超强、服务意识很好的，绝对凤毛麟角。这样的人我相信有，但是数量不多，而且绝对是猎头或大公司争抢的对象，或者自己本身就是创业型的人才——老板。

一般的外贸业务员能做到这些吗？理论上有可能，他的时间精力只要用到位就可以。但正是因为要耗费时间、精力，所以很多人等不起，很多人失去了信心，很多人没有了耐心。那么，最后成功的自然就是那一小部分人，这满足了"少数法则""二八定律"。

二、起跑线上的思考

问题来了，假设大家都在同一条起跑线上，平台都差不多，经验和经历也差不多，都是一两年经验，比一张白纸好不了多少，都是新进入一家公司，接近于从零开始，那应该从哪里开始努力？有朋友就跟我说自己没有方向，不知道怎么下手，很想努力，很想做出点成绩来证明自己，但苦于不知具体如何操作。还有朋友问，应该先学产品，把自己变得专业，增强实力？还是先练英语和谈判能力，提高技巧，把自己变得擅于沟通？

这又是一个"技"与"道"的问题，相信每个人都会有不同的答案。毕竟每个人的工作背景和工作经验的差异，决定了大家会选择走不同的路。就如《三字经》开篇的"人之初，性本善。性相近，习相远"一样，这个问题本身没有绝对的答案，也不存在错与对的对立面。就好比那个困扰大家已久的哲学问题，先有鸡还是先有蛋？

金庸的名作《笑傲江湖》里有一段，写的是华山派的气宗和剑宗之争。气宗掌门认为，应把精力放在修炼内功上，以紫霞神功为基础，增强自己的实力，等内力修为达到一定程度，自然会运剑自如，无往不利。剑宗的想法就正好相反，认为应追求剑招的精妙，没有必要在内功修炼上浪费时间，只要剑招博杂，就能在短期内成为一流高手，压倒对手。

如果套用到外贸工作中，这跟我们的想法何其相似！业务员如果把精力放在产品上，只要对产品够懂、够专业，能跟客户谈得很深入，别人一看就知道是行家，自然容易拿订单；如果把精力放在沟通能力和谈判技巧上，只要能侃、能忽悠，又有一口流利英语，自然能迅速拉近跟客户的关系，至于细节嘛，无所谓，订单拿下，利润不错，什么都好办。尽管"殊途"，但可"同归"。

《神雕侠侣》中，金庸大师其实已经潜移默化地对这个问题做出了自己的解释。杨过打开独孤求败的剑冢，看到了对方用的几把剑。第一把是青光闪闪的利剑，"凌厉刚猛，无坚不摧，弱冠前以之与河朔群雄争锋"。第二把是紫薇软剑，"三十岁前所用，误伤义士不祥，悔恨无已，乃弃之深谷"。第三把是玄铁重剑，"重剑无锋，大巧不工。四十岁前恃之横行天下"。第四把是已经腐朽的木剑，"四十岁后，不滞于物，草木竹石均可为剑。自此精修，渐进于无剑胜有剑之境"。

可以看出，独孤求败每个阶段的想法都有不同的变化，因为人在变，能力在提升，所用的方法和手段就不一样。到了使用重剑的阶段，就是用实力压倒对手，占据一切优势，任何招数在重剑面前都没有反抗余地。最后开始使用木剑，就是返璞归真的时候，一切手段、实力都不重要，手中无剑、心中有剑，一切都源于自己的内心，随时可以预见下一步，随时会有新的想法，任何东西，顺手拈来，都是武器。飞花摘叶，皆可伤人。这就是另外一种境界了。

三、外贸业务三阶段

我一直都觉得，从事外贸业务的朋友们也需要经历三个阶段。

第一阶段，"化繁为简"。在复杂的外贸行业中，简化一切细节，对流程和内容做出优化，找到适合自己的方法，提升效率和服务水平。

第二阶段，"化简为繁"。当对销售工作有了独特的见解，已经形成习惯性工作方式的时候，就有必要去充实自己，注意各种细节，换位思考。一个简单的事物，可以衍生出很多不同的东西，看到别人看不到的，注意别人注意不到的，才能够提升到另外一个层次。

第三阶段，"化繁为简"。当业务水平已经达到第二阶段，已经很专业、非常了解市场和客户，有丰富的谈判技巧，就可以适时地再提升一下自己，把现有的东西进一步简化了。因为本身所掌握的东西已经是精华了，经过再压缩和再加工后，就变成了精华中的精华，效果不言而喻。业务员到了这个层次，就拥有最顶尖的水平了。

王国维在《人间词话》中，曾把晏殊、柳永、辛弃疾的三句词放在一起，比喻人生的三个阶段，实在是大智慧，是暗合了一切的哲学命题。

先是"昨夜西风凋碧树，独上高楼，望尽天涯路"。说的是要明确目标方向，登高望远，知道以后的路该怎么走。把复杂的工作通过一个直观的方向来梳理，自然是"化繁为简"。

然后是"衣带渐宽终不悔，为伊消得人憔悴"。意思是努力把手里的工作做好，完善细节，各个环节都缜密思考不出疏漏，开始进入"优化细节"的阶段，就是"化简为繁"。

此后到了某一阶段，蓦然间发觉在某一刻，自身已经发生了重大变化，很多复杂的问题，很多头疼的事情，一时间都融会贯通，都不再是困扰自己的难题，"众里寻她千百度，蓦然回首，那人却在灯火阑珊处"，再次"化繁为简"。

四、我的经历与选择

若把"技"与"道"比喻成两条不同的路，我当年走的，其实是第二条。

不是说我一开始就不想走第一条，而是因为环境的限制。我当初在小贸易公司工作，各方面限制很多，在产品方面不是太专业，对国外市场和客户的了解也不多，因为接触的人和事都太有限了。所以只能依靠提高自身的能力，挖空心思去做好自己来寻找出路。

后来，靠自学，我慢慢增强了第一条路的知识储备，但这么多年下来，还是更偏向于选择走第二条路。我不是说前者不好，而是随便说说自己过去的经历，给大家分享一下。毕竟这个问题还是仁者见仁智者见智的。

至于究竟怎么解决这个哲学问题，就要看大家自己的努力和个人想法了，立场不同，处境不同，选择自然就不同。

五、"道"可以是自身的魅力

如果用一句话来描述外贸工作中的"道",我认为就是"自身的魅力"。做销售,跟客户打交道,其实最难把握的就是"人心"。

客户跟你合作,可能是因为你的公司,可能是因为你的产品,可能是因为你价格特别好,未必跟你这个人有关。换言之,如果换个同事负责这个项目,随时都能轻松接手,那就说明你的"不可替代性"太弱了。

可如果客户是因为你这个人,才跟你公司合作,那才说明你自身有魅力。这才是你真正的亮点,也是业务员本身最核心的竞争力——自己。

六、"技"可以是细节的把握

虽说有目标、有想法、有气度、有魅力,但任何事情,还是需要去执行,各种手段、各种方式、各种技巧同样不可或缺。

所以"技"的部分,除了我们固有理解中的"技术 (technique)""技巧 (skill)"外,还包含"探讨 (discussion)""估价 (evaluation)""分析 (analysis)""产品信息 (information)""语言 (language)"等。

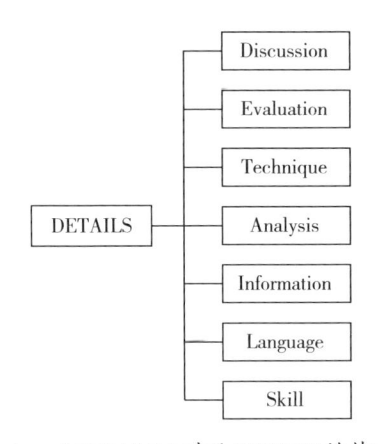

图 4-1 *New Expression of DETAILS*(对于 *DETAILS* 的特殊拆解)【毅冰制图】

把这七个英文单词的首字母重新排列组合，就可以得到一个新的英文单词Details，也就是"细节"。换言之，细节把握，往往决定了你的执行能力是否出色。

> **毅冰说**
>
> 哲学化的命题，并非要完全用哲学的思维来处理，而需要结合自身现状，找到适合自己的发展道路。俗话说，"两手都要抓，两手都要硬"。然而很多时候，在自己不够完美的情况下，我们可以尝试着去实现相对的完美，保留一些缺陷，但更多的是发扬自身的优势。
>
> 思维方式的塑造、执行力度的控制、细节部分的把握，缺一不可。

第三节 思路决定出路

近些年其实外贸并不好做。从 2008 年的金融危机，到后来的欧债危机，再到如今的全球性外部需求萎缩，外部大环境的压力是显而易见的，很难再去消化国内制造业这些过剩的产能。

而目前大部分的外贸出口企业，还维持在一个简单的供求关系架构之下，没有太多的核心竞争力、产品特点和市场优势，一旦同质化竞争严重，必然会陷入价格火拼这个恶性竞争的怪圈，结果就是一波又一波的企业倒闭。

可见目前的状况下，大部分公司都是很脆弱的。今天订单不错，或许明天客户就转单了；今天利润不错，或许明天就陷入亏损；今天现金流充分，或许明天资金链就遭遇断裂。大家今日不知明日事，做事自然就更加谨慎，可一旦各个环节加强风控，往往又会引起很多客户的反感，这个度就变得很难把握。

一个直接的例子就是，原先做 60 天远期付款的老客户，因为碰到几次其他客户违约，就开始对老客户收紧付款方式，要求改为信用证，甚至即期的电汇。这样一来，很多老客户就容易离心，觉得你不信任他，觉得你破坏了长期以来良好的合作关系……

可你若不这样做，那风险就几乎全压在了自己公司身上，一旦出问题，可能就是致命的，就会被击倒再也起不来，一切都是未知数。

我们自然会纠结、会担心、会疑惑应该如何去应对当前的大环境，如何去应对越来越脆弱的供应链和资金链。

我个人觉得，在回答这两个问题之前，我们先要从国内出口企业的现状来分析，然后总结出一条适合自己的路。

一、外贸工厂的现状

许多出口企业本身就是工厂的模式甚至工贸的模式，这里我们不讨论孰优孰劣，仅根据笔者自身的经验来分析一下外贸工厂当前的现状。这里面最大的问题，就是产能不稳定。

大环境不稳定从而导致大部分外贸工厂或工贸企业的订单极不稳定。大单来了，工厂产能有限，完成不了，只能无限制拖延交货期，还会因此连累其他客户的订单往后延，损害了自身的信誉；大单不足，又会导致工厂的大部分产能被闲置，老板花钱养着工人，承受着工厂每天的各种运营成本和损耗。

所以企业主陷入了一个两难处境。维持小规模和低成本运作，那生意就做不大，未来发展处处受限；若是扩张产能，增加厂房、设备、人员，那开支就直线上升，成本激增，一旦碰到个天灾人祸之类的，订单减少，车间里都能跑老鼠了，工人每天没什么活干，收入就少，自然就会离开，老板又要重新招人，又进入这个规模控制的怪圈，无比头痛加烦恼。

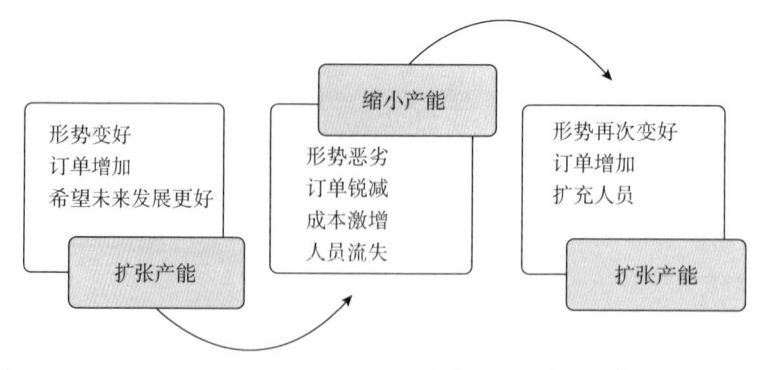

图4-2 *The Scale Adjustment of Factory*（外贸工厂的产能调整）【毅冰制图】

所以产能不稳定，国际形势不稳定，订单不稳定，就成为了外贸工厂运营和发展的大难题。

二、贸易公司的现状

那是不是贸易公司就好很多呢？毕竟在成本上，贸易公司比工厂要少许多。可事实却未必如此。

首先，贸易公司有个先天的弱点，容易让客户觉得中间商在价格上没有优势。哪怕贸易公司有常年合作的工厂，但是许多新客户不知道你价格好，这种本能的观念，很多时候就会使客户的采购方向有倾斜，在询价和寻找供应商的时候，会不自觉地向外贸工厂倾斜。

其次，大的贸易公司同样面临着高成本的压力。其拥有庞大的团队和大量的员工，各种管理成本和运营费用相当不菲。或许三十个业务员要维持几百号人的公司的运营，各种开支当然就无比庞大，价格劣势重重，毕竟"羊毛出在羊身上"。另外，大公司的通病就是人员繁多造成的机构臃肿，可能一个简单的报价，也需要重重审批，好几个领导签字，等全部搞定再去应付客户的时候，才发现黄花菜都凉了。结果业务员一次次的心力交瘁，那种无力感往往不可对人言。

再次，哪怕是小贸易公司，表面上成本压力很小，运营团队和管理人员人数也少，可以非常灵活，可以降低价格去争取很多机会，可以去做一些小订单去维系和开发新客户。可反过来看，小公司在客户眼里，信任度和积累往往都不够，他们对你能否胜任供货的工作，能否控制好品质，能否控制好交货期，往往都带有疑问。说句难听点的，你两三个人的公司，如何让我信任？可能你吹得天花乱坠，说自己多厉害、多专业，但是我几万美元定金交过来，要是你们跑了，公司就此人间蒸发，我找谁哭去？打跨国官司这事往往是赔本赚吆喝，打赢了也要损失巨额律师费。

这就是当前贸易公司的现状。贸易公司也许"看上去很美"，可身在其中才冷暖自知。不知道有多少在贸易公司工作的朋友抱怨开发客户很难，抱怨客户喜欢找工厂合作，抱怨自己在价格上毫无优势，抱怨公司内部混乱、领导不作为，抱怨老板是个笨蛋等，然后毅然决然跳槽去工厂工作，然后又是新一轮的问题加新一轮的抱怨，然后继续跳槽，继续摇摆……

三、港台贸易公司启示录

很显然，这些问题都是存在的，不管是内部原因还是外部原因，我们都不得不去面对，逃避是不可能解决问题的，而且会不断有新的问题产生。工作本身，其实就是处理和解决各种问题和麻烦的过程，这条路不会有终点，我们只会一直在路上。

在探讨出路之前，我希望先通过我国港台地区、韩国、新加坡贸易转型的案例，来研究"思路"的部分。因为这是先与后的问题，先有思路，再执行，然后才会有出路。

毕竟这么多年以来，大家都在根据时代的变化而变化，很多东西是没法抗拒的，只能去适应，去拥抱。我国香港和台湾地区，曾经也一度通过制造业的辉煌提振出口，拉动经济高速增长；但由于人工成本的上升和各种资源的变化以及后来的经济危机，不得不通过转型和产业迁移来完成后外贸时代的发展。

案例 4-1　Four asian tigers trading transition（亚洲四小龙的贸易转型）

从二十世纪六十年代开始，整个亚洲的制造业发展和外贸出口，都是从我国的香港地区、台湾地区以及韩国和新加坡开始的。它们大力推行出口导向型制造业，以服装、面料、玩具、电子产品、工艺品等劳动密集型产业为主，一度被外界惊叹为"亚洲四小龙"，成为整个亚洲最富裕的国家或地区。

我国香港地区，从二十世纪六十年代开始，就以纺织品和玩具制造出口见长，这些都属于劳动密集型产业，需要大量的人工。后来，经济的发展导致包括人员工资在内的各种成本上升，直接压垮了香港的制造业，使其不得不进行变革，因为不改革就一定没有出路。

但是改革没有那么容易，产业升级也不是说说就可以的。所以香港的外贸出口，其实经历了不少波折和困难。香港一方面北望内地，从二十世纪八十年代开始把工厂内迁广东，通过成本优势依然牢牢占据着国际主流订单和客户；另一方面在设计和供应链上下功夫，外贸行业从制造出口逐渐向贸易和服务型出口转型，勉强完成了外贸行业的转型。

为什么说勉强？是因为这其实并非最合适的选择。依托内地的劳动力成本优势北迁工厂，香港的确缓解了制造业的大衰退形势，但这只是延缓，而并非真正意义上的转型。郎咸平先生就指出过，香港其实在二十世纪八十年代失去了往高端制造业转型的机会。因为有内地这个独特优势，香港北迁工厂，把制造业转移到广东依然可以活下去，但却失去了往高端制造业转型的迫切动力；因为没有到生死攸关的那一刻，所以失去了往技术密集型和资本密集型发展的宝贵机会。

但不管怎么说，如今往服务型贸易转型，也不失为一条出路。所以，现在中国香港地区有很多外商的亚洲采购办甚至亚太区总部，很多本地贸易公司也开始更多地参与海外并购、设计研发、物流管理、环节优化等，从而占据了产业链的多个环节。

我国台湾地区和韩国就与我国香港地区的情况不太一样了。我国台湾地区虽然过去也以劳动密集型产品出口为主，可经历了一系列工资上涨及成本危机后，开始往高附加值的产业转型。那时，中国台湾地区大

> 力发展电子产业，把过去积累的出口外汇用于IT行业，最终成功转型为高端制造业，在国际供应链中占据了一个重要角色。而韩国在往高端制造业转型的过程中，因为缺乏成本优势，国内资源相对匮乏，而技术积累上又远不及邻国日本，所以选择的道路是技术与设计并重，让"韩国制造"渐渐成为了一种特色和时尚。
>
> 新加坡又是另外一种模式。新加坡本身国土面积狭小，缺乏资源，可它的地理位置无比优越，占据了马六甲海峡这条东南亚最繁忙的航道。所以在成本优势渐渐失去的时候，新加坡开始大力发展服务型贸易，通过一系列优惠政策吸引外资在新加坡建立物流、贸易等公司，辐射整个亚太区，甚至一度挑战了中国香港的亚洲金融中心的地位。
>
> 所以亚洲四小龙之所以能够抵御住1998年亚洲金融危机，就是因为在这之前已经成功转型，也才维持住了经济的增长和贸易的持续发展。

我们回过头看，如今内地的外贸情况和当年的香港何曾相似！内地贸易最发达的珠三角和长三角地区，已经开始出现出口萎缩和工厂倒闭的情况，制造业的资金链严重吃紧，一旦失去银行支持，整个东南和华南的出口贸易都将受到严重打击。当年港商选择的是北迁制造业，而现在长三角和珠三角的许多工厂同样选择了北迁或西迁。北迁，是把工厂往劳动力成本相对低廉的河南、河北迁移；西迁，是迁移至中部和西部地区，以获得暂时的喘息机会。

我们不由得会想，中国经济持续发展，未来的若干年里，各种成本上升已经成了必然，到那个时候，利润更低，竞争更激烈，生存更艰难，我们还往哪里迁？中国足够大，因为地区之间的发展不均衡，有足够的战略纵深，所以发达地区的制造业可以暂时迁移到相对落后的地区。可问题是这种迁移摆明了就是饮鸩止渴，能维持多久？三年？五年？到了中西部地区也依然无法维持加工贸易的低价和薄如纸片般的利润的时候，我们再考虑转型，再开始找出路，恐怕就来不及了。

所以我个人觉得，有问题，有麻烦，形势恶劣，不一定完全是坏事，至少可以让我们少一份浮躁去正视现实，去静下心来思考未来的出路在哪里。大到一个行业、一个领域，小到一个公司、一个个人，都需要去想，我的出路在哪里？我如何去给自己打出一片未来？

办法是人想出来的，出路是自己找的，而不是别人施舍的。没有人能告诉你未来该怎么走，只有靠自己去规划、去思考、去尝试、去努力。我们如今碰到的问题，其实很多年前，港台同行们都已经碰到过，但是他们都通过不断地尝试来完成了转型。

香港贸易商的转型：原先的角色是采购，现在开始更多地参与海外并购、设计研发、物流管理、环节优化等。

台湾贸易商的转型：原先依托台湾本地的产品，现在更多地投资大陆，节约成本，优化生产环节，提高品质，以质取胜，以服务取胜，在国际上占据了一席之地。

如今我们大陆的贸易商，为什么不可以在这个阶段去尝试不同的发展方向呢？思路决定出路，只要去尝试，前方就一定不是绝路；只要在往前走，前面就一定会有新的机会。

成本高，没错。可能否通过品质、服务、效率、专业来弥补？

利润低，没错。可能否通过产品升级、包装升级、优势输出来化解？

一切不可能的事情，多动脑筋，多想办法，就未必"不可能"，或许就变成了"不，可能！"

> **毅冰说**
>
> 思路决定出路，大环境的变化，产业的变化，同行的变化，往往都需要让自己去适应、去拥抱、去主动迎接。整个外贸行业，本没有长期有效的模式和方法，必须因人而异、因时而异。

天时、地利、人和，要三者兼得显然不现实。二十世纪九十年代的外贸黄金时代属于"天时"，那时候哪怕自身能力再差、条件再烂，也容易做好外贸；后来的十多年时间属于"地利"，中国经济高速发展，各种环节和产业链逐步完善，再加上低廉的人工成本，同样有很大机会把外贸做好；但是从2008年金融危机以后，外部环境恶劣，国际需求锐减，再加上国内的各种制造业成本上升和南亚、东南亚出口企业的价格竞争，外贸行业难上加难。这个时候，失去了天时和地利，唯一的途径，就是占"人和"。

这就需要我们去动脑筋，去打开思路，从自身找答案，如何在国际竞争中更加出色，如何在国际分工中分一杯羹，如何让中国制造持续在国际上占据重要地位，这就是我们这一代人需要思考和行动的。

当然，这种"人"的转型，跟产业的转型一样，需要一个长时间的积累，而不能一蹴而就。在下一章里，我们会延续这个话题，从国内业务员普遍缺乏的闪光点着手，来探讨外贸业务员如何提升内在能力。

第四节　正视症结，解决问题

这里我们要接上一节的内容来思考一个问题，姑且不论外部因素和背景，只论个人能力、工作习惯和思维方式，我国内地业务员相比欧美进口商甚至我国港台地区的业务员，究竟差在哪？

我们需要思考的，是我们跟同行的差距究竟在哪里？只有找到问题，才能想办法，才能找出路，才能研究破解之道。知己不知彼，做生意就会困难重重。更可怕的是，很多业务员不但不知彼，连自身的情况都不知道，谈判的时候稀里糊涂，跟进的时候稀里糊涂，一笔糊涂账，能否拿下优质客户只能靠运气。而这恰恰是目前大部分业务员的现状。

在笔者看来，这些问题，可以用七句诗来总结。

一、莫道昆明池水浅，观鱼胜过富春江

常常有很多朋友抱怨自己公司不好、产品不好、价格不好、平台不好等，但我想说的是，这是没有用的。曾经看过一句话，忘了是谁说的，但是让人很有感触，"最没用的两样东西就是眼泪和抱怨"。

因为在商场上，客户不会因为你的眼泪和抱怨给你下单，跟你合作。争取

订单靠的是专业和能力，而不是对方的施舍。在商言商，大家考虑的，一定是利益。虽然长期的合作、交情、人情往来会有一定的作用，但是客户考虑跟某个供应商合作，一定是经过了一个综合考量的过程。

我想告诫业务员们，不要妄自菲薄，因为你不能去揣测每一个客户的偏好。所谓青菜萝卜各有所爱，本来就是有道理的。你喜欢iPhone，不排除别人喜欢Samsung（三星）。你买车考虑性能，或许别人买车只看内饰。不能以自己的经验去猜测或者判断别人的偏好，那是没有任何意义的。

公司不大，或许团队很灵活；产品一般，或许服务很到位；价格不好，或许交货期特别准。任何时候，都要打造自己的竞争力。存在短板没有错，谁都有短板，但关键是要秀出自己的长处，让别人知道你的优势和特点，进而做需求探讨，这才是销售的基本思维。

（注：诗出毛泽东七言律诗《和柳亚子先生》）

二、白日登山望烽火，黄昏饮马傍交河

从这句诗中，我首先看到的就是"效率"，一天从早到晚完成了各项不同的工作，进展神速。很多时候我们最缺乏的就是"效率"，总是把很多事情往后推，把很多邮件往后搁置，明明上午可以完成的非要下午做，明明当天可以解决的非要明天处理。

结果就是，在本能的拖延症和偷懒的大思维体系引导下，我们失去了很多宝贵的机会。你可以慢，但是别人或许很快。你效率低，或许别人第一时间就抢下了机会。俗话说"机不可失，时不再来"，说的就是抓住机遇的重要性。

客户询盘来了，为什么不能第一时间回复？或许客户的问题你没法立刻回答，那为什么不先给个快速回复，告诉客户邮件已收到，大致需要多少时间给予答复呢？一个很简单的事情，一个很小的细节，考量的也是业务员的素养、应变能力和专业程度。

不是说越快越好，不是说赶进度就好，但是必须不拖延、不拖拉，简单、

直接、干脆，不造成误解，一步接一步，一环扣一环，这才是业务员身上应该具备的重要闪光点。

（注：诗出李颀乐府诗《古从军行》）

三、莫愁前路无知己，天下谁人不识君

在多年的工作经历中，我发现很多时候，业务员们不是不努力，而是有一种莫名的"从众心理"，喜欢去看别人怎么做，哪怕别人的做法不可取，但是大多数人都这么干了，自然而然会觉得我也可以这么做，我也可以无所谓。

举个不恰当的例子，很多朋友会去国内外参加各类展会，按照过往的习惯，往往是先收集客户的名片，再把名片订在一个本子上，简单记录客户的需求和要点，等展会结束后，回公司再开会讨论展会战果，然后陆续跟进这些客户，争取机会。

这个做法有问题吗？或许没有，也或许有。说没有，那是因为大部分业务员都遵循这个思维，而且他们身边的同事、上司、老板都这么干，他们自然觉得按照这些人的做法总是没错的。而事实上，这的确是一直以来的展会开发模式，能用到今天，也算前人留下来的宝贵招数。

说有，那是因为今时不同往日，如今的外贸行业已经不像二十年前那样赚钱如"捡钱"一般轻松了。当年或许随便参加一次展会，都能订单滚滚来，客户们蜂拥着跑来下订单，生怕来晚了你不卖给他，都哭着喊着拿支票给你，价格随便报，只要不过于离谱都没问题。可如今供求关系颠倒了，竞争无比激烈，几乎所有产品在中国和其他亚洲国家都可以找到大量供应商，客户选择的余地很大，任何产品都可以货比三家，都可以到处压价，根本不存在无货可买的情况。所以我们如果还按照老办法、老规矩来应对当前的竞争，显然是有问题的。

所以很多朋友会抱怨说如今展会效果差了，客户价值低了等。我想说，展会还是那些展会，客户还是那些客户，需求永远存在，市场永远存在，你之所以觉得很难做，是因为自己抱残守缺、思维守旧、行动迟缓，最终导致竞争力

下降。大部分人或许的确会按照老方法来做事，但是如果你改变思维，当晚就给客户报价，第二天就让工厂安排样品快递到酒店，第二天晚上就约客户详细讨论细节、确认样品和重新探讨价格，或许第三天就已经拿下订单。而这个时候，大部分同行或许还在乐滋滋地数名片，心里止不住地得意着，"今天收获不错啊，三十多张名片"。

可见，真正的问题是自己的思维方式。我一直觉得，如果大部分人都这么做，我就要好好想想了，如何让自己跟别人不一样，比别人多走那么一小步。从众，很多时候是没有错的，但真理往往掌握在少数人手里。任何行业，任何产品，做得好的永远都是少数，不是吗？

莫愁前路无知己，别人不跟你一条路，并不代表你一定是错的。或许当你这条路走稳了，抄袭、模仿你的会前赴后继。那个时候，就是"天下谁人不识君"了。

（注：诗出高适七言绝句《别董大》）

四、似此星辰非昨夜，为谁风露立中宵

每次读清朝黄景仁的《两当轩》诗集，最爱的都是这两句。

我这里想表达的是"走心"。说白了，就是打情感牌，通过感性的手段让客户赞叹，进而满意，甚至感动。

比如说，客户写邮件给你，每次都能当天收到回复，哪怕不能即时解决问题，也能收到类似于大致什么时间能得到准确答复之类的 quick reply（快速回复），客户往往就会赞赏你的专业和效率。

若是再进一步，当客户知道因为时差关系，你这边的时间是午夜，已经做好第二天再收到你回复的心理准备的时候，居然出乎意料地收到了你的邮件和报价！一次、两次他会觉得你跟别的同行不一样，相当专业、敬业，很尊重他；时间长了，自然而然就会被感动，就会感受到你对工作的认真，就会通过比较觉得你比别人强很多。

或许你的产品不是最好的，你的价格不是最佳的，但是你的服务意识，你对他的重视，对他工作的支持，已经足够让他感动，足够让他感受到你的付出。

案例 4-2　My working experience（我当年的工作经历）

我做业务的时候，每天都是 18 小时待命，除去 6 小时左右的睡觉时间，平时哪怕下班，手机和电脑都同样开着，随时处理客户的邮件和电话。目的就是一个，让客户觉得我足够认真，让客户觉得跟我做生意不会有被"晾着"的感觉，让客户觉得我是真心把他放在第一位而不只是说说而已。

曾经有一次，凌晨三点多我口渴起来喝水，顺便拿出 Blackberry（黑莓手机）看了下邮件，还真发现有一个美国进口商询问一个样品的包装，顺手就回复了一下，告诉他彩盒包装和双泡壳包装的价格差别是多少。而那时，美国的时间正好是下午三点多，正是工作最繁忙的时候。

结果第二天醒来，收到这个客户的邮件，在回复内容的同时，还用图把我回复邮件的时间给圈了出来，打趣说我是 superman（超人），进而表示订单今天就会下，不是因为我价格好，而是因为我敬业，这让他觉得跟我合作会很放心。

其实这只是一个很小的细节，但是往往这种不经意间流露的东西，才最容易走心，最容易真正去打动客户。真正的感动不在于你做了一件多大的事情，而在于细水长流，在于点点滴滴的积累。

（注：诗出黄景仁七言律诗《绮怀》其十五）

五、一语天然万古新，豪华落尽见真淳

这里要说的是邮件的问题。

我们常常喜欢用一些复杂的句型和词汇，或许是因为多年应试教育养成的习惯。英语作文要拿高分，就必须把各种语法、从句、词汇、短语糅合起来做一篇四平八稳的"八股文"。这给我们的外贸工作树立了一个坏榜样，人为地把一些简单的表达给复杂化了。

其实这些都是没有必要的，因为外贸工作的本质，谈判的核心，是需求探讨，是沟通，是解决双方的问题，而不是秀自己的英文水平，不是作文考试。可以用一句话写清楚的，不需要写一大段；可以用一个简单词汇写明白的，不需要用复杂的复合词或者高冷的单词。这样做没有任何意义，反而会产生反效果，容易造成对方的误解。

试问，当你工作很忙的时候，收到一个英文邮件，通篇冷僻复杂的单词，你要一个一个去查字典，弄清楚意思后才能回复。不幸的是，对方再回复过来，又有很多复杂的单词。明明一个 about 可以表达的，非要用 approximately；明明可以用 because，非要用 as a consequence of；明明可以用 during 来表示时间段，非要来个 for the duration of，实在能让很多非英语母语的客户们欲哭无泪，也让很多英语母语的客户觉得厌烦。

因为商务谈判，需要的是简洁、直接，不造成对方误解，不浪费对方的时间，也不浪费自己的时间，效率第一，时间就是金钱。

我们写邮件也好，打电话也好，跟客户当面沟通也好，都要遵循这个原则，就是把复杂内容简单化、条理化，"简洁""简洁""再简洁"。

（注：诗出元好问七言绝句《论诗三十首》其四）

六、枫叶欲残看愈好，梅花未动意先香

还有一个问题，就是不要主观去揣测客户的意图！这除了让自己疑神疑鬼外，毫无实际意义。有些朋友给客户报价的时候，往往客户还没说什么，自

己就已经没了底气，对方一说价格贵，或者一说要比较一下价格再决定，就连忙降价20%。客户会掏钱吗？我觉得只会产生反效果，本来要下单的都变成观望了。

很多时候，我觉得不要随意去怀疑客户，也不要轻易去怀疑自己。该坚定的时候要坚定，该坚持的时候要坚持，该放弃的时候同样要果断放弃。

做外贸就是这样，从客户一个随意的询价，你往往是无法判断其底线的，也不可能判断真假。客户砍价有很多种可能性，不见得就是因为价格高。那可能是一种谈判策略，可能是得了便宜还卖乖，可能是为了套出你的底价来回过头砍他的老供应商，一切都有可能。

随便举个例子，一个女孩子去专卖店试了一件连衣裙，说颜色不喜欢，没买。真的是因为颜色问题吗？可能是因为价格太高，连衣裙标价3,688元人民币，新款只打九折，她觉得贵，找个理由来推托；当然也有可能是真的不喜欢这个颜色，穿上身觉得不显肤色。

那如果她直接问店员，"价格太贵了，有没有别的折扣或者会员价之类的"，可能就是真的觉得价格高于预期，如果没有大的折扣或许就不会买；也可能是一种砍价策略，希望借此得到更好的价格；当然也可能是价格完全可以接受，但是想试试能否得到更大的优惠，能多占点便宜为什么不呢？

我们再反过来看，店员会完全纠结于顾客说价格太高这个问题吗？那就未必了。他可能就会告诉对方，"我们裙子的材料……品质……我们的价格已经很优惠了……我们的品牌……我们平时几乎从不打折……我们金卡会员本身的折扣才……我们现在给你的折扣就已经……"，肯定是这样的套路。而不是客户一说贵，马上就降价，那就掉价了，也就根本不需要业务员了，直接来个客服就行了。

所以在我看来，任何客户，任何询价，任何项目，任何机会，只要按部就班谈判就行，不要轻易被打乱阵脚，也不要随意亮出底牌。真心有需求的，一定会选择性价比合适的供应商，一定会货比三家选择对自己更合适的合作方，这个很正常。如果客户要的产品跟你的东西完全不一致，或者看起来相似但实际上不同，何必介意呢？你卖的是奥迪，对方的目标是奥拓，你觉得能成交吗？一般不太可能。你卖的是宝来，对方却需要宝马，你的低价策略会有效果吗？或许根本没有吸引力。

你卖的是自行车，推荐给客户的优势或许是绿色环保，适合健身，方便出行，价格有竞争力，品质不错，但可能对方真正的需求是买几辆拖拉机给他的农场使用。你的方案会有效吗？毫无价值，因为这个客户不是你的目标客户。

所以我希望告诫大家的是，不必要的揣测和猜疑可以抛弃了。做生意，首先要对自己有信心，对自己的产品有信心，然后才能在谈判中拥有所谓的"气场"。

枫叶欲残看愈好，梅花未动意先香。一切都有可能。

（注：诗出陆游七言律诗《初冬》）

七、竟将云梦吞如芥，未信君山铲不平

这里要讲的，是"决心"的问题。很多时候不是客户放弃了你，而是你自己失去了信心，放弃了自己。

接到一个询盘，客户预期订单数量很大，业务员觉得自己是贸易公司，无法拿下大单，客户一定会跟工厂合作。

接到另一个询盘，客户是知名大买家，业务员觉得客户一定要求极高，要验厂，要各种各样的测试报告，自己要投入很多成本和金钱来开发这个客户。

所以很多时候，从一开始，甚至还没有开始，我们就已经打了退堂鼓，已经退缩了，没有全力以赴地去争取机会，只是有一搭没一搭地回复客户邮件、报价、跟进而已，内心已经不抱希望。试问这样的状态，如何成功呢？

心态放平是好事。得之我幸，失之我命，我觉得是需要建立在努力过的基础上的。不管客户是谁，要求多高，不管过程多曲折，都要尽十二分的努力去拼一下，而不是一开始就主动放弃！

在外贸行业，本没有特别严格的"门当户对"，大买家会跟小公司合作，小

客户也会跟大工厂做生意，一切都有可能。所以不要太拘泥于所谓的"机会不大"，没试过怎么知道呢？穷小子也能追到美女，这类案例太多太多了，不去尝试，就一定没有机会。

再说，"放弃"这个东西有很大的感染力，容易在职业生涯里造成心理障碍。你只要放弃过一回，以后碰到类似的问题，就总会想着打退堂鼓，总告诉自己这个机会拿不到。这就像心理阴影，会一直伴随自己的职业生涯。我觉得，最好的办法就是去面对它，去挑战一下，可以输，但就算输也要输得明白，要从中学到东西，要从中收获到自己该收获的东西，而不是轻易放弃，结果什么都没有，还打击了自己的信心。

（注：诗出曾国藩七言律诗《岁暮杂感十首》之四）

> **毅冰说**
>
> 本节讲述的，是外贸业务员们普遍缺乏的闪光点，分七个方面来阐述，供所有外贸朋友对号入座，自我反省之用。
>
> 很多时候我们无法通过身边的人了解自己的缺点，因为大多数同行，或许都跟自己差不多，能够自省的太少了。我们要瞄准的，必然是那些远胜于自己，在行业金字塔尖的同行，在巨大的差距下，才有巨大的提升的动力。
>
> 少一个缺点，就等于多了一个优点。

第五节　此"专业"非彼"专业"

很多朋友听到"专业"这个词，总会第一时间联想到产品。脑中自然而然会觉得，很懂产品，就属于"专业"的范畴了。会觉得在跟客户谈判的时候，能说出一些技术性的术语，或者看似很高深的一些单词，就很厉害、很专业。这只是一个狭义的理解，实际上完全不是这样的！

我举个例子，或许你从事纺织行业五年，做了五年的销售，是公司的业务经理，对自家的产品相当懂，知道材料、包装、工艺、价格，已经可以算很努力、很出色了。但是我想补充的是，你对产品再懂，你有工厂的工程师懂吗？有专业的技术人员懂吗？显然没有，也没有必要有。所以我眼中的专业，是一个整体概念，是你整个人对外的形象，是外界对你这个人的整体感觉和评价，是买手眼中你这个业务人员的整体素养。

再说得直白一些，就是只要客户觉得你挺厉害的，挺懂行的，愿意跟你交流，愿意跟你沟通，就足够了，就可以称得上"专业"了。

我想说的此"专业"非彼"专业"。我理解的是，一个专业的业务人员，除了最基本的懂产品外，还需要懂市场、懂谈判，了解同行，明白需求，知道测试，明白客户在意哪些地方，懂得如何投其所好，知道客户担心哪些问题，明白自己的优势在哪里……

总之，当客户每次跟你接触的时候，都会觉得大有收获，都能觉得从你这里学到了不少东西，都会有哪怕些许恍然大悟的感觉，哪怕暂时因为种种原因没有合作，也不影响客户跟你的联系与接触。能做到这些，才算得上广义的"专业"。所以这属于一种职业素养，是由内而外的，就如同我们所谓的"相由心生"，差不多就是这种感觉。

这就要求业务员必须内外兼修，而不只是学几句英文，能用英文邮件基本沟通，了解一些产品且能报个价这么简单。

因为在这背后，更多的是对思维方式和细节的考量，是对于大局的把握和对谈判节奏的控制。很多细节的背后，体现的是一个人的职业素养。这背后有大学问，而不是表面看起来那么简单。

世事洞明皆学问，人情练达即文章。

很多你忽视的小地方、小细节，你觉得无关痛痒的东西，觉得没那么重要的环节，可能就是决定成败的关键因素。我们有句话叫"千里之堤，溃于蚁穴"。有时你失去一个客户，不是你做得不好，或许是一些小地方，同行比你做得更好。

两强相争勇者胜，两勇相争智者胜。那两智相争呢？一方面需要平常心，一方面就是看谁先犯错。这个"犯错"，就是对细节的把握，很考量一个业务员的专业和能力。

可能有朋友会说，我很多订单拿不下，是因为公司产品一般、价格不够好，是因为没有别的工厂报价便宜，客户一上来就砍价，就拼价格，我做不到，我做不下来，所以拿不下订单。潜意识里就认为，是客户对于价格要求过低，而己方无法满足对方要求，才失去了订单。

如果这样想，那就真的大错特错了！这绝对不是一刀切那么简单。

客户不选择某个供应商，往往是有多方面原因的，这需要综合考量。客户选择了更加合适的供应商，未必仅仅因为你的报价高5美分，也未必是因为你是贸易商而不是工厂。

如今甚至未来，在中国人口红利逐渐消失的情况下，能够维持外贸竞争力的唯一法则，就是"提升"。不仅要提升产品，还要提升服务，更要提升你自己。"吸引客户""让客户觉得跟你合作有利可图""让客户依赖你""让客户喜欢你"，这些才是未来外贸合作开发的主旋律。而业务员在其中的角色，应该是一个"专业的、值得信赖的生意合伙人"。能做到这一点，才能在竞争中比别人多走几步，真正做到"专业化"。

> **毅冰说**
>
> 专业这个词，本身就是一个大课题，涉及外贸工作中的方方面面。本书第二章，已经通过案例阐述了香港贸易商的"专业"。这里，笔者希望从理论的角度，来纠正现有思维中存在的一些误区，给业务员们一个不一样的视角和新的思考方向。
>
> 广义的专业化，真正的专业化，不仅仅是关于产品的专业，而是整个人专业素养的完美体现。面由心生，见字如见人，"专业"本就应该渗透进所有的细节内，是融入血液里的东西。

第六节　价格没有想象中重要

不管是新人,还是从事贸易行业多年的老手,大多都会有这样的一个困惑,就是为什么港台贸易公司能够在没有价格优势的情况下,拿下海外客户的订单,而且很多都是大项目?

我曾经碰到过这样一个情况,美国某个大买家的订单——12万个太阳能灯,下给了美国的进口商,然后美国进口商转单给中国香港贸易商,中国香港的贸易商转单到中国上海的贸易公司,也就是我这里,我再下单到中国浙江的工厂。用图4-3来表示,会更加清晰和直观。

显然,香港贸易商是其中的一个重要环节,而且分享了部分的利润。根据经验判断,订单一层层转手下去,利润就会被一层层分薄。换句话说,香港贸易商的利润,可能高于上海贸易商,而上海贸易商的利润,又高于浙江工厂。可能最终美国零售商的毛利是50%,美国进口商的毛利是30%,中国香港贸易商的毛利是30%,中国上海贸易商的毛利是15%,中国浙江工厂的毛利是10%。

我们做一个简单的运算:假设这款太阳能灯,工厂报给上海贸易商的FOB价格是5美元,上海贸易商报给香港贸易商的价格是5.75美元,香港贸易商报给美国进口商的价格是7.48美元,美国进口商报给美国零售商的价格是9.72美

点评

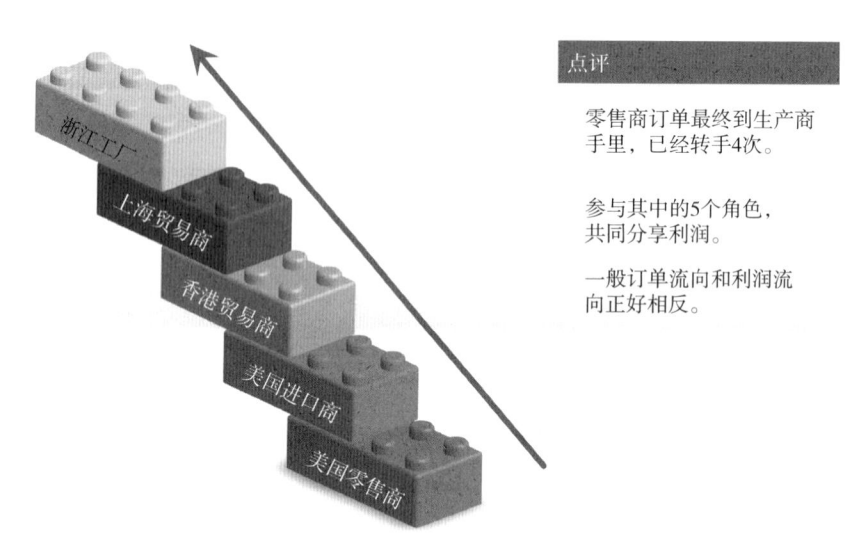

零售商订单最终到生产商手里，已经转手4次。

参与其中的5个角色，共同分享利润。

一般订单流向和利润流向正好相反。

图4-3 *Order Placement Example*（某个订单的流向图）【毅冰制图】

元，美国零售商在门店卖给消费者的价格是 14.58 美元。

也就是说，从美国零售商转到国内生产商手里的订单，其零售价中的大部分，都是各个渠道和环节的利润。

现在问题来了，既然中国港台地区贸易商的报价一定高于中国内地的贸易公司和工厂，甚至很多时候高了不止一点，那为何海外客户还是选择下单给他们？客户为什么能接受他们的高价格？他们在没有任何价格优势的情况下，凭什么可以拿下海外客户的订单还能维持不错的利润？

这一系列疑问，其实三言两语是说不清的，除了本章第一节提到的"软实力"的问题，还有方方面面的原因。我之所以用这个图和这串数字作为案例，是希望给大家一个直观的印象，也借此告诉大家，价格不是万能的，而且很多时候没有想象中那么重要。客户选择供应商，是出于一个综合考量。价格诚然重要，但只是其考虑的因素之一，绝非唯一的原因。这就好比汽车，各个价位都有，它们针对的是不同客户的选择和喜好。

有人会买奥拓，有人会买奥迪，因为大家的需求不同。有人会买沃尔沃，有人会买宝马，因为大家的偏好不同。有人喜欢轿车，有人喜欢跑车，有人喜欢越野车，因为大家审美不同。所以业务员真正要做的，是选择合适的客户，推荐合适的产品。如果客户要买的是面包车，用来装货，只有三万元人民币的预算，但是你卖的是奔驰，最便宜的也要二十多万元，那这个客户就不是你的目标客户，任凭你如何舌灿莲花，如何争取价格优惠，客户也不会下单，因为需求不同。这就好比你给和尚推荐梳子，有意义吗？肯定是在浪费时间。你要么换产品，推荐木鱼、推荐佛珠、推荐香烛；要么就换客户，给需要梳子的客户推荐。

如果客户的预算是三百万元人民币，目标车型是法拉利和兰博基尼的跑车，但你是一家拖拉机工厂的业务员，你一得到客户的联系方式，就立马给客户推销你的拖拉机，客户会下单吗？一般是不会的，因为需求不同，产品根本不对口。

所以上面的问题，都不是价格的问题，而是沟通的问题，是跟进的问题，是需求探讨的问题。但归根到底，都是业务员的问题。没有做好幕后工作，贸然销售，效果往往是很差的。

而我们大部分业务员并不明白这个道理，总是把所有的眼光都聚焦在价格上。订单拿不下，就觉得是价格不够好；客户给出的价格无法接受，就觉得是价格有问题；客户跟进没消息，依然觉得是价格没有吸引力。这么想就大错特错了，说明思维走进了死角。

所以在价格以外，我总结了三个我认为最重要的要素，作为成功谈判的奥秘。甚至在很多时候，这三个要素，比价格还要重要许多。

一、Good Communication（良好的沟通）

千万不要小看这两个单词。良好的沟通，怎么样才算是良好？这一点看似容易，其实早已渗入外贸工作的各个环节。业务员跟客户的沟通，在价格和付款方式上跟老板的沟通，跟单环节的沟通，跟供应商在采购环节的沟通，跟单证和财务部门同事的内部沟通等，都属于沟通的范畴。

毕竟生意场上所有的沟通，所有的谈判，都需要人来完成，也只能依靠人来完成。这既需要语言组织能力、表达能力和思维能力，也需要很多的技巧，非常讲究水平、能力、经历、策略，还有工作经验。很多朋友可能拥有十年经验，但是沟通水平、说话能力依然没有什么提高，容易得罪人。

而在谈判方面，很多人的沟通内容也是乏善可陈。除了报个价，问问客户要什么，问问客户有没有样品，问问客户什么时候有消息，也就没什么别的招数了，自然难以吸引客户的注意，不容易让对方喜欢。而有些人可能只有一两年工作经验，但是沟通水平很高，很能跟陌生人打交道，很能吸引客户，让客户愿意参与沟通，愿意交流，有兴趣谈判，这就是能力所在！

所以我想说的是，good communication 跟工作年限有关，但绝不是正相关的。不是你工作越久，这方面能力就越高。说难听些，有些人一年进步好几个层次，有些人几年如一日的没有任何提高。孰优孰劣，相信大家自有判断。

另外，也有一些朋友，可能天生擅长跟人打交道，八面玲珑，长袖善舞。这是天性使然，这对于做业务，自然是有很大裨益的。但这也不是绝对的，毕竟每个客户的要求和标准不同，对于供应商的选择也不太一样。你能说会道，可能对方喜欢你，觉得跟你沟通很舒服，做生意的时候也容易打交道；但也有一些客户或许会觉得你太活络，嘴上没把门的，做生意自然也不会太靠谱。

因此，good communication 不是要告诫大家应该能说会道，而是让大家"善于沟通"，通过了解对方的喜好，揣摩对方的性格，来选择合适的沟通方式。有些客户喜欢单刀直入，如果你婆婆妈妈、扭扭捏捏，报个价格都推三阻四，试问对方如何满意？有些客户擅于把握细节，在很多小事情上特别介意，一点差错都会让对方大摇其头，如果你大大咧咧，小失误一个接一个，试问对方如何下决心跟你合作？

沟通，不仅是需求的探讨，还是两个不同的人、两种不同的思想、两个人背后的公司之间的冲撞。如果不尽量去匹配双方的特点，沟通本身就会变成一种折磨，谈得越久，死得越快，自然是智者所不取的。

二、Value（价值）

可能很多朋友会有疑问，为什么我用的词是value（价值），而不是price（价格）。这里我要讲的，就是价值和价格的区别。

我们姑且不论经济学上对于价值和价格的专业定义，我们用一个简单的案例来说明情况。

> **案例 4-3　Value & price of hotels（酒店的价值与价格）**
>
> 国际上，酒店行业同样竞争激烈，而且鱼龙混杂。可能很多朋友会对酒店的价格定位有疑问。为什么有的时候，一个不错的度假村酒店，才500元人民币一晚？为什么有的时候，一个普通的五星级酒店，要1200元人民币一晚？为什么有的时候，一个经济型的连锁酒店，要800元人民币一晚？
>
> 我这里要强调的就是，价格在某种程度上是价值的反映。单纯的成本加利润，不是价值，因为价值本身是多种因素的综合，然后通过价格体现出来。几个酒店，或许成本差不了太多，经济型酒店卖800元人民币一晚，或许各种成本加起来是300元，利润是500元；五星级大酒店卖1,200元一晚，或许各种成本加起来要800元，利润只有400元。
>
> 我们可以看出，价格高不代表利润高；价格低也不代表利润低。因为这里面涉及很多东西，比如固定开支、人工成本、折旧费用、管理成本、平均入住率、额外开支、供求关系、位置地段、促销活动等。
>
> 度假村酒店500元人民币一晚，或许是因为淡季生意不好，降价促销总比闲置着好；普通的五星级酒店1,200元人民币一晚，或许是因为知名品牌Hilton（希尔顿）在管理，哪怕其他硬件一样、服务一样，也

> 需要加 500 元上去，这是品牌效应的附加值；经济型连锁酒店 800 元一晚，或许是因为那时候正好是广交会期间，它位于一流地段，交通方便，供不应求。

所以价格本身，其实是价值的一种体现。

我们过分拘泥于价格，拘泥于在成本上想尽办法下功夫降价，却忽略了价值这个体现价格的基础要素。产品可能成本 1 美元，但是如果没有任何附加值，只是给客户贴牌加工一下，或许只能获取 10% 的利润，只能卖 1.1 美元，还需要跟很多低价同行血拼价格，拼个刺刀见红，才能拿下订单。

但是在订单操作过程中，一个不小心，可能就会亏本。很多供应商为了避免损失，往往就会进一步偷工减料，结果导致客户前来索赔，从而失去未来的合作机会。

这其实就是思维上的一个误区。我们需要考虑的、需要研究的，不应该是成本导向价格，而是价值导向价格。只有打造一些成本以外的优势，一些特别的附加值，才有可能维持一定的安全利润，才有可能得到客户对你的信任和信赖。

比如，你的品质十分稳定，任何跟你合作的客户，都没有出现过索赔的情况，这种"品质保证"就是附加值；比如，你这个人十分专业，任何客户只要到了你手里，无不对你心服口服，觉得跟你合作好放心，这种"专业素养"就是附加值；比如，你跟知名大买家合作过，能让新客户信赖你们的公司和产品，这种"完美形象"就是附加值；比如，你的产品能达到欧盟和美国的苛刻标准，且有相关的测试报告，能让客户对你们放心，这种"行业标准"就是附加值；比如，你的工厂非常稳定，生产管理水平一流，能按时保质保量交货，这种"产品稳定"就是附加值；比如，你的产品能提供良好的售后服务，客户当地的消费者对于产品有任何疑问，或者需要更换任何配件，都可以致电你指定的当地的第三方公司处理，这种"售后保障"就是附加值……

可见，附加值这样的 value 本身就是价值体系的重要一环，跟价格是息息相关的。简而言之，你拥有的价值，再配合适当的运作，才可以换取某种程度上的定价优势。

价格不等于价值，但价格一定是价值在某种程度上的体现和反映。

三、Margin（利润，也可以理解为利益）

客户愿意合作，客户选择跟你合作，其实最终取决于利润，也就是利益。可以用英文的 profit 或 margin 来表示。

正所谓"无利不起早"，只要对方不是那种非营利的组织机构，任何生意都是为了利润，或者是预期的利润。有些生意一开始不赚钱，甚至亏损，但是远期有营利的期望，这就会使得很多客户愿意投资，有些生意表面看上去利润不错，但是长期看来风险极大，这同样使得很多客户会在风险控制的前提下进行综合评估。

可见，利润是贸易的大前提，也是其原动力所在。没有一定的利润，没有利益，谁愿意做吃力不讨好的事情呢？商人逐利是天性使然，没什么大不了的。有利益，才会有动力。如果一方获得所有利益，另一方颗粒无收甚至还要赔本，这样的合作自然就难以维系。合作未必是完全公平、完全对等的，但是双方必须都获利，生意才能继续。

假设一个项目需要 10 万美元，总利润或许有 4 万美元，这里面零售商可能获利 2 万美元，进口商获利 1 万美元，出口商获利 5,000 美元，船公司和仓储公司获利 5,000 美元，这就使得这个项目的各方都能够获利，每个人都赚取了自己部分的 margin。或许真实的情况并没有那么简单，各方的利润比例需要经过各种博弈和各种竞争，但是谈判过后，在订单操作过程中，必然是各方都获利的。如果某一方擅自改变游戏规则，破坏了他人的利益，结果只能是谈判破裂。哪怕短期内因为种种原因勉强维系，在未来的某一刻，这个定时炸弹也必然会被引爆。

所以我想告诫业务员的是，谈判本身可能围着价格转，但是博弈的目的一定是利润。

如果客户是零售商，他面对的是最终消费者，业务员需要帮助客户在零售环节获取最大利润。谈判的建议和方案，要围绕着这个点来走。

如果客户是中间商，他面对的是最终零售商，业务员需要帮助客户在跟最终客户谈判中占据优势地位，不影响他那份利润。

生意的本质，谈判的本质，就是需求探讨，就是利润分享。而这些问题，不是单纯的价格低就可以解决的。或许你的产品只要1美元，但是客户的零售价只能卖到3美元，而且竞争超级激烈；而你同行的产品虽然是1.4美元，但是客户的零售价可以卖到9.9美元，市场接受度也不错，而且竞争对手也不太多。你觉得客户会如何选择呢？

所以利润跟价格并非完全对等，是由多种因素决定的，也是双方长期合作的基石。

> **毅冰说**
>
> 国际贸易中，生意成交的关键，往往是一揽子问题，而不是简单的价格问题。价格诚然重要，但并非所有项目的决定性因素。
>
> 我们要注意的是，谈判的本质是需求探讨，是利润分享。价格本身是围绕利润来服务的。合适的价格会给双方带来合适的利润，这才是我们需要实践和执行的。
>
> 业务员在工作中需要考虑的，是除了价格以外还有哪些地方自己可以完善、可以精益求精。很多客观的因素受到现实压力的影响，很难有大的变化，但是主观的东西，是可以变化和提高的。

第七节　执行力与战略定位

制定规则容易，但执行规则却千难万难。

相信大多数朋友都对此深有感触。年初时，踌躇满志，觉得今年应该如何如何，要做到怎样怎样；结果年底了，依然一事无成，这里不满意，那里做得不好，只能把希望寄托于来年，然后泪流满面地唱一句"只不过是从头再来"。

这是多么痛的领悟！

我们需要的是：付出能有收获，努力能有回报，用心能有价值。说白了，就是不做无用功，少做无用功，时刻都在往前走。要达到这个目标，就得提升执行力，单纯靠目标和计划，是没有用的。

这就好比你打算开一家公司，即便你有再好的未来规划，再好的产品设想，再好的网站架构，再好的项目计划书，如果你没有执行，这一切也只会停留于想象中。只有当你真的把公司注册好，把写字楼租好，把人员招起来，一步步按照既定的计划执行下去，那才会有价值，才会有机会。

有些朋友可能想法真的很多。比如晚上睡觉前会回想很多自己做得不够的地方，会想到一些新的闪光点，会想要尝试一些新的销售技巧，会想到明天应该跟一个半年没有联系的客户重新谈谈，会想要发愤图强修改自己的开发信，会想到过去几个月自己太懒散了必须重新振作……可是，我还是要用这个转折词"可是"，第二天早上醒来，他依然"外甥打灯笼——照旧"。

一、执行力的核心

或许大家会认为执行力的核心是"执行"。可我不这样认为。我觉得恰恰相反，执行力的核心应该是"力"。这个力，是一种 power，是 push，是推着自己往前走的一种动力，也是一种压力。

我相信大多数人都是懒散的，都不会很勤快。勤快的人，要么对自己要求极高，要么就是压力大被迫将压力转化为动力。

如果不是特别能够自律，那就需要一些外在的力量来推动自己去执行。只有对自己够狠，才可以走得更远。不管哪个领域，金字塔尖的那些成功者，往往都是对自己足够狠的，因为只有那样才能"执行"，才能让自己按照既定的计划，一步步往前走。

那外贸业务员究竟怎么做才算是执行力好呢？我想以我过去的经历，给大家做案例分析。这个办法或许不够好，不能立竿见影，但是只要坚持下去，就一定会有足够的收获。

案例 4-4　My power of execution（我的执行力）

刚工作的时候，我也是属于懒散的那一类人，属于外贸从业者中的大多数。我也曾经踌躇满志，也曾经充满梦想，可事实上，我还是太懒了。一个邮件，要拖两天才回；一个报价，要四五天才弄好。虽然这里面有很多客观原因，但是主观上，我的效率的确很低，我的确不够专业。

一次次被现实打击后，一次次跟港台贸易商比较后，我才发现差距是如此巨大。为什么别人可以如此高效的工作？为什么我就要如此拖沓？客观的原因很多我无法改变，但是主观的东西一定可以改，一定要让客户觉得，我跟别人不一样；要让客户觉得，人与人之间是有差异的。

这方法说来简单，可执行起来非常不容易。简单来说，就是一句话"当天事当天毕"，每天把事情完成，不拖延到下一天。复杂来说，就是弄一个 To-Do List（未完成事项列表）。

	Task	Comments
1		
2	✓ Reply Jonathan's Email	Wait for updated comments
3	✓ Send out carpet sample to ABC Trading	Picked by DHL
4	☐ Make quotes for Kelvin	
5	✓ Send invitation letter to Henry	Henry replied he won't attend the fair this time
6	☐ Sourcing for hand tool kit	
7	☐ Call printing factory to re-check the packaging sample	
8	☐ Check offer recap again for Mr. Yeung	
9	✓ Send factory audit report to Jonathan	Finished
10	✓ Push Lynn for balancing payment	Email sent out but no reply

图 4-4　*To-Do List Example*（未完成事项列表）【毅冰制图】

当天要处理的事情，当天要回复的邮件，当天要报的价格，当天要跟进的事项等，做一项勾一项，不做完就不睡觉。比如第一件工作，回复 Jonathan 的邮件，已经做完了，那就在前面打钩，然后评论里备注一下，还在等客户的答复。比如第四件工作，发邀请函给 Henry 也完成了，同样在前面打个钩，收到了客户的回复，对方明确表示这次展会不会来参加，那就也写在备注里。

每一项工作都要列出来，在避免遗忘的同时，时刻了解自己的进展，比如有没有做，做到哪一步，目前情况如何。然后时刻对应着看，完成一项，就打钩加备注；没有完成，那就继续加油。

这件事看起来虽然很简单，却能最大限度提升自己的工作效率和条理。这其中最难的是坚持。之所以把这个压箱底的表格贡献给大家，是希望从执行力上，最大限度地提升业务员的能力和主观能动性。或许若干个月后，你就会有飞一般的变化。

如今如果有人问我，"毅冰，你觉得如何提高执行力？"

我会回答："做一个 To-Do List，然后坚持下去，每天对照成果。"

执行力的核心在于力。要对自己够严苛，要对自己够狠，要逼着自己往前走。

二、定位与两个"知"

定位本身就是个不小的课题。如果套用到外贸圈，我准备暂时把它总结成三个方面：对自己的定位，对公司的定位，对产品的定位。

对自己的定位：你必须知道，自己的优势在哪里，自己的缺点又在哪里。

比如有些人做事极其仔细，每个细节都会反复确认推敲，每个不确定的地方都会再三比较确定，几乎找不到任何疏漏。可是也正因为太拘泥于细节，在大局把控上或许就有点力不从心了，或许还缺少战略性的规划和管理谈判的能力。这样的人，或许适合管理大客户，负责大订单和大项目的跟单，但不适合做更要求开拓能力的业务总监。

又比如有些人特别热衷权力，喜欢被众星捧月的感觉，哪怕薪资不高，但是一定要足够有分量的头衔，跟客户沟通能力特别强，但是在细节把握和项目的具体处理上，就有些力有未逮。这类人或许可以负责某一个区域市场的海外开拓，用来带领团队开发潜在市场。

还比如有些人能吃能喝能吹能侃，一个简单的事情到了他/她嘴里就变得生动有趣，一个麻烦的事情到了他／她这里就有了好几种处理办法，一个呆板的客户都能被他／她逗笑从而拉近彼此的距离……这类人，就一定是开发新客户的高手。

所以人跟人是不一样的，每个人的优势不同、特点不同、经历不同、思维方式不同。就像五根手指，有长有短，各有不同的作用，我们平时用食指完成的动作，可以改用小指吗？可以是可以，但是必然不习惯、不自在。你可以用食指开易拉罐，你可以用小指开吗？我觉得大部分朋友应该都不会这样自找麻烦。

工作也是一样，合适的人在合适的位置做合适的工作，才是资源的最优配置，也是定位自己的根本所在。

对公司的定位：你必须知道，公司的特点是什么，能否被客户接受。

这里面就涉及扬长避短的问题，更涉及思维方式的问题。

任何公司都有缺点，任何公司都有各自的问题，这个世界上不存在完美的公司，这是我们对于自己所在的公司的一个清醒认识。哪怕微软，哪怕Google，每年也同样有不少员工离职，也同样有不少员工一肚子抱怨，这些或许是很多"墙外"的朋友所不知道的，因为你看到的都是优点，因为你心里只有羡慕嫉妒，恨不恨就不知道了。

所以在认清现实的同时，我们不得不去衡量一个问题，就是如何向客户、向供应商展示公司的优势，以便于得到对方的信任和认同，从而争取到合作的机会。

对产品的定位：你必须知道，产品的优缺点、适合的消费群体以及与同行的差异

产品的优缺点容易理解，也就是产品的特性。很多朋友都会觉得这个很容易，只要从事一个领域久了，自然会了解产品的方方面面，毕竟每天都在接触产品。这个想法没错，但是这些都是基础的工厂思维，并没有转换成客户的视角。

简单举个例子。一个手机，你作为生厂商，你觉得最重要的是芯片，是处理器，但或许消费者最需要的是轻薄和系统的流畅。你或许觉得性能很重要，但可能用户更需要的是外观。所以产品的优缺点，不是自己理解的优缺点，也不一定是技术上的优缺点，而是从客户那里反馈回来的优缺点。

> **案例 4-5　Advantages & disadvantages of packaging（包装方式的优缺点）**
>
> 比如说，你出口手工工具套装。你的产品或许很多出口欧洲，用的外包装是彩盒，你可能为此沾沾自喜。当你开发美国客户的时候，你重点推荐你们的彩盒包装，以为能赢得美国客户，这样想就错了。因为对于欧洲客户而言，你这个是优点，因为这适合欧洲市场。但这不见得就能适用于美国市场，因为许多美国客户，或许会选择双泡壳包装来代替彩盒。
>
> 所以说，到底是彩盒包装是优点呢？还是双泡壳包装是优点？其实这就要具体问题具体分析，针对不同客户的偏好来制订和推荐合适的方案。
>
> 优点，是可以定制出来的。

这也说明，很多时候在某种场合下的优点，在另外一个场合，可能就会变为缺点。而有些难以弥补的短板，或许在另一种情况下，又会变成优势。这没必要妄自菲薄，因为不同的产品有不同的特性，这很平常。关键在于，你如何去定制，如何去谈判，如何去适应你的客户。

这就要谈到产品定位的后半句"适应消费群体以及与同行的差异化"了。差异化好理解，前面几章穿插了不少内容和案例，相信大家都会有自己的想法，说白了无非就是"人无我有，人有我优"这八个字。更简单些，就是"精益求精"，再直白些，就是"投其所好"。

至于适应消费群体，我们还是可以通过案例，更加直观地来理解的。

> **案例 4-6　Positioning of silk scarves（丝巾的定位）**
>
> 一条 90 厘米 x90 厘米的标准尺寸的 Hermés（爱马仕）丝巾，在内地的价格可能是 3,400 元人民币，在香港的价格可能是 3,600 元港币。这个价格，相信很多爱马仕的爱好者和忠实粉丝一定知道。
>
> 但是问题在于，爱马仕的丝巾是普通大众的日常消费品吗？不是。所以它注定不可能薄利多销，也不可能打价格战，更不可能打折，唯一有可能的就是"涨价"，就是"限量"。
>
> 所以它的定位是"奢侈品"，是"少数人拥有"，是"让人梦寐以求的品牌"，而不简简单单只是搭衣服的丝巾。因此，丝巾不止是丝巾，爱马仕赋予了它更多的内涵和品牌延伸，将情感诉求和消费者对高档商品的向往作为卖点。它质量好吗？的确不错。它的价值是否真的是同等品质的其他品牌产品的许多倍呢？那就看你如何看待了。
>
> 它的定位很明确："非大众""高端""奢侈品"。

一般人会不会买爱马仕的丝巾？可能会，但是不可能一直消费、长期消费。也正因为如此，这个品牌的丝巾才拥有了独特的魅力和价值。

或许它的单品利润 1000%，你的单品利润只有 10%，但是这无所谓谁对谁错，也无所谓成功与否，关键在于定位。你希望薄利多销打开市场，他希望高端定制维护形象，这都是正常的商业行为。

所以在你选择产品，选择方向，选择客户，选择市场之前，先好好思考一下，你的产品定位，以及与同行的差异化。

两个知：知己，知彼

这两个知，相信大部分朋友都从小时候的书本里学到过，那就是《孙子兵法》里的名言：知己知彼，百战不殆。

可知道归知道，真正应用到工作中，能做到而且做好的，绝对是凤毛麟角。

大家可以看看以下这十个问题，对照自己，是否都能答上来？每个问题能回答上来算 1 分，回答不上来算 0 分。

> — 我是否对自家的产品高度自信？
> — 我们主要的竞争对手有哪几个？
> — 现在下单的客户，是因为什么跟我们合作的？
> — 如今转单的客户，是因为什么而转单的？
> — 如果我的价格上涨 10%，是否依然能维持住现在的客户和订单？
> — 如果老板让同事替代我的工作，是否不会影响现有的客户和项目？
> — 我们主要竞争对手的产品、价格、交货期、付款方式，跟我们有什么差别？
> — 在已经没有余地压缩成本的情况下，我如何去争取新客户？
> — 如果除去团队和公司等种种因素，我跟别的业务员一对一竞争，我是否有把握取胜？
> — 自己工作中最大的短板如何弥补？

以上这十个问题，能得到 9~10 分的，算是做到了两个"知"；5~8 分，需要继续加油；0~4 分，如果还不整理思路奋起直追，依然做不动脑筋的工作，那你绝对是平庸的大多数，也必然会成为外贸圈子里的"炮灰"。

> **毅冰说**
>
> 定位是个大课题，要做好销售，前提就是要让产品和自身做好充分的准备，做好定位。胡乱开发，盲目开发，不动脑筋地工作，只能造成大量的时间浪费，造成工作效率低下和信心的逐步丧失。
>
> 未来的外贸出口必然是精细化的工作，需要去适应市场、适应客户、适应消费者，去平衡各方利益。过去的粗放式、低成本的销售模式，也一定会在人口红利逐步丧失的前提下被淘汰。
>
> 知己知彼，适者生存，知行合一，才是继续在外贸界如鱼得水的不二法则。

第八节　逐渐建立你自己的"套路"

我们都知道，模仿别人容易，做自己最难。

我不是说不能模仿，模仿可以，但是要有个度，也要有个时间段。在刚起步的时候，必然要模仿和学习别人的优点，那是因为自己还是一张白纸，需要吸收太多的东西。这种模仿，可以让自己尽快成长和发展。

著名作家古龙先生在出道的时候模仿金庸出版了《苍穹神剑》等书，笔法稍显稚嫩，模仿痕迹很重；但慢慢地，就逐渐形成了自己独特的文风、人物塑造和故事架构方式，到《陆小凤传奇》在香港《明报》连载之时，已然自成一家，看不出任何模仿的痕迹，在当时港台众多名家中脱颖而出。

所以我想告诫大家的是，套用到外贸工作中也是如此，"模仿"其实是一条捷径，在最初可以帮你尽快适应、尽快发展，但在接下来的过程中，如果没有更多的总结和思考，没有更多的变化，没有更多糅合自家的东西进去，这条路会逐渐变成一条死胡同，反过来限制自己的思维和发展。

一、从来没有万能的模板

在整个外贸工作中，邮件的沟通往来一直是主旋律。由于地域的关系，业务员直面客户的机会不会太多，大部分的工作，都要通过邮件来完成。特别是刚入行的新人，往往会无所适从，不知道邮件该怎么写，不知道如何写开发信，不知道该怎样回复新客户的询盘，不知道该如何与客户谈判和周旋……

所以自然而然地就会模仿同事甚至一些前辈的邮件写法，来尽快适应工作节奏，达到公司的要求，也让自己成长。

这样做当然没错，但是这种"偷懒"可一不可二，时间长了反而会限制自己的思路，用条件反射的方式来写邮件，不知道应该如何按照自己的特点来行文。

> **案例 4-7　A joke of super sale rep（超级业务员的笑话）**
>
> 2010 年，我刚在福步论坛连载"开发信"长帖的时候，用了大篇幅的案例和说明，以及从欧美客户的思维和视角，点评了各种邮件中的问题所在。
>
> 尽管我一再强调，邮件必须一对一，不能复制粘贴，不能群发，不要制造垃圾邮件，要针对每个客户"量身定做"。可结果依然是，大量的邮件被复制粘贴，更有甚者用软件群发，疯狂制造雷同开发信，让很多客户不胜其烦，也让很多本来用心工作的业务员被这些"懒人"殃及。
>
> 那时候一个加拿大朋友跟我说，"我这一个礼拜收了 1,700 多封来自中国的邮件，除了公司名和联系方式外，内容几乎完全一样，都是一样的模式，一样的句型，一样的用词。看来中国有个 super salesman（超级业务员）啊，一个人身兼无数公司的销售。"
>
> 我听了也只能苦笑。我是应该暗自得意？还是恨铁不成钢？或许都有吧，但是后者更多些。

我举这个例子不是来给自己脸上贴金的，而是希望告诫大家，邮件可以模仿，但是不能抄袭。句型和用词可以学习，但是不能照搬。毕竟每个客户的情况都不一样，每个市场也不同，本来就没有放之四海而皆准的方法，也没有所谓的"模板"。

每个消费者，我们都要当成一个独立的个体，要了解对方的情况，要根据自身的优势，来做出适合客户的方案，而不是一招打遍天下，永远都是程咬金那三板斧。这样做一两次或许有效，次数多了就不灵了。

更何况，大家都用就不止不灵，而是给自己找麻烦，浪费彼此的宝贵时间了。

发送外贸邮件的目的在于沟通，在于实际工作中的应用，所以思路才是根本。要明白这封邮件要说什么，能几句话说明白，要分几个段落，有没有必要几件事情分开说。这些问题都想明白后，才可以开始下笔，根据搭建好的思维框架，一步步去执行。

写的时候发现有问题、有难度，再去揣摩和模仿别人那些不错的邮件，去套用和学习一些适当的句型，才可以在模仿的同时，逐步转化为自己的东西。这个"化"，需要时间，需要经历，需要实践，需要思考，需要反复钻研。简单地抄袭，永远都不可能有进步。

二、性格的问题

曾经有朋友问，"我性格腼腆，不是很会说话，平时也总是宅在家，不擅长跟人打交道，是不是我这种性格的人不适合做外贸？"

其实根本就不是这么回事。我们要去发掘的，是自己的长处，尽全力去发挥优势，而不要因为某些短板而彻底放弃。或许我可以这样举例，你不喜欢跟人打交道，就不能做外贸？那英文不好的人也不能做外贸？口语很烂的人也不能做外贸？做事啰啰唆唆的也不能做外贸？性格强势容易得罪人的也不能做外贸？学历不高的也不能做外贸？害怕跟老外打交道的也不能做外贸？

要是这样一条一条列下去，估计中国外贸界就没人了。每个人都有自己的缺点和理由，都有自己的问题和短板，这很现实，需要我们去面对，而不是把它当成不适合做外贸的理由。

在我看来，性格不是左右你是否从事某个行业的关键，真正的核心一定是自己的兴趣和信心。你有兴趣，就有可能用心去做好，而不是混日子。你有信心，就会在遇到困难的时候选择相信自己，从而全力以赴。

没有人天生适合做外贸，或许有些人善于沟通，有些人英文不错，有些人喜欢跟人打交道，有些人胆子很大，这些或许都是优势，但是这种优势，在我看来是微乎其微的。因为整个职业生涯就像长跑，没有到终点，谁都不知道结果。领跑的那个人，不见得领跑到最后，跟在后面的人，也不见得不能超越。

有前，有后，有进，有退，有希望，有失落，这些让人心跳加速和百感交集的东西，才是一份工作最大的魅力所在。因为机会对任何人其实都是相对均等的。保持领先的，未必一直领先；现在落后的，未必永远落后。

三、建立自己的思维体系

我一直都喜欢强调思维。因为在我看来，作为一个业务员，支撑你工作执行力的，就是你整体的思维方式和知识体系。

谈判也好，邮件也好，沟通也好，外贸所有的工作环节，其实都是由背后的思维方式来支撑的。你怎么做，就是你怎么想的映照。

大家看问题的角度不同，思维方式不同，得到的结果或许就是截然不同的。就像给客户寄一个价值 50 美元的样品，有些业务员会觉得，有兴趣的客户一定会支付样品费，不愿意付钱的就是骗子。但也有一些业务员会认为，对方只要愿意提供到付账号，就等于是我方承担样品费用，对方承担快递费用，完全公平合理。

有些业务员会觉得哪怕 1 毛钱的样品，我也要给公司赚几分钱，绝对不能吃亏，亏本的生意不做；有些业务员就认为，小问题上完全可以支持一下客户，一点小小的投入，就当作人脉和交情的建立和经营了，就当作请客户吃顿饭或者喝杯咖啡，多认识一个朋友，有什么不好呢？

有些业务员会觉得，投入 B2B 网站很重要，有询盘才能准确开发客户；有些业务员则认为，B2B 属于守株待兔，不如主动出击，搜索目标客户，对症下药，有针对性地开发。

我这里不想简单地判断谁对谁错，因为每个人心里，都有自己为人处世和工作的一套准则，都有自己的想法和目标。我想说的是，你做的事其实无一不反映你的思维方式和价值体系。

我们要做好外贸，不见得要去学别人的做事方式，但是需要去揣摩别人思考问题的角度，慢慢建立自己的一套思维体系，这才是重点。人云亦云不可取，要有自己的判断，有自己独立思考的能力。

> **毅冰说**
>
> 外贸行业说大不大，说小不小。客户选择供应商，往往有自己的理由；客户讨厌供应商，也会有自己的评判。所以我们没有办法用一整套手法去迎合所有客户，只能根据不同的客户，有针对性地去沟通和适应。
>
> 执行力考量的是业务员的思维方式。需要全面布局，需要走一步看三步，三军未动粮草先行。这样的思维方式，就是行动的粮草。

05.

公司里难以学到的惊天内幕

⇧

询盘的真假如何判断?
为什么同事之间的优质供应商往往不共享?
开发客户是否找越高职位的客户越好?
为什么降价有时反而会失去机会?
客户不回复邮件是否应该抄送他的上司?
……

  这一章是头脑风暴,也是大部分外贸人士最容易犯的无心之错。很多事情就是这样,没有标准答案,但是你在做的过程中或许在不经意间会远远偏离预期的方向。

  职场上,智商只是成功的一部分,你要让同事信任、让老板赞赏、让客户满意,更多的是靠专业以外的情商。这也是这一章要介绍给大家的重点。

第一节 "前辈"的告诫未必正确

"前辈"这个词，我在这里加了个引号的意思是，很多"前辈"并不是真正意义上的前辈，他们的告诫未必是真理。他们说的不一定是错的，但是在很多情况下并不适用。

说好听点，那是"横看成岭侧成峰，远近高低各不同"。因为每个人所处的立场不同，思考问题的角度不同，为人处世的手法不同，面对的客户和供应商不同，所以他们现有的很多"经验""技巧"，并不见得适合其他人，反而容易让人犯"经验主义"的错误，阴沟里翻船。

说难听点，某些人自己就是"半桶水"，业务做得一般，管理能力平平，也没有很强的谈判手腕和个人魅力，又如何有资格去教别人呢？好为人师，本来就不是一件好事，教的人得有自知之明，学的人得有分辨之心。

以下两个案例，或许在某种程度上能说明一些问题。

一、不要轻易下结论

> **案例 5-1　Could you rectify the real inquiry?（询盘真假能否甄别）**
>
> 　　很多朋友在读大学的时候，可能会被老师教授要分辨所谓的"实盘""虚盘"，并且要区别对待，区别回复，甚至不回复那些"虚盘"。还没有工作经验的学生们会觉得如获至宝，暗自点头。
>
> 　　等到他们进入工作岗位，一些"前辈"的告诫，又会让这些初入职场的业务员有不谋而合的感觉。"前辈"会说，要学会分辨询盘的真假。针对性强、有图片、有参数、有包装、有数量、有详细要求的询盘，往往都是真的，需要认真回复；简单的一两句话的询盘，往往都是假的；诸如 please send us your offer sheet for your product lines（请给我发一份你们产品系列的报价单）之类的没有针对性的泛泛询价，都是套价格的……
>
> 　　这类所谓的"告诫""经验"真的有很多，我可以举出一大箩筐，很多业务员也会对此深以为然，觉得事实就应该是这样的。
>
> 　　但是大家或许都忘了一个大前提，就是这个命题是否真的存在？是否真的可以凭这几条所谓的经验来甄别真假询盘？

　　我个人觉得，这是十分不靠谱的，完全有误人子弟的嫌疑。

　　让业务员把时间浪费在毫无意义且不靠谱的甄别真假询盘上，还不如让他按部就班去跟进每一个询盘，争取每一个机会。诚然，有些询盘的确可能是虚假的，有些询盘可能就是客户用来套价格、跟老供应商做比较的，但是我们不可以因噎废食。因为可能有些询盘是假的，就来个全盘否定，对每个询盘都疑神疑鬼，然后主观地去猜测真假。这样反而容易丧失很多机会。

看上去像真的未必就是真的。别人要套价格，聪明的人都知道做戏要做全套，所有东西伪装得跟真的一样，你能辨别吗？看上去假的未必就是假。一个看似不靠谱的两三句话的询盘，也没有针对性，或许真的就是有采购意向的客户发的，你又如何能简单否定？

既然本来就无法判断真假，无法通过简单的一两封邮件来判断背后的真实情况，那就没有必要乱猜疑，没有必要自己去脑补很多不存在的东西，不如全力以赴地去争取每一个机会，那才是正道。

不要想着走捷径，踏踏实实去服务好客户，展示自己的专业、效率、服务、素养，这才是业务员需要努力的方向。你争取了，未必就有机会；但是你疑神疑鬼地主动放弃，那就一定没机会！

二、争论不休的"样品费"

> **案例 5-2　Real customers don't care about sample charge（意向客户不会计较样品费）**
>
> 这又是我们常常听到的一些"前辈"或者"能人"们的告诫。
>
> 他们会对你讲，"哎呀，小李，你跟客户说，我们公司的规矩是，任何样品都是需要收费的，需要收 3 倍的样品费。毕竟每天来要样品的客户很多，收费很正常，等客户下单了，这个钱是可以退的嘛。如果客户有意向，当然是不会在乎这个样品费的。如果客户是来骗样品的，我们这么一来就把骗子挡在门外了"。

> 结果这位业务员小李一听，是啊，挺有道理的，样品不能白给，要向客户收费，客户下单后再退回，这也很公道。如果客户不下单，那我们也没有损失，还能小赚一点点。

可事实真的如此吗？

我想说的是，这又是一个典型的思维误区。样品费总是能让很多朋友打嘴仗，吵上好一会儿，有人说，应该收取，这样能避免公司的损失，也可以防范一些骗子，毕竟有意向的客户，是不会计较这个费用的；也有人说，不应该收，毕竟这是为了做生意，样品只是敲门砖而已。

这个问题如果展开来讲述，可能写一本书也不会觉得少。在这里，因为篇幅有限，我只能点到为止，从几个角度给大家做一个简单的分析。

"付费与否"不是判断客户的标准

是否需要支付样品费，从买手的角度上看，其实有一个衡量的标准，就是有没有必要。比如说，这个样品只是一个很普通的产品，别说新供应商，很多老供应商那里都可以轻易拿到样品，根本不存在样品费的问题，而这个时候你对新客户提出需要收费，往往会让客户转而跟别家联系。

又比如说，你向一个刚接触的新客户收取 50 美元样品费，客户也二话不说就付款了，可能你的产品货值只有 10 美元，你扬扬得意，觉得赚了。但是这只是个案，或许这个客户根本无所谓，一顿午餐的钱而已，懒得继续找别家联系，又或许这个客户刚开始做进口生意，根本不知道具体情况，你说要样品费，他就付款了。但是我们不能将个别案例套用在大部分客户身上。毕竟，在能够轻易得到免费样品的前提下，谁会乐意去付费呢？这就是一个心态问题，跟"有没有意向"并不是绝对可以画等号的。

还比如说，客户可能是公司的买手，他要支付样品费，要层层申报，层层审批，整个流程会非常复杂。就以我自己的公司为例，假设我要给一个供应商支付 50 美元的样品费，我需要在系统里提交申请，然后我上司，也就是 buying director（采购总监）在系统里确认；然后，这个申请会自动提交给 vice president，就是负责采购部门的执行副总裁，这个副总裁在系统里继续确认；之后系统会自动生成内部邮件并发送给财务部门主管，也就是 finance director；然后这个财务主管一般不会收到申请就立刻安排付款，他也要按照流程来走，遵循对等原则，财务部的头跟采购部的头对接，也就是他跟我的上司相互了解情况后，如果确认这笔钱必须支付，财务主管会在系统里确认，然后再自动生成邮件，指示财务部门具体的 finance specialist（财务专员）来汇这 50 美元的样品费。

这么一个流程走下来，我想大家都已经快看晕了，不就是 50 美元吗？怎么弄得这么复杂？

可事实就是如此。越是大公司，内部的流程就越复杂，这一条线下来，哪怕每个环节都很顺利，估计也要一周左右的时间，甚至更久。这期间，如果 buying director 去展会了，或者 vice president 在休假，那不好意思，这个审批就会被无限期搁置下去，你也不会好意思为了 50 美元的样品费，去打扰你的上司，让他们在假期或者出差的时候还专门抽时间来弄你这么点事儿，是吧？

这就是为什么，很多买手一听到样品费就打退堂鼓的原因，实在不是不愿付，真的是太麻烦了，还是换老供应商来做算了。

付费的客户，也未必就有诚意

客户愿意付款，很爽快，并不见得就很有诚意。也许他要下单给他老供应商，但是因为老供应商的订单出过问题，产品有技术上的缺陷，他想比较一下别家的产品，拿到样品，交给老供应商去研究，找找问题出在哪里。

在这种情况下，你能说，客户给你付了费就是有足够的诚意跟你合作吗？当然未必。我们是根本无法从付费与否来判断真假询价，甚至客户的诚意的。

因为诚意这东西，是个比较主观的词。有诚意的，诚意或许也会在沟通和谈判中逐渐淡化，还有可能会有意外产生；没诚意的，或许谈着谈着，对你印象越来越好，反而成为了你的客户。谁知道呢？

所以我要告诫大家的是，不要用主观色彩去判断客户，疑神疑鬼是毫无意义的，用样品费来判断成交的可能性，也是完全没有根据的。

我还是那句话，是否应该收取样品费，要具体问题具体分析。

如果只是现成的样品，货值也并不高，在客户愿意承担快递费的前提下，哪怕提供免费样品，也没什么大不了的。这就好比你卖葡萄，客户想尝一颗，看甜不甜，再决定要不要买，你作为老板会怎么做？难道说，一定要让客户先付5元，如果最终买了，总价给他扣除这5元，你觉得合理吗？

如果专门根据客户要求来打样的产品，耗费了人力、物力、时间，费用也不低，问客户适当收取样品费，或者和他分摊一部分费用，就是完全合理的。那就好比你卖澳芒，一个芒果可能就要三四十元人民币，一般客户自己吃的话，也就买三四个，甚至就买一个。这种情况下，如果有客户跑来说要免费试吃一个，那就有点不合适了。试吃一块可以，但是要试吃一整个，你就可以提出，让他买一个，这就是合情合理的。

很多东西，道理都是相通的，就看你自己如何去动脑筋，如何去平衡这其中的利益关系和人际关系了。既要让客户赞赏，也不能让自己吃亏；既要方便客户，也不能让他顺着杆子往上爬，这才是业务员们需要考量的问题。

我们可以再看一个案例，关于价格和细节的。

三、万事都不是绝对的

案例 5-3　Inquiry & details, which comes first?（先问价格还是先谈细节）

有"前辈"会告诫业务员，跟客户谈判的时候，不能随意报价，要问清楚细节，比如对方具体的品质要求，包括数量、包装、测试要求、产品细节、颜色、商标、电镀工艺、外箱要求、验货标准等。这些东西都谈好了，才是报价的适当时机。

理由很简单。一方面，客户能跟你谈这么多细节，说明订单很实在，他是真有其事，不是来套价格的。另一方面，细节都考虑完善了，价格核算才会更加准确，误差会更小。

听起来，好像没什么问题，挺有道理的。但我想补充一句：以上全错！

因为实际的外贸工作，绝对不是那么简单的。这是个技术活，也是个动脑筋的活，还是个跟人打交道考验情商的活。诚然，有些客户或许比较严谨，本身做过这类产品，能够给出很详细的资料，让你报价。但也有许多客户，一开始并没有兴趣跟你探讨那么多细节，因为他根本对你都不了解，谈那么多有意思吗？他们或许还是希望一开始就了解大致的价位，从而判断供应商的情况，看看有无合作的可能性，再考虑是否继续往下谈。

这就好比你去买衣服，一家专卖店你第一次路过，从来没进去过。今天你走进去逛了逛，大致走了一圈，扫了几眼，发现有几件衣服还可以，款式挺别致的，这个时候，或许你就想知道一下大致的价格，从而判断这家店的产品是不是符合你的心理预期。

如果说，店里随便一条裙子，标价都是 4,500 元人民币，而且你查看价签的这条裙子还不是你喜欢的，或许你会因为这个价格，就决定离开，连其他有兴趣的风衣和连衣裙都不想看了。原因是，你通过一个单品的价格，已经知道了这家店产品线的价格定位，它的 price range（价格水平）远超过了你的预算，就没必要浪费时间了。

这种情况下，你是否还会坚持试自己喜欢的连衣裙，接着询问面料、尺寸，之后研究领子改小等细节，谈到最后才发现，你的预算是 1,000 元，他的连衣裙是 18,000 元，差距无比巨大，然后再放弃？

"放弃"是在一开始就应该做的事情，不是吗？换位思考一下，你是不是就不会再想当然了？

很多时候，客户询价并不仅仅是为了成交，还有可能是想了解一下你们的价位，从而对你们做一个简单的判断，仅此而已。

给客户写开发信的时候，为什么我强调要运用 mail group 主动做方案，主动推荐产品，主动给出一些报价？就是要让客户在了解你们产品的同时，也可以大致了解你们的价位，从而判断是否有可能促成未来的合作。

> **毅冰说**
>
> "前辈们"的告诫未必正确，别人的"成功经历"也未必就适合自己。
>
> 独立思考，具体分析，这才是业务员需要做的。不能盲目听信别人的言论，要自己去衡量和研究，多换位思考。假设自己处于客户的立场，业务员这样跟自己谈，是否合适？是否让自己满意？如果不满意，那问题究竟出在哪里？
>
> 尝试不同的角度，往往就会看到不一样的东西。一味站在自己的立场考虑问题，忽略客户的感受，那对方也不见得就会为你着想，合作就不可能很顺利，中间就会出现很多意外，就容易有误判。很多东西，单纯靠别人说，是不能给自己强烈的代入感的，有的时候反而会因为这些固有思维，而把自己带入误区。
>
> 归根到底一句话，需要"兼听则明"，但不能"盲目追随"。

第二节　不要动别人的奶酪

这一节，通过这个标题，大家就可以看出来，内容肯定跟"利益"有关。

当然，这个"利益"，并非就是金钱，而是一个广义的概念。比如客户，比如资源，比如人脉，比如询盘，比如展会，比如机遇等，在公司要顺顺利利工作，首先就要尽可能让同事们喜欢你，最起码不能敌视你。

如果用一句话来总结，就是"可以做不成朋友，但是不要做敌人"。

这里考验的，不是智商（IQ），不是工作能力，而是一种为人处事的思维方式，属于"情商"（EQ）的范畴。

有些业务员可能能力不错，业绩也出色，但是情商很低，跟其他业务员势同水火，跟供应商闹翻，跟客户吵架……一般这样的业务员，在顺境的时候，顺风顺水，老板捧着你，上司护着你；但是一旦到了逆境，出了问题，就注定要做炮灰，会成为众矢之的，成为被大多数人联手敲打的牺牲品。

一、越级引发的困扰

> **案例 5-4　Issues for bypass（越级的问题）**

很多朋友往往不把越级当回事，可是在职场上，bypass（越级）是一个不能碰的雷区，不到万不得已，是不应该在这上面冒险的。

我曾经有一个下属，姑且把他称为小 A。在拉斯维加斯的展会上，他接待了一个美国大公司的高管 Ron，对方名片上的职位是 buying head，也就是采购老大。小 A 很高兴，也很卖力，当天就针对客户在展会上询问的产品，写好详细的邮件和报价单，发给了 Ron。然后在我的默许下，让工厂立刻打样，三天左右就寄了出去，让客户第一时间收到。

Ron 自然很满意，对小 A 的印象不错，于是就写邮件给他国内的采购办事处的某位同事并抄送小 A，说明由这位同事来负责这个项目，跟小 A 对接。我姑且把这件同事称为 Tom，他的职位是 sourcing specialist，也就是负责询价的专员。

小 A 很高兴，直接在 Ron 原邮件的基础上给 Tom 发了邮件，并抄送给 Ron。而 Tom 的回复也很迅速且积极，态度和语气都很好，然后我跟小 A 也一起去采购办拜访了 Tom，大家谈得也算和睦。貌似一切都挺顺利的。我很满意，于是就没有再过多地参与这个项目，让小 A 独立处理，好好跟 Tom 谈着就是了。

可结果个把月后，小 A 来我这里诉苦，说 Tom 这个人太难伺候了，要么对他不理不睬，要么就把简单的问题复杂化，弄得他无比头疼，想把这个项目放弃算了。我很纳闷，于是就让小 A 把他跟 Tom 往来的邮件给我看一下，我想看看问题到底出在哪里。

结果一看，我顿时就明白了。不是沟通的问题，不是报价的问题，

> 不是技术的问题，不是产品的问题，而是小 A 无意中犯了大忌讳，因为 bypass（越级）把 Tom 给得罪了。
>
> 小 A 的做法就是，一有什么事情就喜欢直接写邮件给 Ron。因为他觉得，Ron 是采购老大，是做主的那个人，只要他点头确认的事情，手下的人就只能照做。他喜欢跟有决定权的人沟通，这样最直接，而且效率最高。每次都是跟 Ron 谈，然后抄送 Tom 或者不知是有意还是无意，会漏掉一些邮件抄送。
>
> 而当 Tom 没有回复一些邮件，小 A 用邮件催促的时候，总是习惯抄送给 Ron，他觉得，这样能让 Tom "重视" 一些，可以对这个项目多一些关注。

我把他们往来的邮件大致浏览了一下，知道问题就出在这里。不是这个项目的问题，而是小 A 的思维方式的问题，他得罪了人而不自知。我跟小 A 说，越是小职员，就越在意别人对自己是否尊重，哪怕他没有做主的权力，但是你动不动就拿他上司压他，你让他怎么想？怎么看你？

一方面，既然 Ron 已经说明由 Tom 来负责这个项目，那就要坚持一对一的原则，跟 Tom 好好沟通，好好跟进这个项目就可以，不到万不得已或者十万火急的时候，不要联系 Ron。否则容易让 Tom 有情绪，让他觉得你不信任他，或者暗地里给他老板告黑状。

另一方面，Tom 如果有些邮件回复不及时，或者一些事情没有给出答复，可以继续跟 Tom 谈，电话也好，邮件也好，见面也好，很多东西其实并没有那么复杂，也不需要一写邮件就抄送他老板，"逼迫"他非回复你不可，这本身就会让人很不高兴。

小 A 没有注意到这些问题，天真地认为只要时不时地联系他上司，就可以达到目的，让项目迅速推进，可结果恰恰相反。越级的问题让 Tom 觉得受了伤害，开始跟小 A 打官腔、找麻烦、不配合，让小 A 有苦说不出。

这里面的问题就在于，小 A 因为越级，动了 Tom 的奶酪，所以才引起后续的麻烦和困扰，影响了项目的进展，影响了未来可能有的合作。

二、同事间的微妙关系

我们再看一个案例。

案例 5-5　Vendors sharing issues（共享供应商的问题）

这是我自己的亲身经历。

2008 年，我刚进入一家世界 500 强企业在上海的采购办事处。公司有很多组、很多部门、很多同事，我那时刚入职，职位是 sourcing specialist，负责寻找供应商和产品，负责询价、下单、跟单，还有各种文书工作等，说白了，就是买手的助理。跟我同一组的，有 11 个同事，其中 6 个人的职位都是类似的，负责家具类产品的询价和采购。

我刚入职的时候，虽然已经有了几年的外贸经验，也在贸易公司做过销售主管，但考虑到在外企工作还是头一遭，各方面都需要磨合跟适应，所以感觉要跟团队和同事去配合，更要行事低调，不要让别人觉得我过于功利，从而引起不好的看法。

到新公司的第二天，美国总部给了我一项任务，找一款户外休闲椅，要求铁架喷塑，特斯林面料，12 把叠装，4 个高柜的预期数量。要我在一周内拿到价格和样品。如果在贸易公司工作，接到这样的询价，那很简单。熟悉的产品就找老供应商报价；不熟悉的产品，就通过网络和朋友介绍，寻找新供应商来寻求报价和样品。

但是考虑到我对新公司不熟悉，而且不知道外企采购办跟贸易公司的工作性质有哪些差异，不好贸然按照经验主义去工作，担心会引起上司的不满。于是，我就跟几个相熟的新同事寻求帮助，问他们有没有现有的做这类产品的供应商可以分享给我？我直接跟公司现有供应商沟通，总比到外面漫天询价要靠谱很多。

在我看来，老供应商跟公司合作多年，必然在价格、品质、交货期等方面都令人满意，而且经过了长期的磨合，用起来自然是最顺手的。如果我直接找公司老供应商合作，应该是一点问题都不会有，从同事到上司，应该会对我满意才是。可结果是：

同事A：表示这款椅子他不是很熟悉，帮不了我（其实他前两天刚收到过类似的样品……）

同事B：同意会把他的老供应商的联系方式给我（可是催了几次，他态度很好，每次都说回头给我，但是永远没有下文……）

同事C：表示需要跟她的领导请示一下（然后领导一直未回复……）

同事D：说最近比较忙，等有空的时候帮我看一下（那位仁兄就坐我旁边，工作显然不忙，聊QQ的时间甚至多于工作……）

我当时真的很奇怪，明明我想做一个好事情，为公司利益着想，为什么这些平时吃饭、喝咖啡、开玩笑都很自然的同事，一碰到工作问题，就变得不那么自然了？

这个疑问一直到2010年，我被总部派往香港分公司工作，职位也从最初的小职员升入公司的中层，开始管理自己的团队时才得到解决。那时候，我在上海工作时的上司的上司，香港人Simon正好退休。有一次在香港跟他喝下午茶，我提出了这个困惑我多年的问题。Simon 的回答让我恍然大悟。

他说："你觉得不同的采购组之间分享供应商能够让工作更加有效，能够减少和控制订单的风险，能够优化部门与部门之间的协作。如果站在高层的立场，你的思路没有错，但是在大公司，越是产品线复杂，你就越执行不了这个想法。因为你的立场是员工，你跟其他同事没有区别，你不是老板，不是高管，你用一个不属于自己的职位、立场去思考问题，那就会碰到很多问题。"

他继续解释："我们举个例子。假设你找了别的同事的老供应商来询价和下单，这个订单可能相对顺利，但是你能确定，你不会找别的供应商比价格吗？如果你一比较，发现有供应商报价更低，你会怎么想？你会不会认为你的同事收受暗佣，跟供应商之间有桌底交易？你会不会推荐你觉得更便宜、更靠谱的供应商给公司？如果那个同事真的有猫腻，就有可能被你发现，你跟供应商一聊，说不定就会得到这方面的信息；而如果那个同事没有问题，供应商也没跟你说太多，可你在谈判中砍价、比价，他说不定就会给你降价，或者你在外面找到了更低的价格，那你会不会怀疑你同事？"

我开始有些明白的时候，他接着说："所以从你同事的立场出发，分享供应商给你，对他来说没有任何好处，也没有任何必要，但是问题和风险却一大堆。只要是聪明人，就绝对不会做吃力不讨好而且风险巨大的事情。只要把供应商分享给你，就等于把他自己放在火上烤，没有问题属于正常，有了问题那都是他的责任。所以你的提议就等于动了他的奶酪，无形中不断放大了他的不

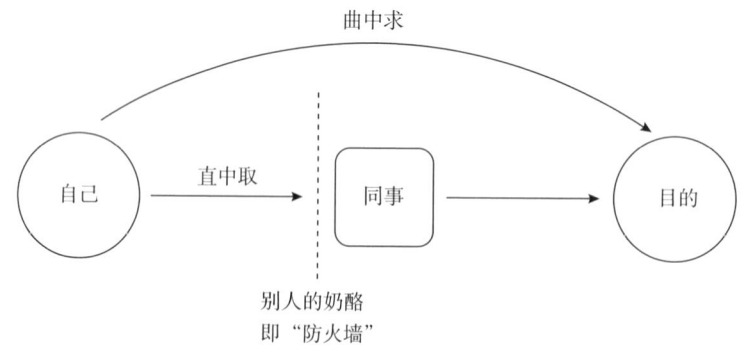

图 5-1　Direct & Indirect（"直中取"与"曲中求"）【毅冰制图】

安全感，对方一定不会同意。"

所以在企业中，很多事情要具体分析，当提议不被认可，或者自己的想法被否决的时候，要好好去反思和总结。想想问题出在哪里，而不是一味去催别人，觉得别人不配合你，觉得都是别人的问题等。要静下心，换位思考一下，自己的想法和行为有没有动别人的奶酪？

虽然每个人都知道两点之间直线最短，但前提是在不影响别人的情况下。否则，"曲中求"或许更加容易些，不见得非要"直中取"。

多走几步，多做几次，表面上吃亏，但实际上未必。

> **毅冰说**
>
> 不管是有心还是无意，身处职场的一个关键原则，都是"不能动别人的奶酪"。
>
> 因为每个人都有自己的立场，都有自己的想法，都有自己的利益，都有自己的坚持，都有自己的困惑，都有自己的无奈。从某个角度看毫无瑕疵的事情，或许站在不同的角度看，就会伤人于无形。
>
> 所以在很多时候，当我们碰到问题，不妨换位思考，假设自己处于对方的立场，自己的想法会不会引起对方的反感甚至更大的问题？

第三节 "找对人"仅仅是开始

曾经有一位学员跟我抱怨，他购买了海关数据，购买了广交会和一些行业展会的名录，公司还存档了过去十年参加展会拿到的所有客户的名片。理论上讲，这些客户应该大多数都是实实在在的，有实际采购需求，产品也十分对口。可为什么当他卖力开发的时候，却效果寥寥，觉得灰心丧气、力不从心？

这里我想说的，就是一个"开始"和"进展"的问题。

很多朋友，特别是初入外贸行业的朋友，总是把"寻找客户"当成工作的方向。平日里学的，去网上搜的，往往都是"如何找客户"之类的帖子或内容。甚至还有朋友私信我，"毅冰，我是一个刚入行一个月的新手，外贸的流程和公司产品我都懂，现在对我来说最难的就是找客户，麻烦你指点一下"。诸如此类的问题，我不知道该用"初生牛犊不怕虎"还是"不知天高地厚"来形容。

在我看来，任何一个行业，水都很深。个人往往经历得越多，接触得越多，反而会越谨慎，越认识到自己的渺小和无知。任何产品、任何学问，都需要终其一生去追求，是短短一个月就可以全部精通的吗？这显然是有问题的。

可能你已经了解了公司经营的产品，那你知道如何计算成本吗？知道价格构成吗？知道上游供应商的情况吗？知道具体的技术和工艺吗？知道未来的行业发展方向吗？知道欧美和其他主要国家和地区的测试标准吗？知道同行的情况吗？

这些东西，都是非长期积累而不可得的。所以找到人，找对人，并没有完事，一切才刚开始。你找到了联系人，甚至找到了对口的联系人，这是好事，可能否拿下，这关系到后续的跟进和谈判，关系到方方面面的东西。

一、不经意间得罪了买手

我们来看一个案例，关于同时联系买手和采购总监的时候，如何处理更加妥当。

案例 5-6　Contacting buyer & director at the same time（同时联系买手和采购总监）

业务员 George 某次在网上搜索关键词，找到了客户公司买手的邮箱。他写开发信过去，结果石沉大海，跟进一两次，也没有下文。

过了两天，巧了，业务员又在网上搜到了同一个公司的另外一个联系人的联系方式。这个人的职位是采购总监，就是采购部门的老大，也是所有买手的上司。

George 很开心，同样的开发邮件，也发了一封给这位采购总监，只是换了个名字，内容压根儿没改。

接下来更开心的事情来了，这个采购总监居然还回复了，邮件抄送给了买手，让他这边跟进这个项目。

然后，George 跟买手谈得很顺利，从报价，到样品，到改进样品，到重新报价，到付款方式，对方也很客气。几个月下来，一切尽在掌握之中，George 很开心，觉得这个订单十拿九稳。

> 可是几个月后，情况急转直下，买手写了个邮件给 George，并且抄送采购总监，内容大致就是：不好意思，我们有更合适的供应商了，这个项目暂时搁置，停止下单，以后有机会，咱们再继续合作，这段时间谢谢你的支持跟配合！
>
> 话说得很漂亮，貌似没什么问题，只是项目没争取下来而已。可真正的原因，大家能猜到吗？

这样的案例，现实中比比皆是。同时联系买手和采购总监可以吗？当然可以，但是这里面有太多跟情商有关的东西，跟职场和办公室政治有关的东西，莽撞行事是不行的，很容易出问题。

我们分析一下上面这个案例。George 写邮件给买手，买手没有回复。George 尝试直接写邮件给采购总监，结果总监回复了。但是最后，总监还是会把这个项目转给买手去处理，因为这是买手的工作。可这里的问题是，George 没有一人分饰两角，结果出现了大麻烦。

买手会怎么想？他会不会想，"我没回复你，你就直接联系我上司，你什么意思？是拿我上司来压我吗？是威慑？还是挑衅？看来是逼我非回复你不可了？行，你给我陷阱挖，那你也别怪我好好整你了。"

然后可能的情况就是，买手的态度不错，很亲切，跟进项目也效率很高，邮件都是第一时间处理，一切进展很好，重要的邮件也都有抄送采购总监，让 George 如沐春风，觉得订单都已经到口袋里了。

可结果，谈判几个月后，买手突然宣布项目停止，有别的供应商合作，这边以后再找机会，有需要再联系。George 或许就会着急，就会去追问原因，甚至对客户下单别家表示不满。

可 George 没有想明白的是，可能买手从一开始就已经存了要整人的心。手法并不复杂，就是表面上客客气气，让你不认为对方会对付你，放松警惕。然后在谈判过程中，买手故意讨价还价，造成一个有可能合作的假象，让你一次次降价、让步。随后，买手偷偷把底价报给"老朋友"，把这个项目同时交给几个供应商报价。结果几家报过去，都比你专业，都比你的价格恰好低 5% 左右，而且效率还相当高。再然后，或许买手就会把别人和你的报价一起给采购总监，问应该跟哪家合作。

总监一看，别人的价格都要更好些，而且样品都已经收到，品质还不错。但是 George 这边不仅价格贵，样品到今天还没到，那就下给别人吧。

或许 George 很冤枉，样品的事情，买手讨价还价很多次才提出要样品，他也立刻就安排了，怎么都需要两三天准备，加上寄出的时间，起码需要一个月。奇了怪了，怎么那些同行个个都这么激进，客户一询价就连样品都准备好了，然后第一时间寄出？

其实根本不是那么回事。一切都是买手的计划，他故意让你出局，不想让你拿到订单，就为了报当初的一箭之仇。他跟你客客气气，是让你觉得自己没有问题；他跟你讨价还价，谈产品、谈细节、谈包装、谈付款方式，然后谈到样品环节，只是想在流程上，让上司觉得他很专业。但是这种手法是想通过拉长谈判环节，让上司看不出来他在整你，George 不会有任何证据。可是私底下，跟他谈好的细节，跟他谈好的付款方式，他同行那边都可以第一时间知晓，这或许也是为什么别人报价都"正巧"比他便宜，别人的付款方式都"正巧"比他好一些，别人的样品又"正巧"比他快一些送到的原因。于是，客户下单给别人，就变得顺理成章了。

到了这里，大家或许有些明白，真正的问题出在哪里？就出在业务员一开始不经意地得罪了买手。最终给自己造成了这么大的麻烦。宁得罪君子，不得罪小人。被穿小鞋实在太憋屈了。

那我们是不是可以说，在这样的情况下，不宜直接联系采购总监呢？这是不是越级？可是买手和采购总监都是第一次联系，而且是因为买手那边没消息，业务员才想着从高职位人士那里入手，看看有没有机会的。难道这样也不行？

事实上，这个基本思路没有错，但是执行起来问题多多。若是多动动脑筋，用一个更巧妙的手法，往往很大程度上是可以避免当炮灰的悲剧的。

二、略作修改，化解难题

案例 5-7　Tactful contact（巧妙的沟通方式）

上述情况，若 George 细心一些，或许在开始的时候就不会用那么粗暴的方式去开发客户。同一封开发信写给不同的人，内容还一样，会让收件人怎么看？

买手收到后没有回复，有他的原因和理由，也是他的自由。采购总监收到后，有点兴趣，把邮件转给买手跟进，同样是他的工作职责所在。我们做业务首先要避免的就是无意中得罪人，也不要参与到对方可能存在的办公室政治中去。

聪明的做法可以是下面的步骤：

第一步，George 给买手写开发信。

第二步，买手这边没有消息，尝试跟进几次。

第三步，跟进后若依然没有消息，可以考虑从采购总监那里找找突破口。

第四步，以 Kelvin 的名义写开发信给采购总监，邮件的内容跟以 George 名义写给买手的不一样，留的邮箱和电话也不一样。

第五步，哪怕采购总监有兴趣，把邮件转给买手去跟进，至少表面上来看，还是可以让买手觉得，是一个公司的两个业务员写的邮件，正巧 George 写给了他，而 Kelvin 写给了总监。

这个步骤，是为了避免让买手心里不舒服，或者让他尴尬。

我们可以换位思考一下，假设你在跟单的某个客户，写邮件问你询价一款新产品，你正好今天忙得要命，打算明天给他找找再回复这个邮件。

可第二天一忙，或许就忘了这个事情。第三天上午，你老板转了个邮件给你跟进，说这个客户在询某某产品的价格，你今天赶紧报价过去。

结果你一看，这不就是那封邮件吗，客户既发了一封给你，还一个字不动地也发给了你老板。这什么意思？动不动拿你老板压你？逼迫你第一时间给他回复？

这样的手法，你心里会舒服吗？可能客户是无意的，但因为大家情况不同，立场不同，他的无意或许已经伤到了你。

这也是我这一节要强调的内容，"找人"很重要，"找对人"很重要，可这仅仅是开始，后面的跟进、沟通，才是真正考验业务员的地方！

> **毅冰说**
>
> 找对人，往往只能说明你找到了合适的联系人。但是并不代表你能把事情谈好，你能把项目进展下去，这是两个概念。
>
> 你或许能联系上某某公司做决策的那个人，可是你如何突破？你如何不影响其他人？你如何不无意中伤害到别人？你如何不让某些人给你使绊子？
>
> 这些问题也是业务员在平时的工作中，需要细细体会和思量的。其实用一句话就可以说清楚，"如何不让别人感觉被冒犯，如何留有可以转圜的余地"。

第四节　如何避免"无心之失"

子曰：无欲速，无见小利。欲速则不达，见小利则大事不成。（出自《论语·子路》）

我们做业务久了，胆子不仅不会越来越大，反而会越来越小。接触的多了，经历的多了，反而会越来越谨慎，逐渐失去刚入行那种初生牛犊不怕虎的锐气，变得圆滑，也变得老练。

虽然我不是很喜欢这样的变化，觉得某种程度上会有些世故，但不可否认的是，"谨慎"往往能避免许多问题，也能减少出状况的概率。

一、表面上看起来，你并没做错什么

之所以说"无心之失"，就是我们要防范和控制"意外"，不能丢了机会，都不知道怎么回事；得罪了客户，还不知道自己有什么问题。

> **案例 5-8　A bad story with only 20 US dollars（20 美元引起的麻烦）**

　　这是一个真实的案例。我有个朋友，我们姑且把她称为 Chris，因为 20 美元而失去了一个客户。

　　事情很简单。起因是一个法国客户打了 200 美元的样品费到 Chris 的公司账户，来安排打样。当时 Chris 也承诺，订单确认后，这笔费用是可以退回的。这也是常规的做法。

　　后来经过一系列磨合，两万多美元的订单最终成交，也顺利完成了出货。但是问题在于，客户付 70% 余款的时候，忘了扣除这 200 美元的样品费，Chris 也把这个事情丢到了脑后。

　　又过了一阵子，法国客户想起这个事情来，于是写邮件给 Chris，请她把 200 美元转到他公司账号。Chris 当然没问题，答应过的事情，总要履行，更何况客户订单都下了，钱都收到了，利润还不错，接近 3,000 美元。而 200 美元的样品费自然是要退回的。

　　可是 Chris 跟财务那边一说，财务的回复是，因为涉及银行手续费的问题，当时我们实际收款只有 180 美元，所以只能退 180 美元给客户。

　　Chris 就把这个情况如实告诉客户，表示因为 bank commission（银行手续费）的问题，我们只能退 180 美元，还"贴心"地补充了一句，您实际收到的钱，可能会在 150~160 美元的样子。

　　本以为这个回复很正常，可没想到的是，法国客户勃然大怒，在邮件里咆哮，说 Chris 不按规矩做事，缺少商业道德，以后再也不想跟她合作，一切到此为止。

> Chris 觉得很委屈，这不是她的责任啊。客户付样品费，实际的确只收到 180 美元，那把这个钱退回去，也无可厚非，并没有不按规矩办事，客户凭什么无理取闹？

我很想知道的是，大多数业务员，设身处地地想一下，当你碰到 Chris 这样的情况，你会如何处理？等客户不满、咆哮了，才去解决问题，那可能就晚了。

在我看来，这根本就不是钱的事儿。法国客户真的很介意这 20 美元吗？当然不是。Chris 所在的公司缺这 20 美元吗？也不是。这是按照规矩办事的事。

那问题究竟出在哪里？其实就是"感觉"，是 Chris 让法国客户的"感觉"不对了。明明一件很小的事情，就因为 Chris 的无心之失，让大家心里都不舒服。Chris 会觉得，我没有错；Chris 的财务同事会觉得，我也没有错；法国客户会觉得，我当然没错。

那谁错了？

其实这根本不是对错的问题。Chris 的问题在于不够灵活，不懂变通，很多事情不知道如何设身处地为客户着想，不知道如何在一些小的地方展示自己，让其成为加分项。这也是业务员的个人能力和思维方式跟不上的体现。

二、收买人心的好机会

假设我是 Chris，我就会这样做。

> **案例 5-9　A good opportunity（一个难得的机会）**
>
> 首先写邮件告诉法国客户，同意退款，并且已经让财务部门安排了。
>
> 然后邮件里补充一下，当时我们实际的收款是 180 美元，说明转账过程中，银行扣了 20 美元的手续费。因为我们无法确定转账回去的银行路径和手续费，所以会直接安排 250 美元，相信到账的款项，会超过 200 美元。
>
> 最后告知客户，转账完成后，会发送银行的流水单给他，同时感谢他在这次订单完成过程中对你的支持和帮助。

这就是一个很好的处理方式。借助一个小事情，给了自己进一步展示的机会。不是很好吗？这样宝贵的机会很难得，多付 70 美元就能让客户感觉很舒服。哪怕你想请人家吃饭，都不一定能找到机会呢。

现在客户要退样品费，不就是大好机会送上门吗？多给几十美元，名义上是你们承担手续费，让客户收到的钱一定不少于他付出的，实际上这样做会让他心里很舒坦，觉得你们不错，很喜欢你们这样的供应商。

这就避免了在小事情上栽跟斗。其实无非就是多设身处地为客户着想，让别人觉得你不斤斤计较，做事很靠谱。只要客户对你的印象不错，感觉对了，很多生意上的事情，自然就比较容易沟通，你就可以得到更多机会。

这也是我们一直强调的，要会做事，但更要会做人。

毅冰说

无心之失是大家最容易碰到，但也最需要避免的。

而大家头疼的，往往是直到客户生气了，才意识到问题出在哪里。可这个时候再亡羊补牢，或许就已经晚了。

所以我们平时做事情，需要多留个心眼，需要多设身处地为客户着想，多考虑考虑如何减少他的麻烦，如何通过各种小事情来积累对方对你的信任和赞赏。这就是不简单的事情，也不是人人都能做到的。

现实中，为什么有些人长袖善舞，很有人缘？无他，就是擅长抓别人的"感觉"，并将其引导到对自己有利的方向。

第五节　各取所需是谈判的关键

⇧

很多时候，跟客户的谈判陷入僵局，往往是因为没有做好需求探讨。做生意本身，其实就是相互分享和支持的过程。在这个期间，你支持客户，客户配合你，各取所需，才能够获得双赢，谈判才有价值。

一、谈判前的准备

谈判成功的核心，不在于你的价格很低，而在于跟你合作，客户能获得什么？

比如说，你的产品在德国卖得很好，而客户做的正好也是德国市场，针对性很强。你们的产品在德国市场热卖的事实证明了，如果客户下单给你，他的风险相对较低，因为产品已经被市场认可。

比如说，你的产品价位不错，你的FOB价格大约在多少，而德国当地的零售价一般在多少，online shop（网店）的价格大约在什么价位，你可以提供一些截图或者网页之类的证据，来证明你所说的是事实。然后通过分析费用，得出客户的利润可以达到50%。这也是个卖点，是吸引客户跟你合作的一个要素。

再比如说，你的产品通过了德国某某测试，达到了欧盟哪些标准，品质不错，可以给客户看测试报告，然后说明你的产品的不良品率能控制在多少比例以下。这也是一个切入点，因为你的产品品质达到了市场准入门槛。

当你把这些东西都做得游刃有余，有足够的底气跟客户谈判的时候，才会更加如鱼得水。客户愿意跟你沟通，不代表你就抓住了机会。要让客户能跟你探讨一些深入的东西，能够不经意间将你摆在一个对等的位置，你们能够相互探讨如何在合作中各取所需，那才是比较高的境界。

不要听信一些所谓的"我们拿不下订单是因为同行价格更低"，"我们订单少是因为我们不是工厂"这些鬼话。不需要找借口，不需要推卸责任，要从自己本身找原因。如何找合适的客户，如果跟客户进行对话和谈判，如何打动客户找到痛点，如何让彼此在合作中都有所得，这才是生意！才是合作的基础！

二、不要盲目迷信所谓的研发能力强

案例 5-10 Problems for launching new items（新产品的开发难题）

有朋友的工厂是做不锈钢器具的，比如茶壶、咖啡壶之类的，定位比较高端，每一款产品的开发往往都是十几万到几十万元的模具费投入。可是他疑惑的是，许多客户在采购的时候，不见得有多关注新品，往往就是看看谁家的东西不错，价格也还行。

他就觉得，他们的产品如果要做好，跟客户的沟通和讨论是一个问题，因为我们设计出来的东西不一定适合国外的客户。比如德国客户喜欢的东西，法国客户或许就不喜欢；法国客户看中的产品，意大利客户

> 也许就没兴趣。
>
> 可如果不断推新品，这也是一个无底洞，资金的投入和消耗就会十分惊人，一旦没有足够的订单支撑，工厂就很难维系。

所以这个朋友的难题，就是新品的开发问题。开发新产品，十分困难，而且费时、费力、费钱，还不一定就有很好的产出，这个产品也不见得就会成功。而跟客户的沟通，很多时候也难以达到有效的目的，未必能获取多少宝贵信息。

在我看来，这属于需求探讨部分，需要跟不同的客户接触从而获取信息，更需要赋予产品独特的卖点和优势。也就是说，这其实已经不局限于单纯地跟客户谈判了，而已经深化到"产品开发"的范畴，在国外有个专业的词汇叫 Product Development。很多外企有相关的职位，比如 PD Specialist（产品开发专员）、PD Manager（产品开发经理），这些职位其实很高级，需要懂设计、懂市场、懂消费者心理、懂各种同类品牌设计和趋势、懂行业变化等，是 buying team（采购团队）的一个重要角色。

而我们这边的工厂，针对海外市场的新品开发、产品研发，究竟是谁在做？具体怎么做的？总不至于老板脑袋一拍，觉得这个设计好看，我们马上做，然后就可以立刻安排，没有调研、没有跟许多客户探讨，没有可行性分析就做？

那就属于典型的人傻钱多，出问题的概率就很高，成功完全是靠运气，如果新品好卖就能赚钱。这自然是不行的。

三、当你的客户需要精品

> **案例 5-11　Build a series of boutique items（打造小众精品路线）**
>
> 如果我来负责工厂的新品开发，我会在有限的预算下，减少新产品的开发数量。
>
> 比如原先一年可能新开发 10 款产品，但是成功的往往就两三个，有几个客户会下单，可一年下来，也就勉强维持收支平衡而已，并没有在新品上获得多少利润。
>
> 我不会这样做。我可能只会开发三四个新品，然后配合不同的主题来做销售。至于其他的预算，我会投在国外设计师的身上，选择出色的设计师来给产品设计外形、颜色、图案、包装等，打造一个好的视觉冲击效果。
>
> 与此同时，甚至可以跟设计师谈买断设计方案，然后把设计师的名字打在产品和包装上，作为卖点之一。对外的宣传就是，我的新产品是某某设计师的定制品。让每款产品都有卖点，都有主题，包装做得超级炫，让人一看就觉得这东西好漂亮。
>
> 这就好比大家去国外的高档百货公司，比如英国的 Harrods（哈洛德百货），法国的 Printemps（巴黎春天百货集团），会发现那些高档的咖啡壶、高端茶壶，背后都有一个个的故事。比如这是哪个名设计师做的，那个是通过什么事情得到的灵感，然后又渲染一个怎么样的主题等，用情怀打动你。对于定位高端的产品而言，产品本身或许没那么重要，重要的是你要会讲故事。通过一系列的故事，为一个品质还不错的普通产品，赋予特殊的生命和特点，让人觉得它有独特性，会显得很有档次。

所以小众精品路线，就是高端的产品开发一个出路。在这其中，跟核心客户探讨，然后有针对性地研发适合当地市场审美的产品，再赋予它一系列延伸的东西进去，就提高了产品的附加值，可以让双方都获利更多。

要知道，各取所需的关键，不是零和游戏，不是客户多赚 10 美元，你少赚 10 美元。而是在现有的基础上，能否想办法改进产品，把定价多提升 50 美元，然后跟客户去分享这额外的 50 美元的利润，这才是让大家都开心的事情。

> **毅冰说**
>
> 各取所需是谈判的基调，也是支撑项目往下走的原动力。
>
> 双方能合作起来，就必然是通过合作能达到自己的目的，有双赢的基础存在。
>
> 我们不能一味地去跟客户推销这个，强调那个，这样做没用。单纯地推销是无力的，因为别人会有防备，会本能地抵触。
>
> 要把注意力集中在"各取所需"上，强调合作的优势，渲染大家能获取的东西，用自身的优势去让客户知道他能得到什么，引导他自己去思考，去衡量供应商的平衡与选择。这是一个值得思考的课题。

第六节　开发不易，守业更难

我在这里又要讲一个让大家觉得忧伤的话题了。就是开发客户虽然不容易，但是维护客户更难。

可能你花3个月时间，从零开始，报价、打样、跟进、修改、重新报价、重新打样、纠结包装、折腾细节、准备产前样、做测试、谈付款方式、拿下试单，千辛万苦才开发了一个新客户，甚至各种投入算下来这个订单还没什么利润。

可让你郁闷的是，让你用了洪荒之力才谈下来的新客户，可能因为一件很小的事情，就彻底离你远去了，你过去所有的投入全部白费。

一、即使你做得很好，老客户也可能流失

这个很小的事情，有很多种可能。

> **案例 5-12　Minor issues to lose customers**
> **（可能失去客户的几件小事）**
>
> 比如说，你的同事，猪一样的队友，在给陌生客户发开发信的时候，发到你客户那里去了。刚巧不巧，还把你现成合作的产品给客户报了价，居然还比你的成交价低 5%……
>
> 比如说，你老板莫名其妙地主动联系你的客户，说价格弄错了，下一单要涨价……
>
> 比如说，客户公司内部调整，换了买手，然后，就没有然后了……
>
> 比如说，客户有急事给你打了两个电话，你没接到，他就找了你的同行……
>
> 比如说，客户出差，突然有个订单要确认，但是电脑没在身旁，手机里也没你的联系方式，于是就找了别人……
>
> 比如说，客户跟你同行合作，被骗了一次，于是决定再也不跟你们这个区域的任何公司合作……
>
> 比如说，客户想要三套样品，你没在公司，你老板替你进行了回复，要客户按照公司规定支付三倍样品费，结果……

可能大家会发现，这些问题其实跟过往这一单良好的合作没有直接联系。也就是说，哪怕你的价格还好，你的东西还好，也会因为这样、那样的原因，而失去客户，失去未来的机会。

我们可以这么说，你开发一个客户，挺不容易；可是要失去一个客户，却格外容易，任何一点风吹草动，甚至一些莫名其妙的原因，都有可能让客户就此消失。

做外贸多年的老业务员都清楚，销售业绩的核心是什么？就是老客户的订单。因为老客户比较稳定，对公司的销售业绩往往也贡献最大。老客户是稀缺资源，维护好老客户，往往是大多数外贸公司的首要任务。开发新客户虽然也重要，但是终究不如维系老客户的成本低，价值大。

失去一个老客户，往往是开发几个新客户都弥补不了的。这不仅是钱的问题，还包括长期合作的交情，彼此之间的信任，这些东西都不是新开发一个客户可以立刻建立的，需要时间，需要长期的积累。

守业难，是因为大部分客户，往往都无法成为业务员甚至公司的老客户。因为有种种原因，有各种意外和麻烦，很多客户来了又走了，挥一挥衣袖，不带走一片云彩。

这也是为什么大家除了维系老客户，还不遗余力开发新客户的原因。不是说与现在的客户合作得不好，而是要有一种危机感，谁知道老客户明年还会不会继续下单，谁知道他会不会转单，一切都是未知的。这就需要一直补充新鲜血液，哪怕有老客户离开，新客户里面多少也有几个价值高的，正好补上来。

另外，除了可能因为意外失去客户，合作不愉快往往也是一个主要原因。比如说，产品有品质问题；产品价格过高，水分太大；供应商不守诚信；客户过去有不愉快的索赔经历……

我还想多补充一点，就是可能你这边没有问题，产品也不错，价格也很好，服务也令人满意，效率也一流，但是因为老客户换了买手，而使老供应商被边缘化。这个问题，也是相当普遍的。

很多朋友会有这样一种感受，买手一换人，各种沟通都变得困难起来，过去的订单还在下，但是越来越少，新产品的开发又十分乏力，只能眼睁睁地看着订单逐渐流失，直到彻底失去这个客户。那我们该如何努力？如何尽量避免这样的状况？这就是这一节需要重点分析的，之所以我把这部分内容放在本书的最后一章最后一节，就是想借此收尾，也给大家打开一扇窗，去思考这个平时不容易学到的内容。

> 思考要点一：买手换人，往往是影响双方后续合作的核心问题，哪怕原先合作顺畅，这也会成为一个难以计算的定时炸弹。
>
> 思考要点二：新买手上任后继续下单，很多时候是为了过渡，并不是"萧规曹随"。
>
> 思考要点三：一朝天子一朝臣，新买手去负责一个组的新项目，一定会把原有供应商进行清洗，换成自己好用的人，换成自己信得过的人，换成自己过去合作愉快的老供应商。
>
> 思考要点四：留下的，往往都是凤毛麟角，绝对不会大部分都维持现状。
>
> 思考要点五：之所以没有一上任就大刀阔斧换掉许多供应商，是因为贸然换供应商容易出问题。理想的状态是维持现有订单，减少数量，分流订单给他属意的供应商作为备选。等到备选供应商越做越顺，你这个核心供应商就会被边缘化成备选，而备胎就顺理成章转正。这也是一种平稳过渡，业务员也不至于遭受来自上层的压力。

可能有朋友觉得，我们是老供应商，已经跟客户合作了好多年，应该相对比较安全吧？

很不幸，我也是美国公司的专业买手，可以负责任地说，你跟公司合作越久，跟老买手关系越好，跟其他高层认识越久，你的风险就越大，就越容易被处理掉。

原因很简单，新买手并不知道你跟老买手的交情如何，关系怎么样。所以项目、价格、细节，甚至一些可以私底下沟通的东西，他都不方便跟你谈。因为不管他说什么，他都不确定会不会一转眼就传到老买手耳朵里去。他更不确定，你跟他公司高层的交情如何，会不会时不时地越级去给他造成更多压力和麻烦。

除此之外，他既然现在调任到这个组当买手，那过去一定不是新人，可能担任其他组的买手或者别的职位，一定也有他熟悉的跟信得过的供应商、老朋友，这些人自然容易成为他的班底，以及最初的合作对象。

俗话说，新官上任三把火，否则如何树立他的形象？如何把工作开展起来？

二、不要盲目迷信"潜规则"

案例 5-13　Stupid bribery ideas（佣金开路的蠢主意）

有些朋友可能一碰到这种情况，就开始动歪脑筋，想搞搞桌底交易，比如跟买手谈谈，付一点佣金，比如以后继续合作，大家相互配合，未来的订单，我给你销售额的 5% 之类的。

这种情况可行吗？这其实是个非常蠢的主意。毕竟新买手跟你没有任何交情，甚至还有换掉你的谋划，会冒险接受你的提议？你敢给，他也不敢拿啊。他怎么知道，你会不会把这个事情捅出去给老买手或者是他公司里的其他人？他绝对不会那么傻，会轻易被糖衣炮弹迷惑。

而你在这个时候撞到枪口上去，一说给佣金，或许就正中了他的下怀，以行贿的名义大义凛然地向公司举报，顺理成章地把你这个供应商换掉，还能给老买手上上眼药，来一招完美的办公室宫心计。

这样，或许你不仅自己失去了机会，还把过去交情不错的老买手给坑了。

其实从思维方式上分析，这个问题也不是无解的。有几个招数，是可以应对这种恶劣状况的。虽然不见得能 100% 跟老客户继续愉快合作，但是起码能

够让合作时间进一步延长，让买手有顾虑，让他考虑把你作为留下的那一个。

首先，我们要明白一个事实，就是新买手上任以后，虽然对于这个组的采购项目，他是做主的人，但是他也不能肆无忌惮地去拿老供应商开刀，不可能一口气换完所有供应商。这不现实，对上层也没法交代，他只能缓步走，一定是求稳为上，然后逐步替换。

比如说，他知道你的价格，然后可以拿着你的产品让他的"老供应商"去报价和准备样品，只要这个价格"正好"比你的价格便宜几分钱就可以了。

这个时候，他就可以继续下单给你，也下单给他的"老供应商"，对他公司而言，他的 great job（努力工作）帮公司争取到了更好的价格，也分流了订单，寻找到了备选供应商。

然后呢，一两个订单下来，他的"老供应商"的产品和配合度都 OK，没有什么问题。这样一来，出于公司立场，他就可以把他的老供应商变成这个项目的 core supplier（核心供应商），然后把你边缘化、变成备选。

这样就完成了换血。每一个供应商，买手都是用这个手法来操作的。

那我们不由得会去思考，我们主动配合新买手，放低姿态，比如价格上给予一点优惠，通过降价来稳住订单，是否可行？

其实，这同样是一个昏招。如果买手有换掉你的意图，正愁没有好借口，这时候你突然降价，或许他就会主动汇报公司上层，说你这个供应商突然降价，比较可疑，是不是现在偷工减料，我们是不是考虑分流部分订单出去？还有一个他没说但是大家都懂的理由，就是故意让公司高层对老买手有疑虑，否则为什么一换人，这个供应商就主动降价？难道在过去的合作中，他跟老买手有桌底交易？不管如何，只要你这样做了，可能就又把老买手给坑了。

至少你如今降价，就坐实了原来的价格有水分、不靠谱的传言。就会有以下两个替换你的原因存在。

原因一：老买手失职，没有帮公司争取到好的价格，对产品和价格不专业。

原因二：你跟老买手有桌底交易。现在老买手下台，你觉得新买手没有下单，你就让出利润，其实这本来就是桌底交易的利益。

所以不管原因一，还是原因二，都可以作为踢掉你的合理借口。

我之所以要分析这么多，是希望告诉大家，要了解真实原因，要看懂背后的东西，然后有针对性地去找方法、找出路，而不是不动脑筋，一看形势不妙，立刻降价，或者动歪脑筋。这样做反而容易落人口实，把原先并不烂的牌打得很烂。

三、打造利润增长点的绝好时机

其实我自己的做法恰好相反。新买手上任以后，我不仅不会降价，反而会立刻涨价！

案例 5-14　Reverse thinking: price raises!（逆向思维：涨价！）

新买手上任后，我第一步就是涨价，给新买手 update offer sheet（更新报价单），不需要理由，因为报价有效期过了，所以现在价格重新核算了。

这样做，也是为了跟老买手撇清，暗示咱们利润本来就不高，没有任何桌底交易，所以不仅不降价，还得涨价。但是新 buyer 肯定很忌讳涨价，他会很难做，比如他刚上任，刚想大展拳脚，向老板证明他的能力，我这个老供应商先给了他一记闷棍。他心里绝对窝火，绝对掐死我的心都有，一定想换掉我。

但是他刚上任，这个项目他没接触过，他只要够聪明，一定不会冒险立刻转单，而是会给我压力，比如写一封措辞强硬的邮件给我，要求维持原价，否则将不再合作之类的。

这个时候呢，我就立刻回复一个邮件，表示我们会重新核算一下价格，这两天内就给他答复。语气上足够客气、诚恳，请他谅解。

然后等两天，我就先不写邮件，我打个电话给买手。为什么要打电话？是因为邮件本身是文字，是冰冷的，容易有误会。但是电话不一样，可以开开玩笑。电话里，我会给足他面子，他说什么，我都笑脸相迎，让他找不到发火的借口。然后我在电话里表示一定会支持他，但是我们也有现实的困难，告诉他我会把详细核算后的 breakdown（价格构成）发给他看看。

再然后，我把价格构成的表格用邮件发给他，虚虚实实的，看起来很专业、很细腻，其实说白了就是为了涨价找借口。但是态度要诚恳，表示我们愿意支持和配合他，这是我们的工作，也希望他能帮助我们。所以呢，价格降了一点，但是比原先的成交价还是高了一点点。

先给他台阶，但是他一定不满意，要求维持原价。所以，我再跟"领导"请示，"勉为其难"地表示我们可以给出更优厚的付款方式，比如将 30% 定金改为 15% 定金，但是价格真的不能降了。

这时候，我再打电话，跟买手说，我们真的很为难，请他帮帮忙，至少给我们留一点利润。买手在电话里，已经得到了我这边关于付款方式的让步，但是他怎么说都要把价格维持原价，才不至于让他的老板有想法。

这个时候，正是他表现的时候。所以电话里几次沟通后，我口头表示同意，这个订单还是维持原价，跟原先价格不变，然后报价有效期我扛半年。

电话谈完后，邮件跟进过去，做一个 phone conversation recap（电话沟通要点概括），把电话里说好的事情，一条一条写出来给他。我相信到了这一步，买手一定会松口气，总算把这个难搞的供应商搞下来了，价格维持不变，而且付款方式上还争取到了实惠，是时候向上司邀功了。

所以，他会有赢的感觉，只要无意中把谈判壮举让老板知道，绝对会被夸奖的。

但是仅仅这样做还不够。因为买手一定有其他供应商，他的老朋友，未来还是可能随时换掉我。我这一步，只是给自己多争取了一些时间，也多争取了一些跟 buyer 的互动而已，至少这么来来往往，大家怎么都熟悉了。后续就是找机会跟买手私下见面，探底。因为很多东西是不方便通过邮件来说的，必须"拜山头"，必须让大家互相能有直观的认识。

见面以后，那就好好聊一下，从产品到工作到闲聊，什么都可以谈。至少营造一个放松的环境，也通过只言片语去了解他这个人究竟是什么样的性格，然后有针对性地去跟他沟通。

有些不方便说的问题，就私底下沟通。不用直接说，可以慢慢试探。比如说，问问买手，有没有什么新项目可以做？我们这个老项目，毕竟稳定了，我们也希望得到更多的机会什么的。

当然，买手出于礼貌，起码要扔几个东西让我报报价看，哪怕他根本不想下其他新产品的订单给我，但是表面功夫还是要做的。

然后，我就当场打电话给公司，让同事核算价格，或者问工厂价格，然后当场告诉 buyer，我们的底价大约是多少美元，大概也就维持 5% 的利润，您看这个价格我怎么报合适？我回头马上做一个详细的报价单发给你。

这是个暗示，就看他怎么接话了。话当然要说得漂亮，但是实际情况大家都心知肚明。有些事情，点到为止就可以了。

另外，可以适当送点贴心实用的礼物，女士丝巾或者是投其所好的咖啡。他把东西带回家，也会在太太或者女朋友面前很有面子。这就是我要营造的一种感觉，就是拉近彼此之间的距离，搭建好私底下的沟通渠道，这样一来，拿人手短，他要换掉你的时候就会有那么点不好意思。

> 既然不好意思了，自然在订单上，他能做到的，总要尽力支持一下，还我这个人情。而我呢，工作上是绝对不含糊的，高效率、专业、服务意识一流，让他跟我沟通起来，总觉得很舒服、很省心。他慢慢心里就会想，毅冰这个人也不错，挺好的，订单也做得四平八稳，这个项目给他做挺省心。

只要有了这样的想法，习惯了跟我继续合作，买手就会懒得把我换掉，也不想马上中断联系。

反正他上任，老供应商肯定要换一批，甚至换一大批，但是不可能把所有的老供应商都换掉，这样他没法向上层交代，也做得太明显了。

所以我的目的，到这里大家应该可以看明白了吧？我就是要做他心里那些勉强留着的幸存者中的一个。

所有的布局，就是为了这一个目的——占掉一个名额。

毅冰说

> 开发不易，守业更难。我们最担心的，往往不是得罪客户，而是因为一些不是自己责任的问题，而丢掉宝贵的机会，失去原先长期合作的大客户。
>
> 这其中最重要的问题，也是最棘手的麻烦，就是大客户的买手换人，从而引起的边缘化危机。
>
> 我们这一节要探讨的，就是化不可能为可能，通过逆向思维，层层布局，把局势引导到对自己有利的方向上来。
>
> 这样，很多失误，就自然而然可以避免了。

索 引

01. 买手迷恋怎样的供应商

第一节　最让 buyer 反感的八类业务员　3
　　　图 1-1　Importance & Urgency（重要和紧急）　15
　　　图 1-2　Paranoia Issues（妄想症的表现形式）　16
　　　图 1-3　Example for Sample Process（收到样品后的工作流程）　21

第二节　买手究竟在想什么　29
　　　图 1-4　Buyers' Consideration（买手的思考）　32

第三节　买手需要什么样的供应商　35

第四节　怎样的还盘能抓住对方眼球　43
　　　图 1-5　Inquiry to Order（从询价到订单）　45
　　　图 1-6　Consideration before Reply（回复邮件前的思考）　51

第五节　"专而精"还是"大而全"　55

第六节　除了价格，我们还有什么　63
　　　图 1-7　Starbucks Grande Latte in China（大杯星巴克拿铁咖啡在中国的定价）　65

02. 小公司做大外贸亦是"门当户对"

第一节　小企业也可以有大胃口　71

第二节　美国零售商为什么要找中间商　73

第三节　找准自身的定位　82
　　　图 2-1　Positioning（定位）　83

第四节　草根团队 VS 精英团队　85
　　　图 2-2　Elite Team VS Grass-root Team（精英团队 VS 草根团队）　87

第五节　工作流程，你优化了吗？　89
　　　图 2-3　Professional Quotation Flow（专业的报价流程）　90

第六节　变通，突破思维的局限　97

第七节　不可能完成的任务也会有转机　107
　　　图 2-4　Impossible Issues（不可能完成的任务）　108

03. 大买家和专业客户思维揭秘

第一节　高门槛的诱惑　121
　　　图 3-1　Core Supplier & Alternatives（核心供应商与备选供应商）　128

第二节　渠道为王　137

第三节　外贸报价的诚信与风控　141

图 3-2　Wrong Quotes before（过往价格报错）　142

图 3-3　Exchange Rate Fluctuates（汇率浮动）　143

图 3-4　Raw Material Price Raises（原材料涨价）　144

图 3-5　Three Issues to Impact Pricing（影响报价诚信的三大因素）　145

图 3-6　An Offer Sheet from a UK Supplier（英国供应商的报价单）　146

图 3-7　A Flawless Quoting Email（一封出色的报价邮件）　148

第四节　了解产业链流程，提升你的专业度　150

图 3-8　End-to-end Merchandising Process（产业链流程）　151

图 3-9　Professional Marketing（专业的营销计划）　152

图 3-10　Product Development（产品开发环节）　153

图 3-11　Mass Production & Logistics（大货生产和出货）　154

图 3-12　Retailing & Others（零售与其他事项）　154

第五节　千变万化的附加值　157

图 3-13　The Cost of Making the iPhone 7（iPhone 7 的价格构成）　158

图 3-14　Analyzing iPhone's Added Value（iPhone 的附加值解析）　159

04. 外贸业务员专业化的多项修炼

第一节　向港台贸易企业学什么　171

第二节　"技"与"道"的思考　176

图 4-1　New Expression of DETAILS（对于 DETAILS 的特殊拆解）　181

第三节　思路决定出路　183

图 4-2　The Scale Adjustment of Factory（外贸工厂的产能调整）　184

第四节　正视症结，解决问题　191

第五节　此"专业"非彼"专业"　200

第六节　价格没有想象中重要　203
　　　图 4-3　Order Placement Example（某个订单的流向图）　204

第七节　执行力与战略定位　211
　　　图 4-4　To-Do List Example（未完成事项列表）　213

第八节　逐渐建立你自己的"套路"　220

05. 公司里难以学到的惊天内幕

第一节　"前辈"的告诫未必正确　227

第二节　不要动别人的奶酪　235
　　　图 5-1　Direct & Indirect（"直中取"与"曲中求"）　240

第三节　"找对人"仅仅是开始　242

第四节　如何避免"无心之失"　248

第五节　各取所需是谈判的关键　253

第六节　开发不易，守业更难　258

书目介绍

乐 贸 系 列

书名	作者	定价	书号	出版时间
国家出版基金项目				
1. "一带一路"国家投资并购指南	冯斌 李洪亮 Gvantsa Dzneladze（格） Tamar Menteshashvili（格）	98.00元	978-7-5175-0422-1	2020年3月第1版
2. "质"造全球：消费品出口质量管控指南	SGS通标标准技术服务有限公司	80.00元	978-7-5175-0289-0	2018年9月第1版
跟着老外学外贸系列				
1. 优势成交：老外这样做销售（第二版）	Abdelhak Benkerroum（阿道）	58.00元	978-7-5175-0370-5	2019年10月第2版
外贸SOHO系列				
1. 外贸创业1.0——SOHO轻资产创业	毅冰	59.00元	978-7-5175-0490-0	2021年1月第1版
2. 外贸SOHO，你会做吗？	黄见华	30.00元	978-7-5175-0141-1	2016年7月第1版
跨境电商系列				
1. 直面危机：跨境电商创业	朱秋城（Mr. Harris）	59.00元	978-7-5175-0478-8	2021年2月第1版
2. 跨境电商全产业链时代：政策红利下迎机遇篇	曹磊 张周平	55.00元	978-7-5175-0349-1	2019年5月第1版
3. 外贸社交媒体营销新思维：向无效社交说No	May（石少华）	55.00元	978-7-5175-0270-8	2018年6月第1版
4. 跨境电商多平台运营，你会做吗？	董振国 贾卓	48.00元	978-7-5175-0255-5	2018年1月第1版
5. 跨境电商3.0时代——把握外贸转型时代风口	朱秋城（Mr. Harris）	55.00元	978-7-5175-0140-4	2016年9月第1版
6. 118问玩转速卖通——跨境电商海外淘金全攻略	红鱼	38.00元	978-7-5175-0095-7	2016年1月第1版
外贸职场高手系列				
1. 外贸会计上班记（第二版）	谭天	55.00元	978-7-5175-0439-9	2020年7月第2版
2. 开发：在外贸客户发掘中出奇制胜	蔡译民（Chris）	55.00元	978-7-5175-0425-2	2020年6月第1版
3. MR. HUA创业手记（纪念版）——从0到1的"老华"创业思维	华超	69.00元	978-7-5175-0430-6	2020年6月第1版
4. 新人走进外贸圈 职业角色怎么选	黄涛	45.00元	978-7-5175-0387-3	2020年1月第1版
5. Ben教你做采购：金牌外贸业务员也要学	朱子赋（Ben）	58.00元	978-7-5175-0386-6	2020年1月第1版
6. 思维对了，订单就来：颠覆外贸底层逻辑	老A	58.00元	978-7-5175-0381-1	2020年1月第1版

书 名	作 者	定价	书 号	出版时间
7. 从零开始学外贸	外贸人维尼	58.00 元	978-7-5175-0382-8	2019 年 10 月第 1 版
8. 小资本做大品牌:外贸企业品牌运营	黄仁华	58.00 元	978-7-5175-0372-9	2019 年 10 月第 1 版
9. 金牌外贸企业给新员工的内训课	Lily 主编	55.00 元	978-7-5175-0337-8	2019 年 3 月第 1 版
10. 逆境生存:JAC 写给外贸企业的转型战略	JAC	55.00 元	978-7-5175-0315-6	2018 年 11 月第 1 版
11. 外贸大牛的营与销	丹 牛	48.00 元	978-7-5175-0304-0	2018 年 10 月第 1 版
12. 向外土司学外贸 1:业务可以这样做	外土司	55.00 元	978-7-5175-0248-7	2018 年 2 月第 1 版
13. 向外土司学外贸 2:营销可以这样做	外土司	55.00 元	978-7-5175-0247-0	2018 年 2 月第 1 版
14. 阴阳鱼给外贸新人的必修课	阴阳鱼	45.00 元	978-7-5175-0230-2	2017 年 11 月第 1 版
15. JAC 写给外贸公司老板的企管书	JAC	45.00 元	978-7-5175-0225-8	2017 年 10 月第 1 版
16. 外贸大牛的术与道	丹 牛	38.00 元	978-7-5175-0163-3	2016 年 10 月第 1 版
17. JAC 外贸谈判手记——JAC 和他的外贸故事	JAC	45.00 元	978-7-5175-0136-7	2016 年 8 月第 1 版
18. Mr. Hua 创业手记——从 0 到 1 的"华式"创业思维	华 超	45.00 元	978-7-5175-0089-6	2015 年 10 月第 1 版
19. JAC 外贸工具书——JAC 和他的外贸故事	JAC	45.00 元	978-7-5175-0053-7	2015 年 7 月第 1 版
20. 外贸菜鸟成长记(0~3 岁)	何嘉美	35.00 元	978-7-5175-0070-4	2015 年 6 月第 1 版

外贸操作实务子系列

书 名	作 者	定价	书 号	出版时间
1. 外贸高手客户成交技巧 3:差异生存法则	毅 冰	69.00 元	978-7-5175-0378-1	2019 年 9 月第 1 版
2. 外贸高手客户成交技巧 2——揭秘买手思维	毅 冰	55.00 元	978-7-5175-0232-6	2018 年 1 月第 1 版
3. 外贸业务经理人手册(第三版)	陈文培	48.00 元	978-7-5175-0200-5	2017 年 6 月第 3 版
4. 外贸全流程攻略——进出口经理跟单手记(第二版)	温伟雄(马克老温)	38.00 元	978-7-5175-0197-8	2017 年 4 月第 2 版
5. 金牌外贸业务员找客户(第三版)——跨境电商时代开发客户的 9 种方法	张劲松	40.00 元	978-7-5175-0098-8	2016 年 1 月第 3 版
6. 实用外贸技巧助你轻松拿订单(第二版)	土陶(波锅涅)	30.00 元	978-7-5175-0072-8	2015 年 7 月第 2 版
7. 出口营销实战(第三版)	黄泰山	45.00 元	978-7-80165-932-3	2013 年 1 月第 3 版
8. 外贸实务疑难解惑 220 例	张浩清	38.00 元	978-7-80165-853-1	2012 年 1 月第 1 版
9. 外贸高手客户成交技巧	毅 冰	35.00 元	978-7-80165-841-8	2012 年 1 月第 1 版
10. 报检七日通	徐荣才 朱瑾瑜	22.00 元	978-7-80165-715-2	2010 年 8 月第 1 版
11. 外贸实用工具手册	本书编委会	32.00 元	978-7-80165-558-5	2009 年 1 月第 1 版
12. 快乐外贸七讲	朱芷萱	22.00 元	978-7-80165-373-4	2009 年 1 月第 1 版
13. 外贸七日通(最新修订版)	黄海涛(深海鱿鱼)	22.00 元	978-7-80165-397-0	2008 年 8 月第 3 版

出口风险管理子系列

书 名	作 者	定价	书 号	出版时间
1. 轻松应对出口法律风险	韩宝庆	39.80 元	978-7-80165-822-7	2011 年 9 月第 1 版

书名	作者	定价	书号	出版时间
2. 出口风险管理实务（第二版）	冯 斌	48.00 元	978-7-80165-725-1	2010 年 4 月第 2 版
3. 50 种出口风险防范	王新华 陈丹凤	35.00 元	978-7-80165-647-6	2009 年 8 月第 1 版

外贸单证操作子系列

书名	作者	定价	书号	出版时间
1. 跟单信用证一本通（第二版）	何 源	48.00 元	978-7-5175-0249-4	2018 年 9 月第 2 版
2. 外贸单证经理的成长日记（第二版）	曹顺祥	40.00 元	978-7-5175-0130-5	2016 年 6 月第 2 版
3. 信用证审单有问有答 280 例	李一平 徐珺	37.00 元	978-7-80165-761-9	2010 年 8 月第 1 版
4. 外贸单证解惑 280 例	龚玉和 齐朝阳	38.00 元	978-7-80165-638-4	2009 年 7 月第 1 版
5. 信用证 6 小时教程	黄海涛（深海鱿鱼）	25.00 元	978-7-80165-624-7	2009 年 4 月第 2 版
6. 跟单高手教你做跟单	汪 德	32.00 元	978-7-80165-623-0	2009 年 4 月第 1 版

福步外贸高手子系列

书名	作者	定价	书号	出版时间
1. 外贸技巧与邮件实战（第二版）	刘 云	38.00 元	978-7-5175-0221-0	2017 年 8 月第 2 版
2. 外贸电邮营销实战——小小开发信 订单滚滚来（第二版）	薄如鳃	45.00 元	978-7-5175-0126-8	2016 年 5 月第 2 版
3. 巧用外贸邮件拿订单	刘 裕	45.00 元	978-7-80165-966-8	2013 年 8 月第 1 版

国际物流操作子系列

书名	作者	定价	书号	出版时间
1. 货代高手教你做货代——优秀货代笔记（第二版）	何银星	33.00 元	978-7-5175-0003-2	2014 年 2 月第 2 版
2. 国际物流操作风险防范——技巧·案例分析	孙家庆	32.00 元	978-7-80165-577-6	2009 年 4 月第 1 版

通关实务子系列

书名	作者	定价	书号	出版时间
1. 外贸企业轻松应对海关估价	熊 斌 赖 芸 王卫宁	35.00 元	978-7-80165-895-1	2012 年 9 月第 1 版
2. 报关实务一本通（第二版）	苏州工业园区海关	35.00 元	978-7-80165-889-0	2012 年 8 月第 2 版
3. 如何通过原产地证尽享关税优惠	南京出入境检验检疫局	50.00 元	978-7-80165-614-8	2009 年 4 月第 3 版

彻底搞懂子系列

书名	作者	定价	书号	出版时间
1. 彻底搞懂信用证（第三版）	王腾 曹红波	55.00 元	978-7-5175-0264-7	2018 年 5 月第 3 版
2. 彻底搞懂关税（第二版）	孙金彦	43.00 元	978-7-5175-0172-5	2017 年 1 月第 2 版
3. 彻底搞懂提单（第二版）	张敏 张鹏飞	38.00 元	978-7-5175-0164-0	2016 年 12 月第 2 版
4. 彻底搞懂中国自由贸易区优惠	刘德标 祖月	34.00 元	978-7-80165-762-6	2010 年 8 月第 1 版
5. 彻底搞懂贸易术语	陈 岩	33.00 元	978-7-80165-719-0	2010 年 2 月第 1 版
6. 彻底搞懂海运航线	唐丽敏	25.00 元	978-7-80165-644-5	2009 年 7 月第 1 版

外贸英语实战子系列

书名	作者	定价	书号	出版时间
1. 十天搞定外贸函电（白金版）	毅 冰	69.00 元	978-7-5175-0347-7	2019 年 4 月第 2 版
2. 让外贸邮件说话——读懂客户心理的分析术	蔡泽民（Chris）	38.00 元	978-7-5175-0167-1	2016 年 12 月第 1 版

书名	作者	定价	书号	出版时间
3. 外贸高手的口语秘籍	李凤	35.00元	978-7-80165-838-8	2012年2月第1版
4. 外贸英语函电实战	梁金水	25.00元	978-7-80165-705-3	2010年1月第1版
5. 外贸英语口语一本通	刘新法	29.00元	978-7-80165-537-0	2008年8月第1版

外贸谈判子系列

书名	作者	定价	书号	出版时间
1. 外贸英语谈判实战（第二版）	王慧 仲颖	38.00元	978-7-5175-0111-4	2016年3月第2版
2. 外贸谈判策略与技巧	赵立民	26.00元	978-7-80165-645-2	2009年7月第1版

国际商务往来子系列

书名	作者	定价	书号	出版时间
国际商务礼仪大讲堂	李嘉珊	26.00元	978-7-80165-640-7	2009年12月第1版

贸易展会子系列

书名	作者	定价	书号	出版时间
外贸参展全攻略——如何有效参加B2B贸易商展（第三版）	钟景松	38.00元	978-7-5175-0076-6	2015年8月第3版

区域市场开发子系列

书名	作者	定价	书号	出版时间
中东市场开发实战	刘军 沈一强	28.00元	978-7-80165-650-6	2009年9月第1版

加工贸易操作子系列

书名	作者	定价	书号	出版时间
1. 加工贸易实务操作与技巧	熊斌	35.00元	978-7-80165-809-8	2011年4月第1版
2. 加工贸易达人速成——操作案例与技巧	陈秋霞	28.00元	978-7-80165-891-3	2012年7月第1版

乐税子系列

书名	作者	定价	书号	出版时间
1. 外贸企业免退税实务——经验·技巧分享（第二版）	徐玉树 罗玉芳	55.00元	978-7-5175-0428-3	2020年5月第2版
2. 外贸会计账务处理实务——经验·技巧分享	徐玉树	38.00元	978-7-80165-958-3	2013年8月第1版
3. 生产企业免抵退税实务——经验·技巧分享（第二版）	徐玉树	42.00元	978-7-80165-936-1	2013年2月第2版
4. 外贸企业出口退（免）税常见错误解析100例	周朝勇	49.80元	978-7-80165-933-0	2013年2月第1版
5. 生产企业出口退（免）税常见错误解析115例	周朝勇	49.80元	978-7-80165-901-9	2013年1月第1版
6. 外汇核销指南	陈文培等	22.00元	978-7-80165-824-1	2011年8月第1版
7. 外贸企业出口退税操作手册	中国出口退税咨询网	42.00元	978-7-80165-818-0	2011年5月第1版
8. 生产企业免抵退税从入门到精通	中国出口退税咨询网	98.00元	978-7-80165-695-7	2010年1月第1版
9. 出口涉税会计实务精要（《外贸会计实务精要》第二版）	龙博客工作室	32.00元	978-7-80165-660-5	2009年9月第2版

书名	作者	定价	书号	出版时间

📖 专业报告子系列

1. 国际工程风险管理	张 燎	1980.00 元	978-7-80165-708-4	2010 年 1 月第 1 版
2. 涉外型企业海关事务风险管理报告	《涉外型企业海关事务风险管理报告》研究小组	1980.00 元	978-7-80165-666-7	2009 年 10 月第 1 版

📖 外贸企业管理子系列

1. 外贸经理人的 MBA	毅 冰	55.00 元	978-7-5175-0305-7	2018 年 10 月第 1 版
2. 小企业做大外贸的制胜法则——职业外贸经理人带队伍手记	胡伟锋	35.00 元	978-7-5175-0071-1	2015 年 7 月第 1 版
3. 小企业做大外贸的四项修炼	胡伟锋	26.00 元	978-7-80165-673-5	2010 年 1 月第 1 版

📖 国际贸易金融子系列

1. 国际结算单证热点疑义相与析	天九湾贸易金融研究汇	55.00 元	978-7-5175-0292-0	2018 年 9 月第 1 版
2. 国际结算与贸易融资实务（第二版）	李华根	55.00 元	978-7-5175-0252-4	2018 年 3 月第 1 版
3. 信用证风险防范与纠纷处理技巧	李道金	45.00 元	978-7-5175-0079-7	2015 年 10 月第 1 版
4. 国际贸易金融服务全程通（第二版）	郭党怀 张丽君 张贝	43.00 元	978-7-80165-864-7	2012 年 1 月第 2 版
5. 国际结算与贸易融资实务	李华根	42.00 元	978-7-80165-847-0	2011 年 12 月第 1 版

📖 毅冰谈外贸子系列

毅冰私房英语书——七天秀出外贸口语	毅 冰	35.00 元	978-7-80165-965-1	2013 年 9 月第 1 版

"创新型"跨境电商实训教材

跨境电子商务概论与实践	冯晓宁	48.00 元	978-7-5175-0313-2	2019 年 1 月第 1 版

"实用型"报关与国际货运专业教材

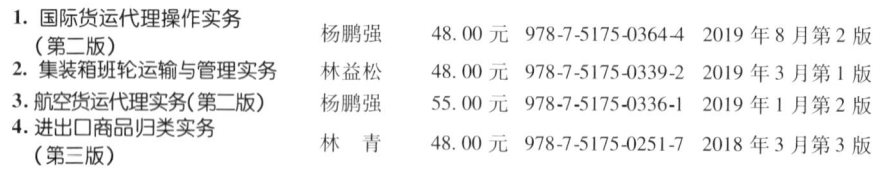

1. 国际货运代理操作实务（第二版）	杨鹏强	48.00 元	978-7-5175-0364-4	2019 年 8 月第 2 版
2. 集装箱班轮运输与管理实务	林益松	48.00 元	978-7-5175-0339-2	2019 年 3 月第 1 版
3. 航空货运代理实务(第二版)	杨鹏强	55.00 元	978-7-5175-0336-1	2019 年 1 月第 2 版
4. 进出口商品归类实务（第三版）	林 青	48.00 元	978-7-5175-0251-7	2018 年 3 月第 3 版
5. e 时代报关实务	王 云	40.00 元	978-7-5175-0142-8	2016 年 6 月第 1 版
6. 供应链管理实务	张远昌	48.00 元	978-7-5175-0051-3	2015 年 4 月第 1 版

书名	作者	定价	书号	出版时间
7. 电子口岸实务(第二版)	林 青	35.00元	978-7-5175-0027-8	2014年6月第2版
8. 报检实务(第二版)	孔德民	38.00元	978-7-80165-999-6	2014年3月第2版
9. 现代关税实务(第二版)	李 齐	35.00元	978-7-80165-862-3	2012年1月第2版
10. 国际贸易单证实务(第二版)	丁行政	45.00元	978-7-80165-855-5	2012年1月第2版
11. 报关实务(第三版)	杨鹏强	45.00元	978-7-80165-825-8	2011年9月第3版
12. 海关概论(第二版)	王意家	36.00元	978-7-80165-805-0	2011年4月第2版

"精讲型"国际贸易核心课程教材

书名	作者	定价	书号	出版时间
1. 国际贸易实务精讲(第七版)	田运银	49.50元	978-7-5175-0260-9	2018年4月第7版
2. 国际货运代理实务精讲(第二版)	杨占林 汤 兴 官敏发	48.00元	978-7-5175-0147-3	2016年8月第2版
3. 海关法教程(第三版)	刘达芳	45.00元	978-7-5175-0113-8	2016年4月第3版
4. 国际电子商务实务精讲(第二版)	冯晓宁	45.00元	978-7-5175-0092-6	2016年3月第2版
5. 国际贸易单证精讲(第四版)	田运银	45.00元	978-7-5175-0058-2	2015年6月第4版
6. 国际贸易操作实训精讲(第二版)	田运银 胡少甫 史 理 朱东红	48.00元	978-7-5175-0052-0	2015年2月第2版
7. 进出口商品归类实务精讲	倪淑如 倪 波 田运银	48.00元	978-7-5175-0016-2	2014年7月第1版
8. 外贸单证实训精讲	龚玉和 齐朝阳	42.00元	978-7-80165-937-8	2013年4月第1版
9. 外贸英语函电实务精讲	傅龙海	42.00元	978-7-80165-935-4	2013年2月第1版
10. 国际结算实务精讲	庄乐梅 李 菁	49.80元	978-7-80165-929-3	2013年1月第1版
11. 报关实务精讲	孔德民	48.00元	978-7-80165-886-9	2012年6月第1版
12. 国际商务谈判实务精讲	王 慧 唐力忻	26.00元	978-7-80165-826-5	2011年9月第1版
13. 国际会展实务精讲	王重和	38.00元	978-7-80165-807-4	2011年5月第1版
14. 国际贸易实务疑难解答	田运银	20.00元	978-7-80165-718-3	2010年9月第1版

"实用型"国际贸易课程教材

书名	作者	定价	书号	出版时间
1. 进出口商品归类教程	李锐文 林坚弟	60.00元	978-7-5175-0518-1	2021年9月第1版
2. 外贸跟单实务(第二版)	罗 艳	48.00元	978-7-5175-0338-5	2019年1月第2版
3. 海关报关实务	倪淑如 倪 波	48.00元	978-7-5175-0150-3	2016年9月第1版
4. 国际金融实务	李 齐 唐晓林	48.00元	978-7-5175-0134-3	2016年6月第1版
5. 国际贸易实务	丁行政 罗 艳	48.00元	978-7-80165-962-0	2013年8月第1版

中小企业财会实务操作系列丛书

书名	作者	定价	书号	出版时间
1. 做顶尖成本会计应知应会150问(第二版)	张 胜	48.00元	978-7-5175-0275-3	2018年6月第2版
2. 小企业会计疑难解惑300例	刘 华 刘方周	39.80元	978-7-80165-845-6	2012年1月第1版
3. 会计实务操作一本通	吴虹雁	35.00元	978-7-80165-751-0	2010年8月第1版

中国海关出版社有限公司乐贸系列
新书重磅推荐 >>

《阴阳鱼给外贸新人的必修课》

作者：阴阳鱼
定价：45.00 元
出版日期：2017 年 11 月第 1 版
书号：978-7-5175-0230-2

内容简介

《阴阳鱼给外贸新人的必修课》是外贸大神阴阳鱼针对外贸新人量身定做的便携式口袋书，分享作者 20 余年独家外贸实践心得。轻松 4 课，解决外贸新人入门常见难题。

1. 分享利用提单、展会、邮件找客户的独家秘笈，快速打动客户，提高开发率；

2. 剖析客户心理，传授谈判心得，让你从容应对客户砍价；

3. 轻松便携口袋书形式，随用随查。